广播史稿　悦目赏心
亦庄亦谐　鉴故知今　舒乙

大宋往事

【历史十字路口的帝国往事】

刘明泉 刘越藩 著

（修订版）

天津出版传媒集团

天津人民出版社

图书在版编目(CIP)数据

大宋往事 / 刘明泉, 刘越藩著. -- 修订本. -- 天
津 : 天津人民出版社, 2017.4
ISBN 978-7-201-11551-1

Ⅰ.①大… Ⅱ.①刘… ②刘… Ⅲ.①中国历史–宋
代–通俗读物 Ⅳ.①K244.09

中国版本图书馆 CIP 数据核字(2017)第 060074 号

大宋往事
DASONGWANGSHI

刘明泉　刘越藩　著

出　　版	天津人民出版社	
出 版 人	黄　沛	
地　　址	天津市和平区西康路 35 号康岳大厦	
邮政编码	300051	
邮购电话	(022)23332469	
网　　址	http://www.tjrmcbs.com	
电子信箱	tjrmcbs@126.com	

责任编辑　范　园
装帧设计　汤　磊

印　　刷	高教社(天津)印务有限公司	
经　　销	新华书店	
开　　本	787 毫米×1092 毫米　1/16	
插　　页	2	
印　　张	20	
字　　数	250 千字	
版次印次	2017 年 4 月第 1 版　2017 年 4 月第 1 次印刷	
定　　价	48.00 元	

序一

一部生动活泼的简明宋史

一个多月以前,天津人民出版社的编辑范园女士送来一部书稿,对我说,如果读了觉得有意思,可以写一篇序。我说,那就先看看再说吧。这部书共二十二回,从体例上看,是传统的讲故事的方式,从内容上看,包含了两宋时期许多重要的事件、人物、制度、科技、思想文化、民族关系等,一开始读,并无太深刻的感觉,读了几回以后,渐渐读出味道了,我被刘明泉、刘越潘二位先生独特的讲史方式深深吸引了!

近年来,通俗讲史的书出了不少,我读了一些,总的看,精品不多,有的书名曰说史,实则仅依据有限的史料,信口开河,尽是些无厘头的事,搅得人心烦,无法卒读。有的书倒是以史为据,但东摘西捡,一看就知道是攒的,也没有价值。这部《大宋往事》写得好,最突出的就在于真实。书中所涉及的人物、制度、事件等皆为史书所载。"求真"是史学的生命所在,不容虚构,以实实在在的史料为依据,就如同演员站在结实、宽大的舞台之上,可以尽情施展自己的技能。

通读全书,可知刘明泉先生是一位颇有功力的宋史专家,他对宋朝的许多问题均有自己独到的看法。由于不是纯学术著作,不能深入展开论述,但他的分析和评论言简意赅,非常精辟。如作者在叙述杨家将、陈世美、岳飞、宋江、李清照、文天祥这些家喻户晓的故事时,也把自己的研究考证巧妙地融入其中,读来顺理成章,不觉枯燥。

本书的精彩之处是作者在讲故事时不时插入现代的解读,诙谐

的调侃，甚至针砭时弊的妙语也似信手拈来，如书中讲述岳麓书院，作者写道：

"笔者曾到岳麓书院的旧址参观学习过，以我的观察，它跟现代意义上的大学好像沾不上边儿，所以有关方面没必要把它吹成世界第一所大学。有这工夫提升一下教学科研多好，也好让我们的孩子毕业找个好事由，对得起家长交的高额学费。办大学不比拍韩剧，不见得越是'大长今'（规模大、历史长、建筑现代化）越好，您说是不是这个理儿？"

古今比对，以史为鉴，历史就生动起来，这段鲜活、灵动的文字实在让人忍俊不禁。俗话说，文如其人。看这部书，可知作者是一位有一定生活阅历，又善于观察社会、体验生活的有心人。这部书的成功，体现了作者具有很强的社会责任感和对社会、对人生细致入微的体察。总之，凝聚了作者的心血！

我非常支持史学应以亲切的面孔走向社会，成为人民大众的精神食粮，这对于提升社会精神文明具有重要的作用，如果听任那些过度娱乐化的宫斗剧、戏说剧四处发展，不仅糟蹋历史，还会造成历史观、价值观的扭曲，尤其对青少年的成长产生不良的影响。刘明泉、刘越藩二位有心人，不辞辛苦，写出了这部生动活泼、可读性极强的简明宋史，为历史知识的普及做出了贡献，可喜可贺！

是为序。

孙立群

2012 年 12 月 26 日于南开园

序二

美国历史学家罗兹·墨菲在《亚洲史》一书中盛赞:历史上的大宋王朝既是"中国的黄金时代",也是"一个前所未见的发展、创新和文化繁盛期",但它同时又是一个封建时代由盛转衰的标志性王朝,一个经济高度发达却又屡遭外敌欺凌的王朝,一个被戏曲小说掩盖了历史本来面目的王朝。这些都为本书情节的展开,提供了丰富而又曲折的历史性资料。

这本称为《大宋往事》的书,源自一个二十二集的广播史稿,由刘明泉、刘越藩共同撰写。它曾先后在天津人民广播电台的交通广播、经济广播、生活广播和滨海广播及辽宁、山东广播电台播出,各地听众反响良好。现在作者将其结集成书,我觉得是件很有意义的事。

这本书从宋太祖陈桥兵变、杯酒释兵权说开去,以时间发展为脉络,每集都以一个重大历史事件和历史人物为中心来讲述历史,全景式地描写了"大宋王朝的前尘往事"。作者汇集了大量的历史资料,对读者关心的杨家将故事、包公与包公戏、陈世美与秦香莲、狸猫换太子事件、王安石变法、苏轼和乌台诗案、《水浒传》和宋代农民起义、民族英雄岳飞被杀案、最后的悲剧英雄文天祥等人物与事件,进行了独特的诠释和精彩的讲述,拂去了被戏曲小说所掩盖的历史尘埃。它既向人们展示了一个真实的大宋王朝,又丰富了读者的历史文化知识。这正是本书的价值所在。

这本书叙述生动、联想丰富,其在每一回中所展示的历史情节,

可谓环环相扣,引人入胜,具有很强的可读性。特别是其独有的语言表述方式,幽默风趣、活泼生动,观点阐释极富哲理,令人读后韵味无穷。

天津师范大学历史文化学院教授

李惠兰

前言

您在繁华的大都市开车、走路,总会碰到十字路口,其实历史的发展过程中也有十字路口。说起来从秦始皇统一中国,到北宋建政立国大约是一千年;从北宋立国到当下是一千多年,历史到北宋那儿正好走到了一个十字路口。

一般来说,但凡在十字路口,总会有热闹看——处在十字路口的大宋王朝就是最热闹、最出故事的时代。您看了这些故事想不乐都不行,因为大宋王朝的皇亲贵族、高官显贵最爱逗您玩儿。

虽然在一些戏曲和小说里,每每说到宋代时,总要加上一个"大"字:比如京剧《探阴山》里有"扶大宋,锦华夷,赤心肝胆";另一出京剧《碰碑》里也有"俺杨家,秉忠心将大宋扶保"。各类跟宋代有关的小说里更是把"大宋、大宋"挂在嘴边儿上。可是您也许不知道,在两宋超过三百年的时间里,打胜仗的概率,实际上跟眼下的中国足球队差不多,到了节骨眼儿上他们想不输球都不行,因为人家输球是有指标的,多弱的队都能灌它个 3:0,多业余的对手都能把他打得屁滚尿流,伏低做小。在强横和不够强横的四邻面前,它都很难表现出一个"大"字来。

别的不说,北宋的九任皇帝让人捉走了一对,南宋的最后一个皇帝也让人逼得下了海。不过您得听明白,他这下海,可不是闯市场做买卖,而是真的跳海自杀外带着国破家亡。说起来他们的老祖宗赵匡胤、赵匡义开国的时候,可不像他们的后代活得这么窝囊。您要

1

问,真正军人出身的老赵家为啥黄鼠狼下耗子,一代不如一代,一窝不如一窝呢？这个政治、经济、文化、科技都遥遥领先于世界的大宋王朝,还真有好多热闹、好多故事、好多隐情、好多历史秘籍需要大家来了解。不信,您翻开书继续往下看!

目录

第一回 大忽悠式的政变闹剧 ………………………………… 1

第二回 "恐北症"是这样炼成的 …………………………… 17

第三回 佑文抑武反复辟 …………………………………… 31

第四回 工农商学兵一起抓 ………………………………… 43

第五回 宋代"公务员"的幸福生活 ………………………… 55

第六回 有钱的大宋和仇富的四邻 ………………………… 71

第七回 "弱宋"幻化出杨家将 ……………………………… 85

第八回 陈世美被抓了"反面典型" ………………………… 99

第九回 包龙图被后世重塑金身 …………………………… 111

第十回 变法变丢了江山社稷 ……………………………… 127

第十一回 "水浒"——两宋民暴浓缩版 …………………… 143

第十二回 "佑文"制度下的文化人 ………………………… 159

第十三回 金人发飙,二帝被掳 …………………………… 175

第十四回 泥马渡康王以后 ………………………………… 191

第十五回 岳飞是这样被杀的 ……………………………… 203

第十六回 好日子把骨头过酥了 …………………………… 217

第十七回 两宋——国家不幸诗家幸 ……………………… 233

第十八回 党同伐异 小报流行 …………………………… 245

第十九回 瓦舍与勾栏——大宋的茶馆文化 ……………… 255

第二十回　两宋科技　领跑全球 ……………………………… 267

第二十一回　理学大师的正负极 ……………………………… 279

第二十二回　最后的悲剧英雄 ………………………………… 293

写在后面的话 ………………………………………………… 309

第一回　大忽悠式的政变闹剧

第一回　大忽悠式的政变闹剧

宋代开国之前,中华大地军阀互相攻伐,王朝更迭频繁,社会动荡不安。那时候,老百姓的日子,可以用一句老话来描绘,那就是:离乱人,不如太平犬。从唐朝灭亡,朱温建立后梁的907年算起,整个"五代十国"时期,共历时五十三年。所谓五代就是:梁、唐、晋、汉、周,五代共是十三帝;外加所谓的十国和几个同时并存的少数民族政权。正如宋人范浚在《五代论》中所说:"兵权所在,则随以兴;兵权所去,则随以亡。"正可谓"乱纷纷,你方唱罢,我登场,反认他乡为故乡!"

话说大分裂的"五代十国"时期,到了后周建政时已接近尾声。周世宗柴荣即位后,顺应国家人心思定的大势,在政治、经济、军事各个领域进行了一系列的整顿。经过一段时间大刀阔斧的改革,整顿工作取得阶段性成果。北方的政治局面逐渐趋于稳定,这就为全国统一创造了有利条件。柴荣在稳定北方的基础上,又逐渐向南方拓展,迅速占领了肥沃富饶的淮南地区,兵锋直指大江以南。但皇天偏负苦心人,就在后周政权建立的第九个年头,雄才大略的周世宗柴荣突然病死了。不得已,只好由他7岁的儿子柴宗训继承了皇位。

后来当上北宋开国皇帝的赵匡胤,原本是柴荣手下的一个高级军事将领,柴荣驾崩前,他被封为后周的军事统帅——殿前都点检,这样军权就一下子全归了他。公元960年,正当后周君臣欢度新春佳节、进行团拜时,突然接到边境紧急战报,说是北汉和契丹军队联合来犯。您想,柴宗训和他妈孤儿寡母的,听到这个凶信儿可不吓坏了嘛;宰相范质、王溥也难辨真假,根本没想到有人谎报军情,立马就决

定派赵匡胤带兵御敌。赵匡胤一分钟也不耽误，很快就发布了个"副统帅战备一号令"，并且亲自率军北上到边境迎敌决战。话说赵匡胤他们出了京城往东北四十里，来到了一个叫陈桥的驿站。说是打尖儿休息吧，可还没等他屁股坐稳呢，兄弟赵匡义和赵普、石守信、高怀德、慕容延钊等人就变戏法似的拿出来一套黄袍，死乞白赖地非让赵匡胤穿上。赵匡胤一看，露出满脸的无奈，嘴上还一百个不情愿。当时就大骂赵匡义、赵普他们陷自己于不忠不义，坏了自己的名声，使自己不能成为千秋百代忠臣孝子的好榜样。赵匡义和赵普他们一听，不急不恼还做戏似的跟他起哄抬杠，于是赵匡胤也就假戏真唱，半推半就地把黄袍穿自个儿身上了。也有人说，赵匡胤是被手下的弟兄们灌得烂醉后，一睁眼才发现自己黄袍加身了。总之，开弓没有回头箭，不得已而为之吧！你说赵大哥这戏演得是不是过了点儿？不管用啥法子吧，赵匡胤觉得黄袍穿身上这叫一个暖和，高分子远红外双层保暖内衣比这差远了！

当然赵匡义、石守信他们让自己的大哥"黄袍加身"，也不光为别人，也有自己的打算。他们明白，自古"一朝天子一朝臣"，要是老柴家孤儿寡母掌了大权，肯定要安插自己的三姨四舅大表哥，古代这叫"外戚"。历朝历代作为外戚的娘家人为害作乱的还少吗？真到那时候，我们老哥儿几个不就只好给人家腾位子滚蛋了吗？现在咱不如变被动为主动，把赵大哥推上皇帝的宝座，天子都是咱自家人了，以后咱老哥儿几个不就光剩下在那"排排座、吃果果"了吗？这一段历史，可不是笑话，它就是传为经典的"陈桥兵变、黄袍加身"。

要说赵匡胤导演的这场大忽悠喜剧不光闹腾，还挺损的。大年下的，不光制造谣言说外敌入侵，还说两路外敌一块儿入侵，让人家孤儿寡母老大歉疚地派他出去，来了个春节加班御敌，甭问，年终发的红包一定挺厚实的，谁知最后却是"逗你玩"。

已经黄袍加身的赵匡胤，下决心不再为别人打工，为了自己尽快当上老板，他一天也不耽误地带领兄弟们飞快地赶回汴京，杀了个回马枪。这趟回来，可跟出京前大不一样了，套一句现代戏的词儿那就是："人也多了，枪也多了，鸟枪换炮了，今非昔比阔多了。"赶回汴京的赵匡胤，也用不着跟老柴家含蓄客气了，他发布的第一道诏书，就是麻利地让老柴家娘儿俩找房搬家，而且是雇佣黑社会强迁。为嘛呢？您想啊，人家都黄袍加身了，皇宫龙椅还能让别人占着吗？不得快点住进去过过瘾吗？这样，周世宗柴荣的儿子周恭帝，不得不把皇位"禅位"给了赵匡胤。啥叫"禅位"，就是主动让位的意思。当然赵大哥的弟兄们都发狠话了，周恭帝一个学龄前儿童不让也不行啊！

　　赵匡胤当上皇帝后，因为他曾长期担任宋州归德军节度使，因此他就把自家的国号叫作"宋"，都城仍然设在汴梁。不过值得赞扬的是，从公元960年的某一天起中华大地终于消弭了战祸，又开始了全国统一的步伐。

　　顺便说一句，赵匡胤黄袍加身后，倒是没杀害老柴家的孤儿寡母，政治上表现得比较温和，不光这样，他还给柴宗训封了藩王，分了土地。说起来小说《水浒传》中那个专门掩护梁山地下党的小旋风柴进，《说岳全传》中那个跟岳飞争武状元妄图篡夺军权的小梁王柴桂，历史上如果确有其人的话，正是老柴家的后人。不过，柴桂要是真的跟岳飞争武状元，套用前些年人们常说的一句话，那就是："人还在，心不死，一天也没忘记搞复辟呀！"

　　中国有句老话说"来得不明，去得马虎"。因为在几千年的统一王朝中，老赵的天下来得最容易，所以赵匡胤心里也就最不踏实，因为他自身的经历就是一个最典型的案例：后周的孤儿寡母视他为最可爱的人，绝对不可能背叛，现在自己不是也跟人家要了个鬼心眼儿，玩儿了一把阴的，把人家的王朝变了姓吗？于是他就心里老是念叨，要是那些当年跟自己一块儿摸爬滚打的开国功臣们，用拥立自己的办法再推翻自己，跟我也玩儿阴的，那老赵家的江山不也会稀里糊涂地丢了吗？因此，所有封建王朝的开国皇帝，心里最不待见的其实就是跟自己一块儿打天下的这帮老哥们儿。打个比方，如果国家是个股份公司的话，那这些人其实就是持有大批原始股的大股东，而且他们是拿生命来做投资，期待的回报当然也不会低了。您想，这些当年一起创业的股东们要是万一来个联袂演出，咱这个超级公司的董事长不是马上又得改姓儿吗？所以在很多时候，各个朝代，立朝之后的"首任董事长"，也就是开国皇帝，做的第一件事就是换掉公司的这些持有原始股的大"股东"，重组企业领导班子，只不过用的方法不一样罢了！

这也是没法儿的事，那些具有文韬武略的功臣根本就是双刃剑，在乱世，他们是统一的利器；但在太平年代，就是十足的不安定因素。更何况在宋代之前的五代十国，换皇帝就跟走马灯似的，十国不用说了，光五代梁唐晋汉周不过五十三年，皇帝就换了八个姓，那叫一个乱。

别的不说，就说大宋王朝建立不过百天，原来后周的两员大将昭义军节度使李筠和淮南节度使——后周太祖郭威的外甥李重进，就因拒绝新王朝的领导，相继在山西潞州（今天的山西长治）和江苏扬州起兵叛乱。这两场叛乱一北一南，规模虽然都不是很大，但也折腾到了公元960年的年底才算平息。

这样的问题始终困扰着所有封建王朝的开国皇帝们，当然更包括宋太祖赵匡胤。面对纷繁复杂的形势，赵匡胤建政之后，非常担心自己建立的大宋王朝成为继五代之后的第六个短命王朝，而不能保障自己的政权千秋万代永不变色。当然赵匡胤最担心的还不是李筠、李重进等后周旧臣的叛乱，他最担心的是把自己扶上台的老军头们。那些开国功臣跟自己没大没小、没轻没重地拍肩膀论哥们儿，议论自己小时候撒尿和泥的事儿，虽然让自己很郁闷，但要是能容忍，还能落个亲民的形象，给自己执政水平加分；可他们要是总想着跟自己分摊皇帝的权力，争董事长的位子就糟了。

说起来赵匡胤赵大哥在封建帝王中也算是厚道人。他在篡取了后周的江山后，对后周的王公旧臣，采取"一个不杀，大部不抓"的怀柔政策，而且决定，无论是谁只要不反抗新生的政权，就全部提拔重用，仅凭这一点儿就表现出了赵匡胤兄弟的政治家胸襟和智慧。但是仅凭这种厚道，还远远不能保障一个新政权的稳固，五代十国那相去不远的战乱分裂，成了老赵家哥俩儿永远拂不去的阴影。于是，经过长时间的冥思苦想，赵匡胤、赵匡义和赵普等人，终于合计出了一个解决那些不安分的开国功臣的高招儿。

您要问是啥高招儿？那就是公元961年高级泥瓦匠赵普为大宋王朝设计的、将最复杂的问题用最简单的办法来解决的政改方案：请这些老军头们吃饭。那位说了，别逗了，您那公款吃喝愣整出个政改方案来，真能瞎白话！唉，这还真不是瞎白话，这顿饭吃得还真的很有意义，有历史意义、有政治意义！

这个方案正经点儿说，就是为了"以防弊之政，作立国之法"，通过公款吃喝达到"杯酒释兵权"的目的。长话短说，公元961年，"杯酒释兵权"的政改方案在赵普和赵匡胤兄弟的合谋下运行起来。据史书记载，这样的"杯酒释兵权"的政治解决方案，一共进行了两次。第一次是在建隆二年也就是公元961年，它释掉的是中央禁军的高级将领石守信、王审琦、高怀德、张令铎四人的统兵大权。

话说，在赵匡胤黄袍加身仅仅两年后的7月9日的晚上，皇宫里传出一阵歌声。其实，不光有歌声还有美女伴舞呢。赵匡胤早已命人摆下几桌丰盛的宴席，把石守信、高怀德、王审琦、张令铎等几个开国功臣请来喝酒。酒过三巡，菜过五味，赵大哥屏退左右，突然放声大

哭。老哥儿几个不禁吓了一跳，等缓过神来赶忙过来劝解。只见赵匡胤抹着眼泪对众将领们说："靠了你们，我才有了今天，可自打做了皇帝，我就没睡一个囫囵觉。看来做皇帝也不易呀，还不如做节度使快活了。"将领们都说还有比做皇帝更美的吗？赵匡胤说，美呀，我还累呢！我这位置谁不惦记着啊？石守信他们一听连忙说，现在天下初定，谁敢有反心？赵匡胤接着说，"你们是没有，可是你们的部下要是硬让你们黄袍加身，你想不干行吗？我当初不就是让你们打鸭子上架，当上皇帝的吗？"

石守信他们一听这话，冷汗立马就下来了，心里说："打鸭子上架？你屈心不屈心？我看你是满心愿意，满嘴的皱巴。"众将领心里谁都明白，可谁也不敢说，连忙流泪叩头，请皇上给条出路。于是赵匡胤就顺坡下驴说，给出路，给出路，不给出路的政策，不是我们老赵家的政策："汝曹何不释去兵权，择便好田宅市之，为子孙立永久之业，多置歌儿舞女，日夜饮酒相欢，以终其天年？君臣之间，两无猜疑，上下相安，不亦善乎？"这意思可是太明白了，就是让他们主动放弃兵权，买点儿好房子好田地，为子孙后代留点家业；然后再多买几个舞女歌伎，来它个纸醉金迷，花天酒地。这样做，虽然有点黄色低俗，有点骄奢淫逸，可一辈子不是也挺乐和吗？

听了这话，几个老军头们再没心没肺也吃不下去饭了。第二天立刻就来了个急事急办、特事特办，以年老多病为由，主动要求解除自己的兵权。赵匡胤心里这个乐啊，心想，这帮老伙计，别看平时粗粗拉拉的，遇到事儿还算是明白。不过立马让人回家，倒显得我老赵不厚道了！不行，我还得继续铺垫铺垫，省得让天下人说闲话。于是他就假意让众将领到外地去当节度使，这叫出将入相，正常的干部交流，别人绝对说不出嘛来了。其实，宋代建政后，地方军权早都划归了各州管辖，中央派去的节度使到那儿，去了也是白拿工资不主事儿。第一次"杯酒释兵权"后，中央禁军迅速被一分为三，这样皇帝身边的禁军将领发动兵变、夺取中央权力的威胁就基本被消除了。

第二次"杯酒释兵权"活动，是在开宝二年也就是公元 969 年进行的。赵匡胤又故技重演，他召集节度使王彦超等人宴饮，这一次释掉的是一批地方军阀的兵权，目的是消除来自藩镇的军事威胁。通过这两次公款宴请，中央禁军将领和地方军阀的主要兵权全部被收回，自唐中叶开始的、持续两百多年的君弱臣强、群雄并起的政治格局终于被完全打破了。

赵匡胤用杯酒释兵权的方式，让几个跟自己玩死签儿的老哥们儿一块儿赋了闲，然后再送钱送财送美女，让他们回家去骄奢淫逸、享受生活。可养着部队总得有人带呀，于是他就提拔了一批中下层军官，来顶替那些老军头。比如京都最重要的岗位殿前都虞侯一职，就先由中层军官张琼来顶替。

张琼是个粗人，大字不识，性情耿直又没什么城府，还曾救过太祖赵匡胤的命。按说有了这样的生死之交，一定会取得皇上的信任，可两年之后他还是被赵匡胤赐死了。留下的重要岗位，赵匡胤又让杨信来顶替。杨信既没有老帅们的拥戴之功，也没救过皇上的龙命，这活儿到他手里简直就没法干，可要是抗旨不遵，死期会来得更快。

硬着头皮走马上任的杨信，不久就得了一种怪病，声音突然嘶哑，接着就不能出声了。宋太祖看他虽然不能发声说话，可身体却没有大毛病，于是就让他保留职位继续干。不光这样，第二年又让哑巴杨信担任了节度使一职。蒙受太祖皇上的浩荡隆恩，口不能言的杨信就更加小心谨慎了。

杨信这一失语，就是十一年。虽然他在军中的履历，没有多少上台面的战功，可最终却成了宋初武将中军衔最高的人物。就在他临死的前一天，奇怪的事发生了，杨信的病突然痊愈了——千年的铁树开

了花，千年的哑巴说了话，这整个儿一个来得不明，去得马虎。这时，宋太宗已经登基。赵匡义对这事感到很奇怪，于是马上去他家探视。弥留之际的杨信握着新皇上的手，声音哽咽地表决心：非常感谢两朝皇上的知遇之恩，臣虽效尽犬马之劳难报万一。说到动情之处，气息微薄的杨信，泪流满面……

说到这儿您可能明白了：杨信看到了前辈和战友的悲催命运，就以装聋作哑来保护自己，而宋太祖在杨信变"哑"之后，也揣着明白装糊涂，不再赶尽杀绝，对他就像对他的前辈一样送钱送财送美女，还把殿前司的最高职位也送给了他，因此他也就成了为数不多的、得以善终的武将之一。

装聋作哑，坚持十多年不说一句话，这功力可不是一般人能修炼成的！在这场趣味马拉松赛中，杨信表现得最有毅力，也最有咬劲，并最终取得了胜利。在这以后的历朝历代官场中，"如杨信者"乌央乌央地拦都拦不住，至于后来是否有人打破了他保持的世界失语纪录，我就不知道了。这也算是"杯酒释兵权"的一个小插曲吧。不过，无论怎么说，这样的政治解决方案，也算是比较温和的。

这样的"杯酒释兵权"政治解决方案，也可以看作是终结乱世的军事体制改革，套一句时髦的话说，就是"用土地换和平"。也就是，抓住老军头们的人性特点，鼓励他们主动放弃军权，去大肆兼并农民的土地，并多置产业，多养些歌伎去享受人生。您想，一旦各路军阀放弃了军权，内战的隐患不也就消除了吗？老百姓不就可以过上太平的日子了吗？这不整个儿一个"用土地换和平"吗？看来这样的政治方案还是中国人发明的，时间是公元 961 年，比起美国、以色列人的发明早了一千多年。

说起来赵匡胤还真有点水平，有点政治智慧，他建政后仅用了三年，就基本消灭了上层统治的反抗力量，使局势稳定了下来。细数起来，中国古代主要朝代的建立者，只有赵匡胤赵大哥是真正的军人，所以他为自己及其后代设计的主要治国课题就是怎样削弱军人的势力，避免那些老军头们凭着那一张"旧船票"再登上自己的"客船"。他反思自唐代"安史之乱"以来别人和自己的篡权经历，并以此建立了重文轻武的"佑文"制度，目的就是防止军人搞复辟，但这也结下了宋军屡战屡败的死结儿。所以说，赵匡胤是用最大的政治智慧换回了最大的政治噩梦——宋代初年的这种安内方略，虽然促成了社会安定和谐，但却使宋军应付战争的能力大大减弱，甚至到了不堪一击的地步，而对外则主要依靠金钱赎买的政策来寻求苟安。但这样的办法只能安内，却不能攘外：从辽、西夏到金，再到蒙古，反正谁都能欺负它，直至灭亡。这不能不说是"杯酒释兵权"政策的一个很大的负面效应。这是后话，在后面我们将详细给您介绍。

但从另一个角度讲，赵匡胤"杯酒释兵权"，不用开国功臣掌实权，"以防弊之政，作立国之法"，但也不杀害功臣，犯点小罪小错也不搞扩大化，有利于社会和谐，政治稳定，这一点还是值得肯定的。当然最早建立这种良好政治秩序的是东汉的开国皇帝刘秀，而真正继承其政治衣钵的则是宋太祖赵匡胤。他们这样做，总比他们前边的刘邦和后来的朱元璋强。

刘邦当上皇帝后，就忙着杀害韩信、彭越等开国功臣，所以韩信的临终遗言是："狡兔死，走狗烹；飞鸟尽，良弓藏；敌国破，谋臣亡。天下已定，我固当烹！"彼时彼刻，连谨慎的丞相萧何，都感觉到朝不保夕，不知哪天就丢官掉脑袋了。于是就产生了一个古怪的词叫"自汗"。不过这可不是说自己流汗，那叫"盗汗"。"自汗"说明白点儿就是：古代高官为了避免功高盖主、惹火烧身，通过抢人妻女、霸占良田、骄奢淫逸、大搞低俗活动，可劲儿地往自己身上泼脏水，所以"自汗"又叫"自秽"。反正这么说吧，只要你自个儿愿意花钱把自个儿扮成流氓，证明自己胸无大志、沉醉于享乐生活，就算达到目的了。

明代的朱元璋即位后更为残暴，他手下的功臣们也不大懂得"自汗"，于是他先后搞了胡惟庸、蓝玉等大案，大肆诛戮功臣，严重破坏了新王朝的政治稳定和经济秩序。不知您注意没有，历史上那些出身贫苦的帝王如刘邦、朱元璋、洪秀全对功臣往往非常歹毒，而那些出身比较"高贵"的如刘秀、李世民、赵匡胤等反倒对功臣比较宽容。

公道地说，赵匡胤即位总比让柴宗训那个学龄前儿童掌权强，套句现在的话说，这就叫：对历史负责。嗯，就因为你爹是皇上，就把国家的命运和千百万老百姓的生死，交给你一个小屁孩去过家家，这难道是对历史负责吗？所以说赵匡胤虽是靠阴谋夺取了天下，但却顺应了历史发展的潮流和人心思定的趋势。可也许是一种历史轮回吧，赵匡胤虽然算计了那些老哥们儿，最后还是让他弟弟赵匡义给算计了，没能发扬"父传子，家天下"的优良传统。

据《宋史》的记载，宋初太祖禅位于太宗完全是他妈杜太后的教诲所致。赵匡胤认为，自己之所以取得天下是祖上积德所致。杜太后一听，马上告诉他：得了，嘛祖上积德呀，这回让你小子捞上，"正由周世宗使幼儿主天下耳。使周氏有长君，天下岂为汝有乎？汝百岁后当传位于汝弟。四海至广，万几至众，能立长君，社稷之福也"。那意思就是说，假如人家老柴家有成年人当皇上，天下怎会到你手里呢？为了避免犯同样的错误，你百年之后还是把皇位传给你兄弟吧。公道地说，杜太后的参政议政，在天下初定的形势下对于稳定大宋王朝的统治意义深远。当时，如果不是"太祖之后太宗继之"，而是弄一个小屁孩顶着，宋代很可能就会成为继五代之后的第六个短命王朝。

要说人家赵大妈办事还真讲效率，主意想好后，立马就喊来了大儿子赵匡胤，让他赶快写下誓书，用现在的话说就是做个公证，而且还邀请宰相赵普来当公证员，您瞧级别够高的吧！杜太后还命人把这份公证书"藏之金匮",盖好章贴上封条,并派专人看守,谁也甭想偷看作弊。什么叫金匮,金匮就是金柜子、金箱子,把公证书藏在里面,放到安全的地方,准没跑,可见赵大妈还真把这事当真儿了。

可赵匡胤心里却是老大不愿意,可不愿意又不能跟老娘明说,他只好阳奉阴违,找机会反悔!此后赵匡胤,虽没有违约立儿子为皇太子,可也没有按约立兄弟赵匡义为皇太弟。过去不是有句老话叫:皇帝爱长子,百姓爱幺儿吗?敢情这老赵家娘俩儿跟百姓过日子也没啥两样,都有自己的私心。正是这娘俩儿心里都有个小九九,才埋下了后来宫廷政变、血腥屠杀的伏笔。

后来杜太后死在了赵匡胤的前面,身后事也管不了了,自己参政议政的遗嘱执行的咋样也没法过问了。于是赵匡胤在临终前,突然决定立皇长子为太子,皇后连忙派人火速召儿子前来受遗诏。不料那人没去通知太子,反去通知了赵匡义。您以为是快递公司工作人员责任心不强,把信投错了,不是!没人家快递的责任。原来皇后派去的那人,正是赵匡义安插在宫里的特务,他叫王继恩。这小子临危卖主,吃了原告吃被告,当然也就成全了赵匡义赵二哥。

赵匡义接到王继恩的密报后,飞快带人闯进宫中,名义上是探望病重的哥哥,实际上是冲着皇上的传国玉玺来的。赵匡义进去不久,宫人们只见"烛影摇红,斧声凿凿"。就像侯宝林相声里说的那样,哥俩儿为了争夺皇权,真刀真枪玩了命了——不一会儿里面就传出赵匡胤驾崩的消息。皇兄突然被人"驾"起来崩了,匡义自然心里有鬼,害怕迟则生变,立马来了个特事特办,急事急办。他连夜宣告即位当皇帝,谁拦着跟谁玩儿命。于是大宋王朝的第二任皇帝就这样产生了,他就是宋太宗,这一年是公元976年。

赵匡胤的死因在历史上一直是个疑案。一些笔记类书籍,对这次宫廷政变则有另一种说法:说是,赵匡义对于赵匡胤的妃子花蕊夫人垂涎已久,有一天他趁着大哥病重昏睡不醒之际,半夜来调戏小嫂

子。小嫂子一见花容变色，立刻高喊："抓流氓呀！"惊醒了丈夫。愤怒的赵大哥立刻抡起玉斧来砍赵老二，但因为长期卧床身子骨弱，人没砍着斧子反落了地。赵匡义一见这阵势，回去也是个死，干脆一不做、二不休，杀了自己的亲哥。本来，按照宫廷礼仪，赵匡义是不能半夜进宫的，可他居然堂而皇之地留宿在宫里，这本身就是很大的疑点。而且宫女、太监还都不在皇上身边。赵匡胤临死前"好做、好做"的凄惨呼喊和宫中"烛影摇红，斧声凿凿"的血腥镜头，都告诉人们，这是一场兄弟相残的宫廷政变，至于在政变中顺便调戏了一下小嫂子，那也是搂草打兔子——捎带的。

　　对于这一段历史疑案的描述，释文莹的《湘山野录》也有比较具体生动的记载。不过《宋史》中却没有如此生动的故事细节，只是说，赵匡胤临死前"受命于杜太后，传位太宗"。这也就是说赵匡义即位，是听从了太后老娘的安排，经过皇上大哥的批准，合理合法。这一点咱们前边说过。

　　可在《续资治通鉴》中，却较为详细地记载了赵匡义勾结太监、发动宫廷政变的史实。赵匡义模仿他哥照葫芦画瓢，趁长兄病重，从小侄儿手里抢来了皇位。历史上把这种现象叫作"兄终弟及"。这也难怪，多少次皇位更迭哪一次不是充满了诡秘阴谋，"兄终弟及"更常常是沾满了血雨腥风。

　　这场宫廷血案的最重要证据，其实出自南宋。南宋开国皇帝赵构在"维扬之变"中丧失了生育能力，先前生的亲生儿子又夭折了，他这一脉到底没把根儿留住。他的继承人宋孝宗赵昚正是太祖的七世孙，本来赵构挺不情愿的，可是架不住群臣晓以大义地劝。宋孝宗赵昚在太上皇赵构死后，第一个孝顺举动，就是暗中支持史学家李焘去调查大宋开朝的那个宫廷血案。经过专家的认真考证，几乎还原了赵匡义杀害他亲哥赵匡胤的全部细节，使曾经被严肃追查的小道消息得到了有力印证。南宋官方也因此半公开地承认了这起谋杀案的真实性，并给赵匡义做了一个带尾巴的结论。赵匡义不光将用血腥手段夺来的政权又还给了他大哥的后代，自己还得了个断子绝孙的报应。您说这事儿怨谁呢？

至于小说《杨家将演义》中的赵德芳被封"八千岁"的事，正史中并无记载。

宋太祖赵匡胤的长子叫赵德昭，他在太宗赵匡义即位后，曾随他出征幽州。有一次，赵匡义在前线突然失踪，军中有人建议立德昭为皇帝。赵匡义回来后，非常不高兴，心说，我这玩了把失踪，你小子就当真了。故此，从幽州班师还朝后，赵匡义时刻防着大侄子复辟，算是记上仇了。可德昭却看不出个眉眼高低来，回来后还催着他叔对出征的众将按功行赏。挤对得赵匡义把实话都端出来了："等你称帝后，行赏未晚！"现在就想收买人心呀，早了点儿吧？赵德昭一听这话，明显是隐藏着杀机呀，感觉自己是彻底地没活路了，回去后就自杀了。但他死后还是被封为魏王，这样做完全是为了应付舆论。过去有出戏叫《贺后骂殿》，说的就是这件事，但是人物、时间有点儿对不上。

说起来，赵德芳原是太祖的四子，在戏曲、小说中他反而成了凌驾于皇权之上，弘扬正义的化身，但同样于史无据。因为皇上可以和士大夫公治天下，却不可能让一个"八千岁"对自己虎视眈眈，赵德昭的被逼自杀就是一个铁证。

话说回来，赵匡义搞窝里斗比他哥玩得更阴，他从自家寡嫂侄子手里抢来了天下，也觉着没法向天下人交代，于是就发动社会闲散人员给自己造了个谣。说是早年他妈用扁担挑着他们哥俩儿逃荒时，路上碰见一个研究《易经》的高人，一见大嫂挑的这俩东西吓了一跳，充满玄机地说："都言皇帝少，皇帝论担挑。"啥意思？就是说，大家都说皇帝少，可您这却把皇帝论担挑！末了，他还神秘地告诉赵大妈：您老人家赶快挑回去，可千万保护好喽，这俩东西可是绝对的国宝级绩优

股！将来肯定有一本万利的收益,您就回家等好去吧！

您说这不是超级大忽悠，哄小孩子的话吗？其实为了篡权当皇帝、给自己编故事、编神话、编出身履历的，历史上绝不止赵匡义一个，专利当然也轮不到他赵老二来注册。九泉之下的赵匡胤也别怪他兄弟太无情、太无耻、太无人性了。恨也好，乐也罢，这所有的报应都来得太快了。赵匡义也别乐得太早了，赵老二扛房梁以为就顶这儿了，更大的报应还在等着你呢。

第二回 『恐北症』是这样炼成的

第二回 "恐北症"是这样炼成的

　　赵匡胤即位以后，仅用了三年，就基本消灭了统治集团内部的反抗力量，使局势大体稳定了下来。从五代十国末期开始，朝野上下要求结束分裂、结束战乱的呼声越来越高，国家要统一、民族要团结的大趋势已逐渐形成。早在后周时期，赵匡胤就在协助周世宗柴荣推进统一的征战中，积累了一定的军事、政治经验。现在他代周自立并巩固了自己的统治，很自然就把完成中国统一大业的议题，提到日程上来了。

　　从当时的客观形势看，刚刚立国不久的宋王朝周围存在着几个由外族所建立的敌对政权和几股由汉族建立的割据势力。在江淮以南的南京、广州、荆州、泉州、成都、常德、江陵和杭州等地，还存在着南唐、南汉、南平、后蜀、湖南、荆南、漳泉和吴越八个割据政权。虽然这些割据政权都处于土地肥沃、物产丰富、经济相对发达的地区，但由于政权管辖的疆域都比较狭小，实力有限，国家又缺乏尚武精神，统一全国的底气自然也就不足了。所以历史上，这些南方小国，总是争先向中原政权表示臣服，就是当个儿皇帝管人家喊爹也无所谓。

　　可北方的三个割据政权却个个如虎狼之师，没一个善茬儿的。首先是契丹人所建立的辽国，军事能力非常强悍，而且还指东打西，飘忽不定。没办法，游牧民族对付农耕民族，就得发挥游击队的优势。那时候的契丹人，主要在辽宁、内蒙古一带活动，后来又发展到河北进入了长城，成了跟大宋王朝百年死磕的劲敌。在大西北则有党项族建立的西夏政权，他们也是全民皆兵，能征惯战，勇敢彪悍，频频进入中

原地区烧毁房屋，掠夺财物，很少消停过。另外还有夹在二者之间、割据山西的北汉政权，它拿契丹人当后戳儿，根本就不把大宋王朝放在眼里。

这样，摆在赵匡胤面前的就只有两种选择了：一是趁南方诸国名义上已臣服的时机稳住他们，继续周世宗既定的北伐政策，收复契丹人所占领的燕云十六州，割断辽国与北汉的联系，进而消灭北汉这一公开的敌对势力，然后再统一南方诸国。这叫"先北后南"。另外就是"先南后北"，即在完全征服了南方的八个割据势力以后，再来征讨北汉，夺回被辽国占领多年的燕云十六州，将契丹人赶回长城以北去。经过君臣之间的反复争论，宋太祖接受了宰相赵普等人的建议，在建隆三年也就是公元 962 年确立了"先南后北"的国家统一策略。

这个"先南后北"的统一策略，历来为后代的史学家们所诟病，他们认为正因为赵匡胤先拼命消灭南方政权，对北方强敌北汉和契丹实行绥靖政策，才埋下了大宋王朝长期遭受外敌欺凌，直至国破家亡的祸根。

至于是不是真像后代史学家所说的那样，咱先按下不表。那么，"先南后北"的统一策略，是如何具体实施的呢？

根据当时的形势，赵匡胤制定了先取荆湖，继攻西川，最后再攻打北汉的策略。无论是从天时地利人和的角度来考虑，还是依据轻重缓急的原则，从力量对比、人口物产等具有战略意义的条件来考虑，赵匡胤制定这样的统一策略，都是有一定的道理的。因为赵匡胤深深明白"自五代以来，北敌强盛，盖由中原衰弱"所致，要想结束中国长期分裂的局面，先攻打北方的北汉和契丹是很不现实的，在策略上也是行不通的。而当时的南方政权力量都比较弱小，也都胸无大志，他们互不统属，矛盾重重，纷争不已。英明的君主赵匡胤怎能坐失这个"先南后北"、各个击破的良机呢？赵匡胤在制定完先南后北的策略后，还进行了具体的政策解读："中国自五代以来，兵连祸结，帑藏空虚，必先取巴蜀，次及广南、江南，既用富饶矣。河东与契丹接境，若取之，则契丹之患，我当之也。故存之以为我屏翰，俟我富实则取之。"赵匡胤的意思是说，我要统一全国，从征伐南方开始，目的就是为了夺取江南财富，为统一全国打下雄厚的物质基础，因为"中国自五代以来，兵连祸结，帑藏空虚"。不积累下钱物，做好军备，是没法进行任何战争的，等我打下富庶的南方，战争所急需的资金物力不也就积累起来了吗？那时我再攻打北方的强敌，不也就有了雄厚的资本了吗？至于契丹之患，等我国富民强了再说。

说起来，中国南方的开发，早在三国时代就开始了。经过魏晋南北朝时期的人口大迁移，黄河流域的先进文化和农业技术也转移到了江南，生产力水平迅速提高。就这样四五百年过去了，到唐代中期，江南已经达到一个相当高的经济水平，发展成为中国最富饶的地区之一。江西、湖南在唐以后已成为全国著名的粮食基地，同时还出现了比较繁荣的对外贸易，广州、泉州、杭州、扬州、明州——也就是今天浙江宁波等重要的口岸都在南方，很多的物产和税收也来自南方。这一切都说明，中国的经济重心在那时就已经南移。所以人家赵匡胤才说，这都经济南移了，我还不出兵顺势南下，让它来个财务大转移吗？至于转移到哪儿，转移到谁的口袋里，您就别细问了。套一句现代革命京剧《沙家浜》中刁小三的一句台词："抢东西呀？我还要抢人哪！"可不，人家在前方打仗流血，你们不得连东西带人地来慰劳慰劳我吗？

您还别说赵匡胤光认钱了，这也是没法子的事儿。大家知道，打仗打的是钱呀，没钱，没有物质基础打什么仗？因为中国分裂的时间太长了，割据战乱的局面太长了，虽然五代十国历经不过五十多年，可要是从唐代的"安史之乱"到宋代建立算起，中国分裂割据的局面就有两百多年的历史了。两百年国家的割据与战乱，国家经济积贫积弱,饱受创伤,岂止是"帑藏空虚",老百姓更是被折腾得到了吃野草啃树皮,卖儿卖女,甚至人吃人的地步了。这真可谓是"离乱人不如太平犬"啊！那时候的国家是太穷太乱了！

在这样的历史大背景下,赵匡胤制定"先南后北"的统一战略,既是不得已而为之,也是变被动为主动的一种策略,这在一定程度上表现了一个开国君主洞察事物的英明与果决。用句老百姓的话说,赵匡胤这叫吃柿子专拣软的捏。可不拣软的行吗？宋代建国不过两三年,好比是一个两三岁的孩子,牙还没长齐呢,您就惦着让他咬碎硬核桃,这不是存心让我们孩子满地找牙玩吗？

当然对于精明的赵匡胤来说,他对军事力量强劲、又虎视眈眈的契丹,也并不是没有防范。他在北边的国境线上配置了足够的兵力,只是在那里采取的是守势,绝不主动进攻,因为军事上是切忌到处树敌,四面出击的。用赵匡胤的话来说,就是:"故存之以为我屏翰,俟我富实则取之。"当然,以后的事情也没有完全按照赵匡胤的算盘打:由于统一南方的战事时间过长,使契丹政权逐渐做大,变得越来越难缠,也越来越难打,这也是难以预料的。再加上老赵家的后代是一代不如一代,重视文化建设和学历教育的赵匡胤,培养了一批高分低能的文学家、艺术家,但在军事上有作为的却没有几个。假若"先南后北"的统一策略真的给后世带来了一些弊端,造成长期外患严重,甚至到了亡国的结果的话,恐怕还真是胎里带来的软骨病。或者说,它本来就是一把双刃剑,两宋三百多年形式上统一了中国,却没有彻底把自己软骨病的病根儿治好,而且还是越治越上痰,越治越罗锅儿,可这你也怨不得别人,那就只能怨自己命太苦了,只能怨自己的后辈儿孙太不争气了。

话说回来,宋太祖制定了"先南后北"的统一方针后,马上下诏传令手下的文臣武将,既然国策已定,大家就别瞎吵吵了,就按既定方针备战备荒,准备打仗吧。话说,北宋建国三年后的公元963

22

年，赵匡胤开始了统一全国的战争。他调集重兵首先灭掉了荆南地方政权，接着又占领了湖南。过了两年，又出兵攻打四川成都，后蜀国国主孟昶手下兵力虚弱又焦躁轻狂，碰到这样的浑蛋，宋军想不胜利都不可能。

不过赵匡胤这人还是比较有理性的，能够较好地执行缴枪不杀、优待俘虏的政策。不过当他看到花蕊夫人这个美女俘虏以后，她丈夫孟昶的悲催命运，也就不可逆转了。

据说，宋太祖初见花蕊夫人时，也曾痛骂她是红颜祸水，致使孟昶骄奢淫逸、失政亡国。花蕊夫人心说，他要不亡国，我能落你手里吗？于是，她就当场写下一首《述亡国诗》，为自己进行辩护，同时也对孟昶以下广大官兵进行严厉痛斥："君王城上树降旗，妾在深宫哪得知；十四万人齐解甲，更无一个是男儿。"超级美媚，这么有文才，这么有魄力，还这么有思想，赵匡胤对花蕊夫人就更爱了，可他的爱超级霸道，仅过了五天，孟昶就神秘地死去了。超级美媚花蕊夫人，一天也不耽误地被他召入宫中成了专宠。

关于花蕊夫人的死有多个版本，有的说她因年老色衰失宠，郁郁而终，也有的说她死于赵匡义之手。这后一种说法也有两个版本：一是说赵匡义曾在哥哥病床前调戏小嫂子，哥哥死后，他逼其就范，遭到严词拒绝后，赵老二恼羞成怒，一箭射死了花蕊夫人。可流传更广的版本是赵匡义当着他大哥的面，"调弓矢，引满拟兽，忽回射花蕊，一箭而死"，然后他抱着哥哥的双脚大声哭道："陛下方得天下，宜为社稷自重。"这意思是说，告诉他哥，他是以特殊的方式对皇上提出忠告：女人是红颜祸水，不能让她闹得国破家亡，所以我才当机立断帮您把这盆祸水给倒了。我这可是对您无私的爱呀！赵老二把事架到这儿，他的皇帝哥哥还能说什么呢？您说这小子够多阴损，当着面把花蕊给无情摧残了，他哥还不能着急骂街，完了还得表扬他忠君爱国，敢于直谏。

接下来要对付的南汉政权割据两广已达六十年之久。北宋平定后蜀后，潘美等宋将就攻取了南汉的郴州，形成了良好的进攻态势。潘美在接到宋太祖灭亡南汉的指示后，马上就又攻陷了贺州，随之连克昭、杜、连、韶四州，大败十万南汉军于莲花峰下。

公元 971 年 2 月，北宋军队直逼广州城。说起来，这个南汉政权就更混账了，人家都快打到家门口了，他们竟然还"兵不识旗鼓，人主不知存亡"，在那儿搞春节联欢瞎乐和呢。等到兵临城下，南汉国主刘𬬮才开始实行焦土政策，焚烧府库宫殿。后来看到城门将破了，刘𬬮又积极采取措施灭火，主动出城跪迎宋军入城。这样，大宋很轻易就得到了南汉六十州二百一十四县的领土。顺便说一句，这个潘美，就是在小说、戏曲中被刻画成白脸奸相的潘仁美。可他远远不像小说、戏曲写的那么无能那么坏，他可是富于谋略，战功卓著，与杨家将结怨也有许多历史的误会，后面我们将有专章介绍，在这就不多说了。

北宋军队在取得两湖和两广以后，乘胜追击，南方剩下的最后三个割据政权，已陷于四面楚歌之中。吴越和漳泉两个懦弱小国，争先恐后地接受宋廷委任的官职，上表称臣认干爹。连势力较大的南唐国主李煜也不断地上表称臣，他刚登基时，就给北宋送去了金器两千两、银器两万两、纱罗缯彩三万匹。为收买北宋宰相赵普，一次就送去五万两白银。南唐本是个小国，这样一折腾当然会闹得军心民心十分涣散了。做完这些事，李煜两次派人到汴京去会见宋太祖，说自己视大宋如父亲，从来也没得罪过您啊，所以他请求北宋军队罢兵休战。人家李煜也有道理呀，我是文学家，您是军事家呀，军事家打文学家，这不明摆着欺负人吗？可赵匡胤回信却说了一句充满霸气且流传千古的名言："天下一家，卧榻之侧，岂容他人酣睡。"那意思是说，天下本来是一家，自己床边怎能容许别人呼呼大睡呢？不咬牙放屁，即使您是个文学家不打呼噜，在我床边做美梦也不行！

南唐后主李煜是文学家？对！这可一点儿也不掺假！画画写诗填词绝对是煽情高手："梦里不知身是客，一晌贪欢……流水落花春去也，天上人间。"您看人家写得多么婉约，连做梦时都那么伤情，可赵大爷还是容不下人家。

李煜他爹就是词坛高手，李煜从小便生活在一个浓厚的文化氛围中，不仅善填词，而且懂音律，用现在的话说，就是一个玩纯文学的。

话说，李煜本来在兄弟中排行第六，要说皇上怎么也轮不上他来当。可他大哥因为想当皇帝想得太痴迷了，于是就来了个抢班夺权，事发之后被他爹废了。后边四个哥哥，可能都预知他家的这皇位不是个好的差使，也就提前一个个把自己了断了。这样李煜就在他爹死后，自然而然地当上了皇帝。李煜即位以后，南唐的国力日益衰落，他又无力改变，所以每天的烦心事不少，由此他就愁呀爱的写了不少词，反正人家在这方面也不用体验生活，有的是内容写。

李煜的第一个皇后叫周蔷，小字娥皇，史称大周后。她不但饱读诗书，而且还能歌善舞，尤其弹得一手好琵琶。对于这样一位多才多艺的老婆，李煜自然宠爱得不得了，成天沉浸在轻歌曼舞之中。可惜红颜薄命，两个人搭伴儿没几年，周蔷就病倒了。周蔷卧床不起以后，李煜非常惦记她，惦记的结果，就是把她的妹妹娶回了家。前些年，不是有一首歌很流行吗？说是，"带着你的嫁妆，带上你的妹妹，赶着马车来……"这好像就是李煜唱给大周后听的。李煜自己也写了一首《菩萨蛮》的词，记叙了自己与周小妹在大周后床边幽会的生动细节："花明月黯笼轻雾，今霄好向郎边去！刬袜步香阶，手提金缕鞋。画堂南畔见，一向偎人颤。奴为出来难，教君恣意怜。"您瞧，李煜先生描写"花明月黯笼轻雾"中的偷情，模拟此时此地女人小鸟依人的情态，可比网上传播的贪官玩弄女性日记中的描写婉约多了，那些日记文学含金量太低，根本不叫玩意儿。但是人们从李煜先生的词中也能够明白，敢情李煜在大周后还没咽气的时候，就把人家的妹妹接进了皇宫，作为第二梯队来培养了，限于那时的交通条件，也许周小妹还真是"带着你的嫁妆，赶着马车来"的。

这个周小妹，名叫周薇，史称小周后。她不但人长得漂亮，还是位棋坛高手，而且是围棋、象棋样样精通，这正对上文化皇帝李煜的胃口。从此，他跟小周后下棋时常常杀得昏天黑地、难解难分。反正这么说吧，李煜除了处理政事不行，文娱活动就没有不在行的。为了自己休闲娱乐时不受任何干扰，李煜下令卫士守住宫门，对前来奏事的大臣一律挡驾。大臣向他奏报国库空了，全国军民没饭吃了他不理；大臣向他奏报大宋正在调兵遣将来犯，咱们的脑袋就要搬家了他还是不理。城破那天，他老人家还跟小周后她们在那儿对酒当歌，婉约伤情呢，这份德行把准备攻城血战的宋军将士都气乐了！

话说经过三年的战备，开宝七年（也就是公元974年）10月，宋太祖令曹彬为统帅，潘美为都监，率水、步、骑兵在采石矶一线强行渡江，直逼金陵；同时令吴越国主钱俶统率吴越军五万，由宋将丁德裕监军，从东面奔袭长州，然后会师金陵。令王明为西路军，向武昌方向进击，牵制屯扎在江西的南唐军队，使其无法东下救援金陵。

11月中旬，宋军按照樊若冰的图示，在采石矶用预先造好的战舰架设浮桥获得成功，主力部队顺利跨过了长江天险，大败十万南唐水陆兵于秦淮，直逼金陵城下。与此同时，钱俶率兵攻克了长州、江阴、润州，形成了对金陵的外线包围，金陵顿时成了一座孤城。面对宋军的进攻，李煜也曾慷慨地表示要"亲督士卒，背城一战，以存社稷"。即使战败，也要"聚室而焚，终不做他国之鬼"。赵匡胤听了他这些豪言壮语，反而被气乐了："此措大儿语，徒有其口，必无其志。"那意思就像伊拉克前宣传部长萨哈夫，想用超级大话把美军飞机、坦克、航母吓回去。可人家赵匡胤是真正的军人，不吃这一套。

灭南唐是宋军统一南方的最后一仗，也是当时最大的一次渡河之战。这次战争中的"浮桥渡江""围城打援",是宋军攻坚实战中的得意之举,也是古代战争史上的一个创举,当然还要感谢人家李煜的积极配合。李煜在军事上的无知是惊人的。宋军突破长江天险,不久就兵临金陵,李煜还在皇宫中跟和尚道士们谈经论道、赏画作词呢。有一天,他登上城墙去巡视,才发现城外遍布宋军旗帜,都城已被围得水泄不通了。公元975年金陵城被攻破。李煜本来已堆好了柴火,准备自焚殉国,可想想火烧得肉疼又放弃了。公元975年的冬天,宋军在大将曹彬的引领下,进入金陵(今江苏南京),李煜率众大臣光着膀子出降,用一句文辞这叫"肉袒"。啥叫肉袒?就是伸出胳膊让人家宰,还告诉人家前腿肉嫩!

转年正月,李煜到达汴京,宋太祖封他为"违命侯"。后来太宗即位,又封他为陇西郡公。身为阶下囚的李煜,天天过着以泪洗面的日子,可仍然忘不了写诗抒情。宋太宗恨他在那儿"故国不堪回首月明中"的瞎哼哼。又过了两年,七月初七中国情人节那天,李煜42岁生日,被宋太宗赐服了一种慢性毒药"牵机药",真的来了个"恰似一江春水向东流"。您看人家多么婉约,多么伤情。可惜他没有去当专业诗人,却不幸做了一国之君,玩起了政治,不光把自己的小命玩丢了,连老百姓都跟着他倒霉。

当然跟着他倒霉的最直接"受益者"还是小周后。大宋灭南唐以后,后主李煜和小周后被抓到了汴梁。小周后被宋太宗一眼看中,于是宋太宗就把她宣到后宫多次"行幸"。据说,赵匡义还把宫廷画师诏来,对整个"行幸"过程,进行现场"写真"。这幅写真春宫画,名字就叫《熙陵幸小周后》。熙陵,即指赵匡义,他死后被埋在了河南巩义市的永熙陵,故有这样的称呼。

真宗继承他爹上位以后,这幅写真画隆重面世。到赵匡义孙子仁宗时,宰相文彦博还曾在笔记中记载,他亲眼见过这幅画。明朝人沈德符在笔记中更是绘声绘色地描述过这幅画:"偶于友人处,见宋人

画《熙陵幸小周后图》,太宗头戴幞头,面黔色而体肥,器具甚伟;周后肢体纤弱,数宫人抱持之,周作蹙额不能胜之状……"堂堂的大宋皇帝,居然成了春宫画的主角,这跟网络上的涉黄视频倒是可以 PK 一下。其实,人家赵老二玩的是"征服"游戏,只是忘了当年他曾拿这类事要挟和戏耍他大哥,到他这儿真说得上是青出于蓝而胜于蓝,可那时候谁敢拿着这幅画去追问他呀?

不过这事,无论是对美丽哀婉的小周后,还是对才华横溢的亡国之君李煜,都可以说是奇耻大辱! 史载:"(小周后)随命妇入宫,每一入辄数日,而出必大泣,骂后主,声闻于外。后主多婉转避之。"不婉转回避,李煜还敢去捉奸呀?

可在这件事上,赵家兄弟又一次遭到了轮回报应。一百年前,他们哥俩儿以军事家身份欺负人家艺术家李煜;一百年后,北宋政权也偏偏让自己的艺术家子孙给毁了。这个艺术家是谁呀?是他们的不肖子孙赵佶。不过这回不是填词的艺术家,变成了玩线条玩色彩的画家了。但同样是艺术家,同样不知一国之君是干嘛的,在这个问题上他们的大方向是一致的。不但如此,北边的军事家,还把艺术家宋徽宗、宋钦宗都掳到了燕北塞外,到了那儿别说当皇帝了,就是玩纯文学纯艺术人家也不让玩了。这是后话了。

北宋灭掉南唐以后,又使用政治压力,迫使吴越的钱俶立即遣使纳贡称臣。为了跟北宋统治者套近乎,公元 976 年 2 月钱俶带领妻子来到东京朝见宋太祖。宋太祖则向他明确交代了相关政策,入朝后留在东京汴梁也可以,回杭州也可以,保证来去自由。钱俶和老婆在东京期间,大宋君臣轮番公款招待,为了国家的统一,大大突破了四菜一汤的标准。两个月后,马上实现承诺,放钱俶先生回国。不过,临行前,宋太祖却送一个黄包袱给钱俶。一开始他还挺高兴,可等抖开包袱一看,内容一点儿也不眼儿,原来里面全是宋军将领们要求扣留他的奏疏。您说这招多阴! 钱俶立刻明白了其中的意思,他对赵大哥是既感激又害怕,回国后马上派遣使臣献来了大批宝物,以货真价实的行动表示臣服。从此,吴越对大宋唯命是从,叫出兵就出兵,无论打谁都不问;叫入朝就入朝,无论见谁都喊爹。至此,吴越国实际上已完全屈服在大宋的统治之下了,只是还保留着一个国王的称号,等待着老赵家随时削去。要说,榜样的力量真是无穷的,不久漳泉的陈洪也紧跟着上表纳土称臣了,那效率真叫一个高,实在是高!赵大哥和赵二哥前后共用了十三年的时间,就基本消灭了中国南方的割据政权。他们并于公元968年、969年和976年,三次御驾亲征进攻北汉,都因遭遇了契丹的侧击无功而返。其实,一开始赵匡胤就对攻打北汉信心不足,他总想用金钱把它赎回来,为此还专门开辟了一间暗室,省吃俭用地为赎买北汉的土地积累钱财。遗憾的是,钱还没有攒够,老赵同志就于公元976年逝世了。

他死后,在其弟赵匡义的率领下,继续进行统一战争。直到三年后,赵匡义倾全国之力,亲率大军出击北汉,这才把十国中的最后一国给征服了。到公元979年,中国的割据局面才基本结束,易、涿、顺、蓟诸州望风而降。被胜利冲昏头脑的赵匡义,想一鼓作气,趁势而上拿下幽州,但攻了半个月也没攻下来。这时候,辽国人的大批援兵纷纷赶来,将宋军拦腰斩断,截击于高梁河上,宋军大败。从此以后大宋在与辽国人的战争中连连败北,再加上子孙不肖,尚文不尚武,因此也就患上了三百年不治的"恐北症"。

无论怎么说,北宋进行的统一战争,还是顺应了人心思定的历史潮流,具有一定的正义性。比如后蜀的宰相李昊就对自己的国君孟昶说:"宋朝立国不像后汉、后周,天厌乱久矣,一统海内,大概就在此朝吧。"南汉的内常侍邵廷琚也对其国君刘𬬮说,天下乱久矣,乱久必治。现在宋朝已经立国,形势非统一不可了。可见当时各割据政权的有识之士,已经基本取得了共识,认清了历史发展的大势。这正是赵匡胤兄弟能够顺利削平所谓十国割据势力的最重要原因。同时,宰相赵普在统一全国的战争中也发挥了重要的智库作用，给予了赵匡胤兄弟很大的智力支持。

在一定意义上讲，赵匡胤、赵匡义、赵普共同制定的"先南后北"的统一策略，是合乎实际又合乎时宜的，也是取得了一定成效的，尽管它也带来了不少后患，但宋太祖仍以自己统一祖国的伟业，成为与秦皇、汉武、唐宗及成吉思汗齐名的伟大政治家、军事家。

第三回　佑文抑武反復辟

第三回 佑文抑武反复辟

在北宋的立国初期，出了一个著名的宰相叫赵普。赵普生于后梁末帝龙德二年，也就是公元 922 年，死于太宗淳化三年，也就是公元 992 年。他的原籍在幽州蓟县，也就是今天的天津蓟县。

后世的人们之所以知道他，大多是因为一句历史名言，那就是"半部《论语》治天下"。前些日子，一位专门传授《论语》心得的女教授说，赵普自诩"半部《论语》治天下"。但是，恐怕这句话根本不是赵普说的，很可能是后来的理学家借赵普的故事来神化《论语》罢了。或者说，也可以把赵普"半部《论语》治天下"，看成是一种比喻，比喻自己文化不高，并不是说这位赵宰相就真的只读过半部《论语》。《论语》还不到一万六千字，那时又没有广播、电视、网络等信息渠道和过多的娱乐活动，赵普又这么爱读书，总不至于只读半部《论语》，连一本这么短的书都读不下去吧。

"半部《论语》治天下"的说法，就像早先在工作单位填表，在填写"文化程度"一栏时，有的人就填"粗通文墨"。因为古人并不把《论语》当作博大精深的东西，比如诗圣杜甫就曾写诗说："小儿学问止《论语》，大儿结束随商旅。"在古代，《论语》是作为浅显的启蒙读物来推广的。换句话说，赵普的"半部《论语》治天下"，就相当于老百姓说的"粗通文墨"，学历还达不到"高小"水平。

赵普曾做过太祖、太宗两朝宰相。但他出身小吏，比起一般的文臣来，学问上确实差了点，当上宰相以后，一天与太祖议政后，太祖劝他早晨不能多喝，上午还有工作；中午不能大醉，下午还要开会；晚上不能喝倒，省得老婆乱吵。没事时多学习，补上学历的不足。太祖一句

委婉的批评，使赵普养成了读书的习惯，每次回家，他都关起门来认真诵读到很晚。第二天上朝处理政事，照样很有精神头，这叫不脱产学习，及时充电。据说，后来赵普死后，家人发现他书箱里藏的不过是一部《论语》。于是就有了"半部《论语》治天下"的说法。我怀疑这是他的家人为宣扬他的先进事迹，在凑事迹编故事，进行炒作。

这里我们要说的是，即使赵普读了全本的《论语》，也未必能治理好天下。《论语》更注重的是个人道德修养和社会、人际关系的调节，孔子的治国方略无非是仁治、礼治、德治、孝治、贤治，其中并没有治乱世的具体办法。因为孔子在世时，自己都常常混得没饭吃，似乎也没资格教人齐家治国平天下了。因此治乱世安天下，《论语》的实用性比法家和刑名之学差远了，只是到了天下安定后，统治者才会拿它出来，维护君臣父子的纲常关系。所以说，治理乱世《论语》基本用不上，赵普确实为太祖、太宗出了许多主意，他所参与制定的方针政策，可以说影响了整个宋代以后的三百年，关系到了国计民生的许多大问题。不管赵普的这些主意是馊主意还是好主意，似乎都与《论语》无关。赵普在"陈桥兵变、黄袍加身"事件上立了大功；为宋太祖提出了"稍夺其权、制其钱粮、收其精兵"的削夺将帅兵权的策略；参与制定了"先南后北"统一全国的谋略；提出"更戍法"，让京师驻兵轮番到各地戍守抑制武人造反。赵普为宋代的建立和稳定可谓煞费苦心，但所有这些在《论语》中都找不到任何的理论根据。

说到用《论语》治天下的宗师，其实是汉武帝。他采用董仲舒的建议，"废黜百家，独尊儒术"，利用儒学的统一思想，调整封建秩序。可加强统治用的却是法术、刑名之学，这也就是所谓的"表儒里法"。当时他积极起用酷吏汲黯和对司马迁使用宫刑都说明了这一点，所以说，赵普走的也是汉武帝"表儒里法"的路子。道理很简单，用《论语》治天下，真的是远水解不了近渴。

赵普为夺取和稳定宋代天下立了大功，那么他的政治人格咋样呢？

原来赵匡胤当权时,赵普跟赵匡义的关系并不怎么样,他曾经秘密上书皇上要警惕自己身边的野心家。赵匡胤和赵德昭父子接连暴死,赵匡义当上皇帝以后,赵普为了挽回过去政治投机上的失误,以自己的开国元老身份,到处宣传赵匡义继承皇位的合法性。他有意无意透露的"金匮之盟"的内容,更让赵匡胤、赵匡义的异母弟赵廷美感到大祸临头。

太平兴国七年,朝中有人落井下石,沆瀣一气地诬告赵廷美图谋不轨,这让廷美感觉到自己的太平日子就要结束了——廷美很快就被下放到了洛阳。后来,这些人都因为告密发了笔小财,不用说,背后的指使者正是赵普赵宰相。

作为太祖时代的老臣,这正是考验赵普人格的关键时刻,他不是为杜太后做过超级公证员吗?现在该是他站出来说明真相的时候了。可是他却向宋太宗密报,说杜太后的遗书确是自己记录的,里面确有命太祖传位于太宗,太宗传位于廷美;廷美再传位于太祖之子德昭的意思。但这时的赵普不惜逆龙鳞"犯颜直谏",严厉批评太宗:虽然这样,你也应该吸取太祖传弟不传子的历史教训呀,为了消除不安定因素,坚决不能再走"兄终弟及"的老路了!这叫犯颜直谏呀?这叫卖身投靠,而且是专往太宗自己挠不到的地方下手,怎么舒服怎么给赵匡义挠痒痒!

不光如此,他还继续往井里扔石头,阴毒地告诉太宗,前些日子被贬到洛阳的廷美,仍然死不悔改,妄图复辟,我看应该把他贬到更加不易犯罪的地方去。宋太宗自然乐乐和和地接受了他的建议,一天也不耽误地把这位同父异母兄弟贬到了房州涪陵去了。赵普这招儿可以说是把太宗所有的心病一揽子都治好了:既证明太宗继承兄位合乎老娘遗旨,又找出理论根据制止太宗再继续搞"兄终弟及",同时还为赵匡义清除了廷美继位的威胁。您说太宗能不感谢他吗?可其他人的死活赵普就顾不上了,最后廷美以38岁的盛年被迫害致死,连太宗的长子赵元佐都感觉到这件事实在是太肮脏了,因良心受到严厉苛责而发狂发癫,并让这病折磨了自己一生。在人家兄弟相残时,

赵普不是积极进行斡旋而是推波助澜，关键时刻显示出他的人格，跟《论语》中的仁义孝悌观念相差太远了。

当然，这次政治交易中的最大赢家，还是太宗的次子昭成太子。太祖长子德昭暴死，太祖之弟廷美暴死，太宗长子自己的亲哥哥赵元佐被逼疯了，这一切的政治变故让元僖拣了个大洋落儿，排名一下自动从老四蹿到了最前面，这一切又都跟赵普密不可分。昭成太子也不含糊，立刻投桃报李，上表请求，再次委政于开国元老赵普。这个政治交易的结果，是赵普重获了太保兼侍中的相位，并两朝三次为相。从中您可以看到赵普善于攀附政治强者的本事，关键时刻牺牲自己的人格也不当回事儿。当然赵普这样做，可能是因为一种斯德哥尔摩情结——为了保存自己的生命，向绑匪献媚。

当然，对于有斯德哥尔摩情结的赵普，赵匡义也在精神上给予了很大奖励——赐给了赵普不少御诗。您可别看不起这些诗，这可叫御诗呀。收到御诗的赵普先生，感动得流着眼泪拍马屁："我一定要把陛下的诗，刻在石头上，不，应该说是铭刻在心头，并且还带进坟墓，就是做鬼也幸福。"其实，赵普先生也用不着这么激动，其实军人出身的赵匡义，眼下上了作诗的瘾，逮谁给谁送诗，逮谁给谁送材料，就连躲进深山隐居的陈抟也不放过，上千里地给这位老神仙送诗送材料。因此，我们可以说，如果真的给拍马人士评选段位的话，赵普先生绝对应该被评为专业马屁九段！并且还能借此走向全国，走向世界。

你说，赵普处事如此圆滑、善拍马屁吧，可历史上他又有犟相之称。什么叫犟相，就是倔强的宰相。据说，有一次赵普向太祖推荐一位官吏，太祖没有马上同意。可赵普却不灰心，第二天临朝时，他再次向太祖提出了这项人事任命方案，请太祖来裁定，可太祖还是没有答应。太祖没答应，可赵普仍不放弃努力，第三天又重提这事儿，太祖对此愤怒至极，当场就将奏折给撕了，扔在了地上。赵普先生啥话没说，将那些碎纸片一一捡起，心说，你不给我来个碎片化吗？我回家粘好了再给您拿来。第四天上朝，他话也不说，将粘好的奏折，再次举过头顶，站在太祖面前来了个纹丝不动。

太祖心说，这人怎么这么犟呢？于是叹了口气，只好准奏了。

还有一次，某位官吏按政绩已该晋职升官了，身为宰相的赵普得负这个责呀，于是就上奏提了出来，可因为太祖平常不喜欢这人，所以就对赵普的奏折又来了个不予理睬。

但赵普出于公心，不计较皇上的好恶，前边的那股拧劲又表现了出来。

太祖问："若我不同意，这次你会怎么样？"

赵普面不改色："有过必罚，有功必赏，这是为政者不能改变的原则，皇帝也不该以自己的好恶而无视这个原则。"这意思是说，即使你贵为天子，也不能用个人的好恶来处理褒赏刑罚的大问题。好家伙，跟皇上讲原则，教育皇上没有规矩就不能成方圆，这等于是当面冲撞自己的顶头上司啊，所以太祖气得一甩袖子就走了。

就这，赵普还不依不饶，紧跟着来到皇帝的宿舍，不，应该叫寝宫，站在门外，低着头又一动不动了。他认准了皇帝不出来，他就赖着不走。给你来个老头儿进澡堂子——泡上了。要说，太祖还真的泡不过他，只得同意了。这大概算得上赵普为国举荐人才、公正无私的另一面。一个官场中的人不可能是单色彩的，这是为了宰相的职责，上面说的那些事大概是为了自己的生存需要。

他所辅佐制定的巩固中央君主集权和地方分权的方针、政策，对于结束长期的军人干政、政治动乱、实现中原统一是很有效的，但由此引发的后患也是非常严重的，作为两朝宰相的他负有不可推卸的历史责任。

我们说，赵普半部《论语》治天下只是一个笑谈。太祖、太宗兄弟本来就爱读书，刚才我们说过，赵普的读书习惯还是在太祖的督促下养成的。宋代初年，宋太祖赵匡胤就说过，宰相还是要由读书人来当，

可见他对于赵普的学历是不满意的，随后就逐渐形成了文人执掌政权的宋代政治特色。

大宋刚建政时，赵氏兄弟选拔高级干部的途径大致有三条：一是留用前朝旧文臣；二是选用赵普这样粗通文墨，半文半武之人；三是利用科举制来选才。但当时国家尚未安定，通过科举制选拔的人才有点儿远水解不了近渴，而前朝旧文臣又不大可靠，而且文化人在乱世当最高行政长官也不太实用。比如西汉的开国皇帝刘邦，身边虽然有张良、陈平这样的高级知识分子，可还是用萧何来做了宰相。赵普的文化水平、政治履历和处事方法，整个一个汉代萧何的克隆。所以在天下初定、拨乱反正时代，萧何、赵普这样的人倒是挺合适的宰相人选。用一句文词来说就是：历史选择了赵普。

综观赵普一生在北宋政治舞台活动的五十年，算得上是一个有远见的政治家。晚年的赵普因病求退，其已无宰相之位，但仍领宰相之禄。赵普71岁时病死，正史对于他的评价有褒有贬。

虽然在宋代开国之初，太祖、太宗兄弟用了粗通文墨的赵普做宰相，但却建立了比较开明的文化政策。他们对文化人的重视，甚至到了矫枉过正的地步。当然这些文化人也对前人哲学、史学、文学、艺术等文化进行了有效的继承。太祖和太宗在戎马倥偬之余，令部下广泛收集文化典籍，同时还到民间征求散佚的书籍，安排专人校刊整理"经史子集"，编纂类书、史书和文献目录，大力进行图书建设。国家经济稍加好转后，他们又重现建设被毁的"三馆"，发挥了藏书和整理古籍的巨大功能，同时也培育了一批又一批的文人贤哲。

我国在中晚唐时期开始雕印佛经，由于到北宋时发明了活字印刷术，因此民间刻书印书的小作坊已经很普遍。书籍大量印行，著作容易收集和流行，这无疑大大开阔了宋代文人墨客的眼界。比如南宋大诗人陆游就自幼好学，读书很多，他自称："我生学语即耽书，万卷纵横眼欲枯。"这说明宋代学者读书比前人多多了，所掌握的文化知识，也比前人更丰富了，套一句时髦的话就是：信息渠道比过去多了。所以宋代私家的著述活动也就远远超过了前代。

私家著述空前，学人思想活跃，学术派别林立，但宋代统治者从不强行扶持一派，压制一派，而是使之共存，互相争鸣讨论，大大促进了学术事业的繁荣。由于当时的学术思想能够兼容儒释道，从而推动了糅合儒释道三教的新儒学——程朱理学的产生和发展，使宋代的哲学思想发展到了更加高远的境界。

宋代农业、手工业和商业都取得了前所未有的发展，可以说它的文化发展是依赖于经济发展而发展的。没有经济的繁荣，文化事业的繁荣是很难的，学术自由和思想活跃也是不可能的。但宋代政治、军事体制和冗官、冗兵、冗费以及对外战争中的巨额赔偿又严重制约了宋代的经济发展，所有这些也最终反映到宋代的文化思想中来。

由于北宋王朝是中国统一王朝中最虚弱窝囊的一个，所以两宋文学即使是在人才最鼎盛的庆历到元丰期间，也就是公元1041年至1085年这段时间里，它也没有像西汉赋家和盛唐诗人那样，表现出开阔恢弘的气象来。文学折射政治，宋型文化归根到底是这种积贫积弱的现象造成的。

宋王朝在培养和选拔文士方面继承了前代学校、科举的制度，在都城汴梁设有国子学、太学培养一般官僚的候补人才。此外还有律学、算学、书学、画学、医学等培养专门人才的学校，这有点儿像眼下高职院校，专门培养生产一线的高级蓝领。到宋仁宗时，更明令全国州县都必须建学校、设置学官教授，并有一连串考试提升的办法。

后来，由于官办学校仍然不能满足士子学习文化的要求，民间的私立书院也就应运而生。当时最有名的有庐山的白鹿书院、衡州的石鼓书院、南京的应天府书院、潭州（也就是今天长沙）的岳麓书院，并称为四大书院。白鹿书院在宋太宗时学生达到了几千人，应天府书院在宋真宗时修建了一百五十间校舍，这些私立学校规模比官办的还

要大,而且这些私立书院,还不以科举为目的。这也从另一个角度说明两宋,尤其是北宋王朝的文化、教育政策是十分开明开放的。

当然,宋代的"佑文"制度,也直接推动了隋唐以来科举制度的完善。宋初科举制度承唐五代余风,偏重诗赋;到宋仁宗以后,改重策论。范仲淹的"庆历新政"的一个重要内容就是改革科举制度,避免只以词赋取士,更加注重对官员的品德和实际办事能力的考察,培养德才兼备的干部。科举考试的偏重策论,也直接影响了当时的文风。苏轼《拟进士廷试策表》说:"昔祖宗朝崇尚词律,则诗赋之士曲尽其巧;自嘉祐以来,以古文为贵,则策论盛行于世,而诗赋几至乎熄。"宋文长于议论,就是诗歌也表现出了议论化、散文化的特点,都同科举考试内容的导向作用有关。

"策论盛行于世"说明宋代的思想和言论也是相对自由的,统治者基本上做到了不以言治罪,不搞文字狱。据传大宋开国皇帝赵匡胤,曾在太庙寝殿的夹室中秘密刻了一块石碑,碑文是"不得杀上书言事之人,子孙有渝此誓者,天必殛之"。以后北宋的历代皇帝即位,都必须到这块碑前去默念,因此可以说不杀士大夫及言事者,是赵宋政权的家法和优良传统。

说起来,军人出身的赵匡胤未必对文化人有多大的好感,他之所以做出"杯酒释兵权"的军事体制改革,之所以立下这样的碑文,实际上是出于"两害相较取其轻"的考虑。您从赵匡胤为碑文所做的注解中就能理解他主要担心的是什么:"纵使百名文官贪渎,也比不上一个武将为祸。"在唐代"安史之乱"后的二百多年里,文官的地位被无情践踏,完全失去了对武人集团的有效制衡,赵匡胤的目的就是要重新提升和强化士大夫集团的地位,尽快恢复被战乱破坏的文武制衡机制与正常统治秩序。正是为了这个目的,作为开国皇帝的赵匡胤不惜以立碑的方式来训诫他的儿孙,以收缩皇权为代价来扩大文官集团的权限。这其中最有效的一条,就是建立不同于前朝的枢密院制度。枢密院长官一般由文人担任，主管全国军队的调动，而禁军的三衙则掌握军队战斗的指挥权。调兵权和领兵权分离且相互制约，这与欧美国家设置的文官国防部长职位非常相似。这样的制度设计出现在一千多年前的大宋王朝无疑是十分超前、令人骄傲的，假如老赵家真有嫡系子孙留下来，完全可以理直气壮地去申请吉尼斯世界纪录。

某种制度或者某种国策，看似完美无缺、光辉灿烂，其实都是一把双刃剑。赵宋皇帝和赵普等臣僚，反思自唐末"安史之乱"以来各代军阀和自身的篡权经历，制定了"重文抑武"的基本国策，但这个基本国策却使得国家的尚武精神被一扫而光，在军事国防上的弊端也是非常明显的，军队的作战能力更是被大大削弱，甚至到了屡战屡败、一触即溃的地步。

几百年后的明代著名思想家王夫之在《宋论》一文中，认为"杯酒释兵权"直至"重文抑武"国策的确立，是赵普替宋太祖出的一个馊主意，并大骂赵宰相是："险诐之人，居腹心之地，一言而裂百代之纲维。呜呼！是可为天下万世痛哭无已者也。"这话的意思是说，像赵普这样的阴险小人，却偏偏身居军机重地，他出的这个超级馊主意，使纲常法度受到严重破坏，其危害祸及百代，足以令天下万世苍生痛哭不已。这是因为宋朝初年的这种安内方略，虽然促成了国家的暂时安定和文化、科技的高度发达，却也帮助赵宋王朝用小聪明换回了一个大噩梦，而且这个噩梦一做就是上千年。这也算是仁者见仁，智者见智吧！

综观整个大宋王朝，统治者在大多数时间里，还是恪守了"不得杀上书言事之人"这个优良传统的，同时也没有形成规模性的长期政治迫害或文字狱。

就善于纳谏来说，宋仁宗是大宋王朝得分最高的皇帝。说起原因，一是因为他本来就性情宽厚，仁恕爱民；二是他襟怀宽广，能够接受臣下的规谏，并且能够在执政过程中做到廉洁自律，在私生活方面也能够时时约束自己。张贵妃是仁宗最喜爱的妃子，虽然生前没能被册立为皇后，但死后没几天，就被追封为温成皇后，可见她在仁宗心中的位置。然而就是这位爱妃，一次，仁宗在她宫中发现一件名贵的红色定窑瓷器，一问说是某大臣赠送的，就愤怒地用掸衣服的拂尘将这件文物扫下了地，立马摔了个粉碎。

仁宗之所以如此廉洁自律、小心谨慎，是因为他御下有一班敢于直言的大臣，看见腐败的事，就是发生在皇上家里也敢管！比如，宋人朱弁在《曲洧旧闻》里就讲过一个宋仁宗拒吹枕边风的故事：说是有一回朝中谏官，以皇宫中阴盛阳衰为由，建议皇上对宫中的嫔妃宫女进行分流。一个专门为仁宗梳头发的宫女听说了这件事后，自以为她在皇家洗头房为皇上服务得好，很讨皇上喜欢，肯定不会被裁减掉。于是，她就大着胆子在仁宗面前诋毁大臣，并为其他宫女说情，并且还矫情地说，如果真要裁减宫女的话，那就从我做起。没想到，仁宗从皇家洗头房里出来后，马上下了一道诏书，下令立刻裁减掉包括这个洗头女在内的三十名嫔妃宫女。皇后听说后，马上亲自督办，以一天也不耽误的精神落实皇上指示，那个倒霉的洗头女，就成了皇上拒吹枕边风的反面典型。

正是在这种自我权利约束与制度安排下，在仁宗亲政的三十年里政治是相对清明的，经济科技文化事业也得到了快速发展，唐宋八大家的"三苏"、欧阳修、王安石、曾巩六家都活跃在这个时代。活字印刷、火药和罗盘的实际应用，也都在仁宗一朝。这不能不说与仁宗的自我约束和相应的政治制度建设密切相关。

无奈这种开放开明的文化传统，却被落后的游牧民族的铁骑无情地践踏成了文化碎片。虽然成吉思汗的铁骑同样也扫荡了欧洲，但却仅仅是扫荡，其对于中原大地却是长期的军事占领。由于这个原因，宋以后，出现了令人痛心的文化大断层，社会生活也出现了严重的大倒退，这实在是一个令人扼腕的跨世纪噩梦！

第四回　工农商学兵一起抓

第四回 工农商学兵一起抓

第一回我们就说过,赵匡胤听从宰相赵普的建议,用"杯酒释兵权"的办法来了个"用土地换和平"。但是这样的办法,对国家稳定的效果很有限,用一个准确的成语来说就是"饮鸩止渴"。

赵匡胤通过杯酒释兵权,让石守信、高怀德、慕容延钊等几个老军头放弃了兵权,回家买宅子置田产,替子孙后代积累财富去了;然后再买些歌伎舞女,来个腐败大竞赛。那些放弃了军权的高级军事将领及一些高级文职官吏,都被赋予任意占有田地的特权,他们喊着号子去兼并土地,使他们的庄田数量迅速膨胀,下层农民来之不易的土地,就这样被巧取豪夺了。宋真宗乾兴元年,也就是1022年,大宋王朝建国不过六十年,全国就已有近一半的土地被官僚豪强大量兼并了。石守信等几个老军头,倒是安心回家娶媳妇种地享受生活了,赵家的和平也换来了,可老百姓的好日子却让人家给换没影儿了。

唐、五代以来通过改朝换代,一些农民凭借开垦荒地或九死一生的战功获得一点儿土地,本来可以"两亩地一头牛,老婆孩子热炕头",过过安稳的小康生活了,可是眼下不行了,"地头"丢了,"炕头"当然也就热不起来了。您想这日子还有法过吗?农民的日子没法过了,流离失所了,您用土地换来的和平还能持久吗?国家还能长治久安吗?

宋代的官田,是政府直接控制的土地,包括官庄、屯田和营田等。所谓官庄,就是国家在战乱后控制的无主荒地,开垦后租给农民耕种,收取租税田赋。屯田和营田都是军队在边防屯垦的土地。

自从唐代的均田制被破坏之后，原来所有属于国家的土地，大都被豪强地主所占有。到了北宋时期，国家直接控制的官田土地实际上已经很有限了，官田在整个土地占有形式中已不占主要地位了，那些官僚和豪强大族反而占有了大量的土地和庄园，形成了对国家经济的钳制之势。

本来，唐代实行的是职田制，也就是对官僚实行按品级分田，不同级别可以分到从二百亩到一千二百亩不等的土地。到北宋时期，职田制被取消了，你以为官僚不按品级分田了，老百姓的土地就有保障了？不是。这样一来，大小官吏反倒可以自行购置田产，没有了数量限制。这样过了些年，到宋代第四个皇帝时，全国已有十分之七的垦田，落到了大官僚、大地主的手中。他们不但占有大量土地，而且还大肆地偷税漏税，给国家财政造成了极大压力。

在这样的背景下，北宋政府才行文做出规定：公卿以下官员占田不得超过三十顷。这说明啥呢？说明官僚占田超过三十顷的，在当时已是大有人在了。可这限制那规定又总是只见楼梯响，不见人下来，而且是三令五申，就是没啥效果。不过是矛盾太突出了，才做个限制规定，平抑一下民怨民怒罢了。

另外，在商业发达的宋代还有一批经商致富的人，也以大量的资金参与土地买卖，成为新的地主阶层。在这种风气影响下，北宋王朝从宰相到地方的各级官吏，无不利用职权经商牟利再兼并土地，过起了歌舞升平、饮宴作乐的幸福生活。比如宋太祖时，有个官员告发宰相赵普违反禁令，搞长途贩运。贩运啥呀？贩运木料呀。因为当时朝廷有规定，禁止私运陕西、甘肃一带的大树古木。而赵普确实曾经从那地界儿运过木料，为自己建造豪宅。按说一个宰相搞点儿木料为自己盖房子建别墅，也算不上大事。可问题是，他的部下一看自己的老首长都这么干了，也就趁机打着赵普的旗号，冒用他的名义，放开手脚私运了一大批木料，到东京贩卖，哄抬物价，扰乱市场，大肆牟利。

到东京,对!不过可不是日本的东京,那时候,赵普的部下还没能力搞对外贸易!反正这么说吧,这件事直接牵连到了赵普,同时把赵普大发财源、广置土地的事也抖搂出来了。

宋太祖听了汇报不禁大怒,本来就对赵普位高专权,包揽朝廷大事有气,心想这回一定要借机好好治治他。尽管不少大臣都来为他说情——为啥呢?官官相护嘛!可宋太祖铁了心就是不为所动,硬是依法撤了赵普的相位,降级使用,所以历史上的赵普曾几上几下。

宋太祖之所以重视这件事,还有一个原因,就是中国官场自古有一个不成文的规则,就是"官不修衙"。这里所说的"官不修衙",当然不是说根本不修,而是说尽量不修。那么,为什么古代的官员不愿意大兴土木、修建衙门,给自己整一个豪华气派的办公场所呢?而且工程立了项不是还可以有回扣吗?说起来,这其中的原因很多。比如那时的官员任期只有三五年,限于当时的施工水平,工程进度一般比较慢,所以当时的官员都不愿意修建豪华衙门让别人享受、给自己找骂。

当然,致使"官不修衙"的最根本原因,恰恰是因为当时的官署衙门不能发挥财大气粗的优势——朝廷没有修建衙门的专门费用,官员也不能拿城市的土地当作商品来经营。当然,如果那时候官衙实在太破败了,你也可以向朝廷申请行政经费,但申请是申请,可要批下来就比较困难了。比如赵普以后的苏轼苏学士,在1072年任杭州通判时,看到杭州的衙门"例皆倾斜,日有覆压之惧",过了十多年后他任杭州知州时,衙门的危陋平房仍然没有得到及时的改造:"每过其下,栗然寒心,未尝敢安步徐行。"啥意思?就是每天从官衙的墙边过,都怕墙倒屋塌把自己掩埋了。没办法,本来廉政爱民的苏轼,只好向朝廷打报告申请。可报告打上去,第一次竟然被朝廷拒绝了,第二次再打也仅仅批准了很少的钱。故此,当时的一般官衙维修,官员宁可自己掏腰包也不愿染这一水。

官衙虽破,可也是穷庙富和尚。那时候的官员也不傻,本来老百

姓对大宋公务员的高待遇,已经羡慕嫉妒恨了,何必再因为修建豪华官衙,大建楼堂馆所让老百姓骂大街呢?说起穷庙富和尚,宋代还真有大兴土木修庙的事。

话说赵匡胤当上皇上不久,到汴京的相国寺去视察,他走到佛像前上香,问寺里的和尚:我还用跪拜吗?皇上这一问,把整个寺院的僧人都问愣了。说不拜吧,怕别人议论皇上不尊重佛祖;说应该拜吧,他可是当今的国家的一把手呀!想到这,大家谁也不知道怎样回答好。这时寺里一个叫赞宁的小和尚却勇敢地回答道:"不用拜!"赵匡胤问:"为什么不用拜?"赞宁机智地答道:"现在佛不拜过去佛。"赵匡胤一听心里这个美呀,不光心里美,脸上也笑开了花,心说:瞧人家孩子怎么长的,找这理由给个博士后都值。于是赵匡胤马上决定,把群众首创的"现在佛不拜过去佛"精神,迅速写成文件下发,并据此形成制度辈辈往下传,从根本上避免自己的儿孙因跪拜受苦。作为回报和奖赏,赵匡胤决定马上将大相国寺升格为皇家级寺院。您想,有了这特权,大相国寺能不修它个金碧辉煌吗?您说嘛,这皇家级寺院大吊灯值几千万?您就甭逗了!那时候没这样的吊灯。不过赞宁既然成了皇家级寺院的省部级住持,他身上的袈裟,起码也得值个三四十万的。

话说回来,宋代官府之所以愿意发扬"官不修衙"的优良传统,当然还是因为国家行政支出过大,政府税收难以支持。宋代从纳税的角度将农民分为主户和客户。凡是有土地的人家,不管土地多少都叫"主户"(也就是纳税户),他们得定期向国家交纳赋税。那些没有土地的民户就叫"客户"。"主户"根据土地的多少分为五等,三等以上叫"上户",三等以下叫"下户",甭说,"主户"用现在的话就是地主了。至于现任文武官员呢,他们叫"形势户",他们的后代则叫"官户"。您听着麻烦不是?可是人家身份高贵,总得把人家身份说明白呀!至于"下户",我们上面说了,就是有十几亩、几十亩土地的自耕农和有着三五亩地的半自耕农。那时候农村的小康标准是"两亩地、一头牛；老婆孩子热炕头"。老百姓的标准并不高。

至于客户又是什么样的生存状态呢？北宋初年的石介在《徂徕集》中是这样描绘的："乡野有不占田之民，借人之牛，受人之土，庸而耕者，谓之客户。"宋代的客户也叫"佃客"或"浮客"。您听出没有？"浮客"的叫法还挺形象的，没地生根了，可不就成了"浮客"了？到处流浪给人家打工嘛！当然"官户"中也有无土地的小买卖人、小业主，他们也是"浮客"呀，不浮动不走街串巷，买卖人怎么做买卖呀！

自耕农和半自耕农是改朝换代的产物，他们是从贫苦农民或奴婢队伍中解脱出来的，是唐、五代以来解放生产力的一个标志。与官户相加，他们的人口数量约占全国总人口数的百分之八十，他们是当时农业生产的主力。他们中的男人："寒耕热耘，沾体涂足，戴星而作，戴星而息。"妇女则："育蚕治茧，绩麻纺纬，缕缕而积，寸寸而成。"但是到了收获季节，"谷未离场，帛未离机，已非己有"，哪儿去了？不是缴了赋税，就是还了高利贷。到了北宋中期，随着土地兼并现象的恶化和赋税的日益沉重，主户中的下户面临着自己少量的土地都无法保有的地步，只得被迫逃亡沦为"浮客"。

应该说，宋代的客户比之前代的地位还是有了很大提高，他们对庄主的依附关系被大大减弱了，北宋政府还把他们编入了户籍。当然把他们编入户籍，目的主要是为了征收他们的身丁税，并让他们承担国家的各种劳役。否则派丁派税干个杂活啥的，还得四处登寻人启事，那广告费用谁掏？但不过无论怎么说，这也是一种社会进步。

在宋代，大姓豪族的一个大田庄，就是一个大村落，就是一个土围子小城堡。大官僚、大地主们在自己的田庄上建筑华丽、高大的屋舍，并强迫佃户寄住庄上，为他们看家护院，还不交治安费。看过《水浒传》的大概都记得，在"三打祝家庄"那一回里，提到有祝家庄、扈家庄和李家庄三庄联保。这三家都各是一个大地主的田庄,每个庄名就是当地的地名,可见这些庄园的势力之大。他们不仅广有田地,还私蓄兵器,修建军事要塞,并拥有自己的强大武装,这样的武装甚至可以和兵多将广的梁山义军相对抗,险些把梁山义军们打败。您说这样的田庄有多强大,多富有吧!这绝对不是施耐庵的凭空虚构:宋仁宗时,衡州就有一个姓尹的大户,占有田地达一千多顷,富甲一方、称霸当地。在宋代,这种田庄是土地兼并、私人占有的主要形式。

一面是官僚、地主、商人无限制地占有田地,一面是自耕农、半自耕农失去土地,佃农的倾家荡产,这就是北宋时期的主要社会矛盾。北宋时期自耕农的土地和半自耕农的土地都不多,因此还要租种别人的土地。他们是宋代主户中的下等户,但国家的繁重税赋和徭役,却主要由他们担负。大官僚、大庄园主运用各种手段,把自己应当负担的赋税转嫁到他们身上,使自己免赋免役,逼得农民忍痛把自己小块土地转卖给大庄园主而沦为佃农,再让他们施行规模化生产。可当他们出卖土地之后,由于田产没有在户籍上注销,仍然是"产去而税存",也就是,地没了你照样得交土地税,你不蹚地雷,自有激光制导的武器去找你。逼得他们无法在自己的家园生存,不得不四处逃亡。

这样一来,大官僚们的田园经济是发展了,可一家一户的小农经济却遭到了严重破坏。北宋时期,沦为佃农的自耕农和半自耕农流落他乡,租种地主的土地,遭受地租和高利贷的沉重剥削,于是那些由破产了的自耕农和半自耕农变成的"浮客",同时也成了北宋末期农民起义军和官军争夺的主要兵源。

话说到这,您该听明白了,与农民的生存状态紧紧相连的是宋代募兵制。因为这样多的"浮客",统治者非常担忧,宋初就有人为他们献策:"国家若无内患,必有外忧,若无外忧,必有内患。外忧不过边事,皆可预为之防;惟奸邪无状,若无内患,深为可惧。帝王合当用心于此。"因此，宋初，赵匡胤就把养兵看得非常重要，当作是国家的"百年之利"。于是"浮客"和灾民们就都被招募来当兵了，结果是兵越招越多，国家财政压力也越来越大。不仅是养兵，为了让禁军安心守卫首都汴梁，连官兵的"老婆孩子热炕头"都迁到都城的兵营里保护起来了。

在中国历史上的诸多兵制中，没有比宋代更坏的了。宋代的募兵制，主要有四种不同的军事组织：禁军之外还有厢兵、蕃兵、乡兵。禁军是皇帝的亲兵，驻守京师，兼备征伐；它来源于全国的招募，有时也从其他部队选一些精壮兵丁，是宋代的正规军。

禁军作为宋军的精锐，是政权的主要支柱。它的主要来源是浮客，特别是荒年招募的饥民，有时还强制饥民入伍，整个儿一个宋代版的《抓壮丁》。宋代统治者的用意很清楚：到处招募兵丁，一方面可以解决饥民的吃饭问题；另一方面还能消弭农民中的反抗力量，免得他们铤而走险。统治者的如意算盘是：凶荒年景"纵有叛民，却不至有叛兵"；平常年景青壮年都当兵了，就是有个风吹草动，把你们都圈起来了，你们也不会产生集群效应了。

厢兵是各州募集的地方军，这个厢是厢房的厢，有辅助的意思。厢兵平常不进行军事训练，所以也就不会打仗，他们只给地方政府服杂役。估计他们退役以后，扫地、做饭的技能肯定会有很大提高，不过考个特级厨师证还不行。蕃兵是招募西北边疆少数民族的壮丁，充当边境的屯边戍守的军队。还有一种乡兵，他们除了招募之外也有在当地征用的，是经过训练的地方守卫部队。

宋代初年，禁军不过近二十万，至仁宗时禁军就已达到八十二万六千人，整个军队则达到了一百二十五万。上下不过七八十年，仅禁军就增加了三倍多。根据宋代"守内虚外"的原则，边防只驻守少量的兵力而让大部分军队驻守在首都和诸州郡的要冲地区，以防止武人叛乱。宋代的军队虽然如此庞大，给国家造成了巨大的经济负担，但

抵御外患时战斗力却非常弱。宋代军队与辽国开战只有一两次因老天帮忙取得小胜外,其他的八十多场战役,几乎保持了全败的气死人战绩!

宋代的役法分徭役和差役两种制度。

徭役是强迫农民替国家服劳役,称为"夫役"。这种夫役是由主户中的下户和客户承担的无偿劳役。我们上面说过,佃农虽然没有土地,但作为农户也编入国家户籍,也要按丁口承担夫役。

较大规模的劳役如修治河道、修筑堤堰等,一次劳役,往往要调派役夫几万到十几万人。有时修筑城池、官舍、桥梁、道路,运送粮草、茶盐等官物,也都征发役夫承担。应役期间,政府有时也发一点钱物,但却很难落到役夫手中。役夫们被强迫服劳役,不仅荒废了农耕,甚至惨死在道路或役所里。那些单丁户、女户和僧道,按照国家法令本来是免役的,但是那些小官小吏,在抓不到男丁时就急眼了,也就不管妇孺老弱、和尚老道一起抓来充数,于是就出现了古人描写的"尽将妻妾作男子,数少更及羸老身"的悲惨情景。

"差役"也叫"职役",主要包括这么几项:

衙前差役,主要是替官府看管仓库或押送财务。里正、户长、乡书手的工作就是替官府督催赋税。里正大概相当于过去的保长,户长是里正的副手,乡书手帮助里正办理文书,大概相当于大队会计吧。不知大家是否记得,《水浒传》里,那个绰号叫托塔天王的晁盖就是里正。不过,晁盖这个里正,不是替官府押送财务,而是专门抢劫别人押送的财物。《水浒传》中"智取生辰纲"的那段精彩的描写,大家在中学教科书中都学过。晁盖晁里正发挥白天做官、晚上做贼的双向职能,联合智多星吴用、阮氏三兄弟等人抢了生辰纲。好在这生辰纲也是梁中书假公济私,送他老丈人的生日礼物。抢就抢了吧,只是把杨老令公后代杨志的前程给断送了。

差役中的耆长、弓手、壮丁只能是替官府捕捉"盗贼",说白了就是民间巡逻队，也可以叫协勤。到了北宋中期以后，役法越来越混乱。衙前押运官物，如有损耗就要包赔，有时还遭到库吏的刁难、勒索。里正、户长有时催税不齐，还要代为垫赔。因此，有些中小地主，常常由于服差役而全家破产。难怪晁盖晁里正，会想出歪点子，智取生辰纲，劫夺贪官的财物，原来是让官府给逼的。不过那时候像梁中书那样的贪官，家里被盗窃还是敢报案的，不会像眼下的某些"公仆"胳膊折了折袄袖里。本来，按照法令规定，差役是在上户中，按户均等派差的，可事实上，官户、形势户等大地主，总是想方设法地逃避差役，把它转嫁到农民身上。最后，大小差役都由勉强温饱的自耕农、半自耕农和客户来承担。有的家产仅有十几贯到二十几贯铜钱，哪怕你是开早点铺、豆腐店的，甚至是孤老妇女摆地摊的，也一律差派。差役给人民带来深重的灾难。

那些充当弓手和壮丁的，还要自备衣装弓弩、武艺熟练，不但要替官府捕捉"盗贼"，还得义务捕杀猛兽。这样做，危险性很大不说，而且一旦干上这行，还终身难以摆脱。《水浒传》里，母大虫顾大嫂的表弟、猎户解珍、解宝就是为这事儿倒的霉。宋代人丁逃亡现象严重，就是在土地兼并和差役的双重压力下产生的。逃亡后，他们或是去做商贾僧道，或是流落异乡给人家做佣工。那些充当户长的，由于民户逃亡，赋税催不上来，又没有晁盖那样的胆儿——白天当官，晚上做贼，所以民户逃亡追不回来，自己先逃之夭夭了。早在宋代的咸平年间，也就是公元 1000 年左右，蔡州就有二千五百零九家主户逃亡，使政府减少了五千三百多贯的财税收入。

那时候，有点田产的农民，只得将田产典卖给形势户；有的则被迫亲族分居，减少丁口，降低自己的户等。他们这样做都是为了逃避差役。更有的农户为了逃避差役，忍痛让六旬老母出嫁；有的为了使儿子免去差役，则宁愿自杀而死，可见百姓的差役之重。

宋熙宁二年，当时任三司使的韩绛就指出："害农之弊，无出差役

之法。"王安石的免役法,就针对当时差役法之弊端,把差役改为了由政府出资雇人服役。免役法实行后,官府的差役是有人顶了,可收缴的役钱却大大超过了实际支出,反而加重了百姓负担。这可真是"任你官清似水,难逃吏滑如油"啊!这样说吧,无论是北宋还是南宋,也无论是募兵制、土地制、户籍制等役法,都严重地破坏了社会生产力的发展。

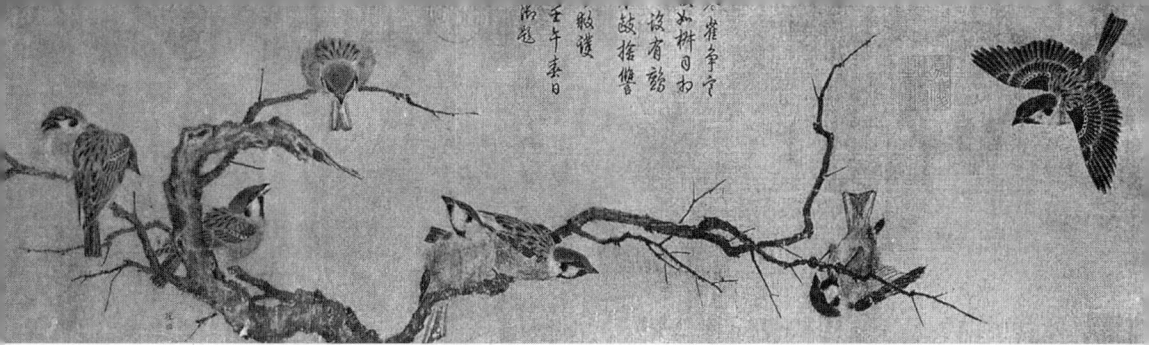

第五回　宋代『公务员』的幸福生活

第五回 宋代"公务员"的幸福生活

　　话说北宋王朝建立后，为了加强中央集权，官僚机构大肆扩招，不光隋唐以来的三省六部二十四司全部保留了下来，而且从中央到地方又增设了一些新的权力机构，从此宋代官吏的快乐生活就开始了。

　　宋王朝为了防止宰相专权，在宰相之下设立了参政知事，并以枢密使、三司使分割宰相的军权和财权；在中书、枢密两院之外又有台谏，进行更详细的分工。在地方官中，除州、郡长官以外，也设了通判一职，其他还有节度使、防御使、团练使、州刺使等所谓的"官"，这些官并不负实际责任，只表明他们的行政级别。所以，宋的官制分官、职、差遣三种，只有得到"差遣"了才能掌握实权，如果没有"差遣"，您就一闲职，没事也就巡视巡视、调研调研。正如南宋史尧弼所描绘的那样："无其事虚设其官，无其功而空食其禄。"啥意思？就是没啥事偏要设个官职，什么事不干，拿的奖金还挺高，要不怎么说宋代的官吏很幸福呢！

　　宋代的官员中还有一种叫"职"的官称。其实"职"仅表示某个人的学识水平，相当于眼下的技术职称。如翰林学士，类似于现在的中科院、社科院院士或是首长秘书，平常搞点学术研究，起草个文件啥的，没啥权力可也不大好惹。再比如医官，宋神宗时朝廷中仅有四名，到北宋末年不过四五十年就发展到了近千人。换句话说，宋代把文化、科研人员也划入官的序列，按级别享受待遇，分房派车发工资当然也有了根据。所以《宋史·职官志》里说："居其官，不知其职者，十常八九。"那意思就是说，占着官位，成天不知自己干什么的，十人里面就有八九个。过去不是有"混事由"的说法吗，大概就是打这儿来的。

上回咱们说过，宋太祖赵匡胤对赵普的学历不满意，提出宰相还是要由读书人来做。其实后来的大宋不光是宰相，就是主兵的枢密使、理财的三司使，下至各级政府的长官，都是由读书人来担任的。一般百姓中的知识分子，都可以通过科举考试走上仕途。

宋初朝廷中的官员队伍，还是比较精干的，仅为二百多人；二十年后就翻了一番，达到四百多人；再过二十年就超过了一千人；又过了二十年，官员队伍已突破了万人大关。

说起来这一现象都是北宋推行佑文制度刺激出来的，所以大宋王朝为"二十四孝图"奉献的生动故事就是"冯母夜烧香"，祷告词是：不求富贵荣华，但求子孙贤能。这是陈省华的夫人冯氏，辛勤培养下一代的故事。

陈省华是北宋初年的进士，曾授官陇城主簿，又迁栎阳令，最后官至尚书。在他和冯氏的棍棒教育下，经历寒窗苦读，他的三个儿子中，有两个中了文状元，一个中了武状元，历史上称之为"陈氏三状元"。在四川省南部县陈省华的家乡大桥镇留下了金鱼溪、金玉桥、状元桥、三元街等文化遗迹。宋代大文豪欧阳修的著名散文《卖油翁》中说的"陈康肃公尧咨善射，当世无双"，说的就是陈省华的三儿子陈尧咨的事迹。

当然老陈家的这三个状元完全是凭真本事挣来的，不过宋代的官吏可不都是这样，其中高喊着"我爸是李刚"口号升迁的也不少。宋代立国不过六十多年，官员的人数就增长了五百倍；到公元1071年，也就是宋代开国一百一十年后，朝廷供养的官吏更是超过了五十万，官员数量竟然增加了二千五百倍。官俸，也就是官员的工资性支出，出现了井喷式增长。

《宋史·职官制》记载的俸禄之制，表明宋代官员待遇之优厚为历代所少有：官吏的工资计有正俸、职钱、职田和杂役等费用。正俸分钱、绫、绢、棉、禄米，此外还有茶、酒、厨料，乃至马料费等。马料费就相当于现在的车补,因为大官养的都是"宝马",所以补贴就比普通官员的高不少。同时还规定:如果无大错,文官三年一升,武官五年一升。好家伙,您听听,待遇多好啊,发钱发东西发马料,一句话,除了媳妇儿不发啥都发。

就这人家大宋的公务员还不满意呢,面对社会上有毒食品,他们说有毒食品根本不是管出来的,而是种出来的,于是就率先垂范,自个儿先整块地保障自己的食品安全。流风所及,衙门种菜的规模越来越大,以至于发展成了绿色产品供应基地。宋英宗看了内参后大发雷霆。本来么,衙门是什么地方?是国家权威的代表,神圣不可侵犯,怎么能自轻自贱地混同于一般的农民群众呢?

为此,英宗皇帝明确要求:"今后诸处官员廨宇不得种植蔬菜出卖。"随后,英宗又搞了个政策缓冲,在严令之后又加了一个"原则上",即在禁止种植、出卖之后,又补了一句"只许供家食用"。也就是说,不让卖,只让吃。据说这样做是考虑到有毒蔬菜确实会对干部及其家属的身体造成危害,这是事关公务员队伍稳定的大事儿,可不是逗着玩的。

不过,从皇上的这道禁令中人们可以了解到两点信息:第一,衙门种菜在全国已经遍地开花,形成了风气;第二,衙门种菜的主要目的是公开出售,增加机关收入,保障公务员队伍生活水平在通货膨胀的形势下不下降。我这样说,可不是空穴来风,可以用一组数据来证明:

大致在 1096 年前后,一斗米的价格在六十钱左右浮动,一般来说,丰年五十多钱,灾年则会涨到九十多钱。然而到了二十年后的1116 年,在河北沧州,米价每斗达到了一百二十文。粮食之外,再看绢的价格,二十年前每匹一千三百文,此后达到了二千二百文左右,价格翻了将近一倍。傻子都能看明白,让老百姓收入缩水的通货膨胀就在眼前了。

老百姓收入缩水官员管不了,他们能不能吃上绿色食品官员也管

不了，衙门里的同仁们齐心协力将周边的空闲土地充分利用起来还是可以做到的。要说这种菜成绩，比较突出的就得数深州通判胡汲了。

话说公元1097年，胡大人来到深州任上，办成的第一件事，就是在他的领导下，衙门全体同仁一下子就开垦出了一千六百多畦的菜园子，史载"廨有菜圃千六百余畦"。通判衙门每年卖菜就可以实现营业收入二百余万钱，如果折合成大米，足有一万六千余斗；折合成市价一千四百钱一头的活猪，胡大人开垦的这块菜园子，一年就能长出一千四百头来。要是图吉利，让它们一块儿去拱门，俄国的冬宫甭用炮轰，靠肥猪就给你拱塌了。

食品安全和经济实惠带来了公务员们空前的劳动积极性，滚一身泥巴、种一块绿色基地，成了各机关衙门的一致爱好，"二月里来好春光，家家户户种田忙"的大好局面迅速形成。公务员们一边断案子、批公文，一边浇浇地、松松土，既锻炼了身体，又充实了腰包。真宗皇帝说的"书中自有黄金屋"、"书中自有颜如玉"不过是一种美好的愿景，"绿色蔬菜贵似金"才是真的。

说到底，衙门里种菜，不过是解决个副食补贴问题，实际上宋代的行政费用支出可谓耗资巨大。据《宋史·职官制》记载：每年中央政府的支出大约钱一千六百九十六万贯，金一万四千八百七十两，银六十二万两。且不说官员的职务性消费，单是定期向官员支付的俸禄，就给国家财政带来了巨大的压力。

不光如此，文官在离职时，还能以"领宫官使"的名义领取半俸，也就是一半的工资，而武官却没有这样的待遇。当然应该承认，文官地位的提高，对于抑制武官的跋扈乱国、促进宋代文化事业的快速发展发挥了重要作用，但它也在文人与武官之间制造了难以调和的矛盾。

看过《水浒传》的朋友，大概都还记得小说第三十二回，写的是宋江杀了阎婆惜，被刺配流放的故事。宋江流放途中，被矮脚虎王英劫上了山并劝他入伙。宋江虽没入伙，却发现清风寨知寨的老婆被矮脚虎抢上了山,想让她给自己当压寨夫人,谁让人家矮脚虎一辈子就这么点儿爱好呢?宋江初见这个女人,还以为是他结拜兄弟花荣的家眷呢,没想到清风寨还有个文官知寨叫刘高,他才是寨里的一把手。这个女人正是刘高的老婆。宋江了解真情后索性将错就错,卖个顺水人情,让王英把这个女人给放了,并且答应将来一定给他介绍一个超级美眉作为补偿。

没想到这位知寨夫人回去后,怕别人知道自己被抓上山,差点儿成为土匪家属的事曝光,等到宋江下山来到清风寨,反把他送进了监狱。小李广花荣对这事儿非常气愤,一语道破了文官武官之间的激烈冲突:"这个穷酸饿醋来做个正知寨……又是文官,自从到任,只把乡间些少上户诈骗;朝廷法度,无所不坏。小弟是个武官副知寨,每每被这厮怄气,恨不得杀了这滥污贼禽兽。"原来在基层司法部门工作的宋江,因为对军队中的官制不太了解,才犯下了如此低级错误,险些把自己的小命搭上。作为武官的花荣自然也利用这件事,杀了文官刘高。岳飞的被杀,其实也有文官武官矛盾冲突的原因,只不过这回跟宋江的事件恰好相反,是文官杀了武官。因为下面还有专章介绍,这里就不多说了。

话说回来,宋代官员队伍的畸形膨胀,除了增加国家的财政压力,同时也造成了宋代官场的因循守旧、不思进取,官多了相互掣肘,效率非常低下!用咱老百姓的话说就是鸡多了不下蛋,人多了打瞎乱。不光这,闲着没事干的人还爱搞窝里斗,专搞人盯人防守,实在不行就用"飞铲",往要命的地方踢,那战术意识比中国足球队强多了。再说,足球本来就是人家宋代人发明的嘛,当时的世界足球先生,正是高俅高太尉,元帅级中锋,那叫一个牛!

更重要的,宋代官员不但物质生活优裕,精神生活也很丰富。宋代有一种营妓,也叫官妓。根据宋代的法律规定,营妓可以合法地坐台,并能对朝廷官员搞三陪,陪吃陪喝陪唱,只要不卖身就行。

当然这样的禁令根本没法把握，不光官员们自己把持不住，争相冲破法律和道德的底线，有关部门也是睁一只眼闭一只眼，这样就造成了宋代官员的狎妓成风。您瞧没多少人在乎这条禁令不是？可是当有人想利用生活作风问题来整倒谁时，它同样可以当作大事来抓一抓，管一管。

宋代官制不但个人待遇很高，而且还规定：一旦某人为官，不但自己享尽荣华，还可福及子孙，这一切都是通过恩荫制度来实现的。所谓恩荫就是国家的高官，凭父辈的余荫经皇帝恩准，可以让儿子不经科举就可获取相当级别的官阶。恩荫的名目非常繁多，什么致仕恩荫，奖功恩荫，盛典恩荫等等。比如北宋的奸相蔡京就有六个儿子、四个孙子通过徽宗的恩荫获得了官职，至于皇亲国戚就更甭说了。仁宗时的庆历七年，一年之内宗室授官者就达一千多人。可谓"食禄者日众，力田者日耗"，啥意思？就是说吃皇粮的人越来越多，卖力气种田的人越来越少。可是都不种田了，皇粮也没法保证呀！

说起来，恩荫制度起源于汉代，到了唐代逐渐完备，而到了宋代完全走向了制度化：对什么级别的官员可以恩荫，子孙又可以恩荫到什么级别，规定得都非常详细。一般来说，一个官僚一生当中可以推荐数十个亲属当官；而且只要国家有喜庆事、父辈立功或是退休，子弟都可以让皇上恩荫恩荫。比如致仕恩荫吧，就是官员趁自己退休之机，让皇上给孩子安排个好差使。因为宋代的官员待遇不错，所以他们大多不愿意退休，于是恩荫就成了老爸退休的条件。这就好比前些年，某些单位的子女顶替制度，老爸老妈退休了，由自己的儿子或女儿顶替自己到企业或机关去工作。更为荒谬的是，恩荫制度，还使大批缺乏起码工作技能和身体条件的官宦子弟涌进了公务员队伍。因为宋代基本不对恩荫入仕的高官子女做年龄限制，不少学龄前儿童都因此谋取了高位。宋徽宗时一位大臣曾经讽刺这些幼儿官员"尚从竹马之行，以造荷囊之列"。啥意思？就是说，宋代高官的孩子，还在玩竹马游戏、撒尿和泥的小胡臭时代，就已经当上官了。瞧人家孩子的童年多美好！

最可气的是有些人还借此发财生钱。有些高官没有子孙，或者虽有子孙，但却已通过别的渠道获得了官位，不再麻烦皇上他老人家恩荫了，于是就高价出卖皇家的恩荫指标来换钱。俗话说河里没鱼市上看，社会上大批的富商巨贾子弟，为了攀结权贵，就花钱冒充高干子弟谋取空缺。还有的官员肉烂在锅里，肥水不流外人田，把自家的门客、童仆、郎中大夫也都拉进了官员队伍。在这方面业绩最突出的是童贯童先生。因为童先生是个宦官，没有生育能力，自然也没有子嗣后代，于是他就把自家的门客、童仆拉进来一百多人。这类人当了官，"率多骄骜，不通古今"，不光白拿钱不干事，还不断地生事搞摩擦。你那儿干事儿，我这儿生事儿，这叫能量守恒相对论。你生气？人家没拿到诺贝尔物理学奖，还抱老大委屈呢！

难怪北宋著名史学家司马光气愤地说："国家爵禄，本待那些贤才及有功效之人，今使无故受官，诚为太滥。"当然看不惯这种丑恶现象的正义之士，也不止司马光一个，比如宋神宗时，一位大臣就曾直接上书揭露某些高官"高资为市"、买官卖官的丑行，要求皇上下诏制止。但这些义愤之词，根本无法改变高官子女得利的恩荫制度，在这个制度的拖累下，大宋王朝以一天一个跌停板的速度走向了灭亡。

事实确实如此，宋代的恩荫不但拖累了国家的财政，而且也堵塞了社会精英的升迁之路，让他们无法发挥自己的才能。自恩荫制度实行以来的正史"列传"中，凡以恩荫入仕的，史官都堂而皇之地一一载入史册，并不隐讳，可见在当时并不以此事为耻。那时候，在北宋官场那些靠恩荫入仕的高官子女，往往比通过科举，也就是公务员考试进入官场的还要多。不光这儿，恩荫入仕的官员虽然是近亲繁殖，可升

迁的速度却特别快,当科举中第的新进官员还在试用期的时候,这些恩荫的官员早就通过父辈的关系在朝廷中建立了完备的关系网,只要有更高的职位,马上就归人家高官子女了,汤汤水水的都很难给您剩下。

北宋的名相寇准是个例外。他三十多岁时便被宋太宗拜为宰相,这在宋代朝廷重臣当中是极为少见的。据说当年他当宰相时也很费了一番周折。据《国老谈苑》中说:"寇准年三十余,太宗欲大用,尚难其少。准知之,遽服地黄兼饵菔以反之,未几髭发皓白。"另一部史学笔记《闻见近录》中对此也有类似的记载:说是宋太宗看到寇准是个治国之才,可就因为他的须发黑、太年轻,所以在使用上有点犹豫。寇准为了自己能当上国家级 CEO,回家后一发狠,就用中草药把自己头发和胡子都染白了。头发和胡子一白,自然就显得成熟了,升迁路上的年龄障碍也排除了,寇准后来真的如意当上了宰相。

您看寇准把头发染白了有点儿搞笑不是?不过却比眼下某些人把头发染黄了实惠得多!您想啊,把头发染黄了,顶大把自己说成是有欧洲血统或是混血儿,可人家寇准把头发染白了,却立马给自己弄了个国家首席执行官,那叫一个爽!上面的那个说法,虽然未见于正史,但史学笔记《闻见近录》的记载也并非于史无据。它从一个侧面说明宋代的官吏考核制度,只适合有背景、有资历的官员,顺着台阶往上爬,年轻有为的官员越级升迁真的很困难。

不过,寇准因为头发胡子闹了个国家级首席执行官,可他倒霉也倒霉在这胡子上了。原来,寇准有一门生叫丁谓。有一回,几个国家级 CEO 一起在朝房用饭,寇准不小心将几粒米粘在了胡须上。丁谓立刻在众目睽睽之下,替老师把胡须认真梳理了一番,还不失时机地赞美寇老的胡须:"好好漂亮呀!"寇准见丁谓这样巴结自己,虽然心中不快,但毕竟人家小丁是在为自己做零距离服务,所以不便发火,于是笑着说道:"参政,国之大臣,乃为官长拂须邪?"翻译过来就是说:

"难道天下还有堂堂大臣为长官溜须的吗？"

这大概就是"溜须"一词的来历。不过《宋史》中还有另外说法，说是：丁谓在宋真宗时善于迎合帝意，升任参知政事，也就是副宰相。当时的宰相是寇准，丁谓对他毕恭毕敬，如事父母。一天，宰相、副宰相等在一起用工作餐，汤水污染了寇准的胡须，丁谓同志奋起为老首长溜须。寇准笑道："参政，国之大臣，乃为长官拂须耶?"说得丁谓又气又恼，从此对他怀恨在心。

不管怎么说，寇准被"溜须"溜舒服了，怎么看丁谓都是个能人。于是，就不止一次地向另一名宰相李沆推荐丁谓。李沆素以"先识之远"而被人颂为"真圣人""圣相"，可是对于寇准的举荐就是不答应。寇准纳闷，请李丞相指点。李沆说："顾其为人，可使之在人上乎?"寇准反问道："如谓者，相公终能抑之使在人下乎?"这些话，翻译过来的意思，就是说：李沆认为丁某为人不正，对于这种小人，绝对不能提拔重用；寇准则认为像丁谓这样有才能的人，不能压制，是金子总会发光！显然聪明的寇准对丁谓落井下石的丑恶嘴脸并没看透，以至做出了错误判断。最后李沆笑着对寇准说："他日后悔，当思吾言也。"后来丁谓小人得势，屡屡高升，寇准遭到排挤，直至被流放。直到这时，寇大人才"始伏沆言"。《宋史》中说丁谓"机敏有智谋，险狡过人"，真是准确到位，可惜寇大人只看到了丁谓的"机敏有智谋"，而忘记了后面的"险狡过人"，最终栽在了小人手里，真是太可悲了！

要说人家丁谓也确实"机敏有智谋"，脑子那叫一个活。他曾为修复毁于大火的皇宫献出一条绝妙的"连环计"：就是把宫门前的一条马路挖成运河，引汴河水入内，这样做首先可以利用水运解决运送建筑材料的困难，挖河的土呢还可以用来就地烧砖，然后再用修皇宫的建筑垃圾填河复路。此计可谓一举三得，就是现代建筑专家也难想出这样的高招儿，所以丁谓的建筑策划在当时受到了广泛赞扬。

话说，过了几年，寇准第一次被罢相，继任宰相王旦评价丁谓说：

"丁谓是有些才能,但他根本不是治国的良才,只会耍小聪明。以后如果他独自掌权,必将祸国殃民还会搭上自己。"有人将王旦的这番话转告给了寇准,但他就是不以为然。十几年后,寇准最后一次任宰相不久,就把丁谓提拔成了自己的副手。从此,丁谓在仕途上开始飞黄腾达。可没过多久,他就把老师给卖了,最后寇准死于被贬逐的路上。

丁谓升任宰相后,果然如王旦所料,他的才能立刻就转化成了攀龙附凤和疯狂敛财的敲门砖。皇帝提议大兴土木营造"玉清昭应宫",大臣中有不少人考虑到国家财力表示反对,可丁谓却编造了许多堂皇的理由,使得群臣"不复敢言"。玉清宫整整建造了七年,使得国力民力消耗都很大。后来丁谓因为作恶多端被抄家,发现他"得四方赂遗,不可胜数"。

寇准重用丁谓,看重的是他的才能,而对他的德行品格,却不加考察。用错一个人,害国害民又害己,就这一点来说,绝顶聪明的寇准可谓是自食其果了。也许,寇准对丁谓的德行还是有所觉察的,可他认为"小节无害",于是就被丁谓的"小聪明"蒙住了,但这也开脱不了寇准失察的责任。司马光在《资治通鉴》中对此事评价说:"德胜才谓之君子,才胜德谓之小人,君子挟才以为善,小人挟才以为恶。"对丁谓这类小人可以说是研究到家了。

眼下也有一些丁谓这样的人,被领导认为"有能力""会办事"。其实,他们也是像寇准一样被"溜须"溜舒服了,更何况这些领导正需要丁谓这样的人来为自己办一些家务事儿,像如何替首长安排好"小三"的房子、怎样替首长筹划好孩子出国的费用,德行好的人还真办不好。这么一来,像丁谓这样的人也就有了展示才能的平台,至于国家利益受损失、纳税人的钱流失,这些领导倒是不像寇准那样往心里去。

《宋史·职官志》里面有这样的具体规定:"文人致仕,以七十为断。"但宋代也有少数高风亮节的政治家,愿意提前致仕退休,主动为年轻有为的官员让路。比如欧阳修，官至参政知事——《宋史·职官志》说明："参政知事掌副宰相。"尽管已官至副宰相，欧阳修还是多次要求退休，最早的一次只有58岁。后来经过多次争取，到他退休时也才只有64岁，离宋代法定的官吏退休年龄还差六岁，但他仍然感到很惭愧。

门生们认为欧阳修的德才为朝廷所倚重，劝他用不着马上退，可欧阳修却不为所动，并说了一段颇为清醒、也颇为感人的话。他说："某平生名节为后生描画尽，唯有早退，以全晚节，岂可被驱逐乎！"这段话的意思是说，我的一生名节声誉在年轻人中传播很广，只有适时地退休，才能避免年老了干糊涂事，要是因为失职被赶下台太寒碜人了。退休后，他一面寄情山水，一面埋头写作，既没有因自己恋栈贻误国事，还给后人留下了许多宝贵的文学遗产。欧阳修是想以自己的行动带出一个能上能下的官风来，可像欧阳修这样深明大义的官吏在宋代实在太少了。

但也有史书记载，欧阳修之所以不到年龄多次要求退休是因为两次轰动一时的绯闻所致。一件事儿，是欧阳修与他的外甥女的是是非非；一件事儿，是有人诬告欧阳修跟自己的儿媳有染。

欧阳修的那个外甥女其实并不是他的亲外甥女，而是他妹妹的继女。他妹夫死了以后，他妹妹曾带着这个女孩来投奔欧阳修，并在他家住了一段时间。后来这女孩长大了嫁给了他的堂侄，堂侄死后，这个女孩跟仆人私通；奸情败露后，她反诬和欧阳修有私情。这种离奇的故事虽然没有多少人信，但却被他的政敌吕夷简所利用，欧阳修被贬到了滁州，当上了"醉翁"，写下了著名的散文《醉翁亭记》。这也算是坏事变好事。

至于说到欧阳修与自己儿媳有染的事，也是受到了自家亲戚的陷害。当时他没有替犯事的妻弟薛宗儒在皇上面前说情办事，惹恼了他，于是就诬告欧阳修与自己的儿媳吴春燕有染。御史蒋之奇更是利

用这件事推波助澜，想趁机扳倒欧阳修，好在因为当时的皇帝宋神宗还算明白，才没有因此处罚欧阳修。不过经过这两次折腾，欧阳修充分感到了官场的险恶，于是产生了赶快退出仕途的念头。

欧阳修想退，别人并不想退。代官员严重超标，业务素质下降，那么，宋政治素质又如何呢，或者说他们的人格魅力怎么样呢？这一点也不敢让人恭维。比如说进士吧，他们该是宋代知识分子和官员的代表了吧？他们中固然有诗书画全才且颇有见识的苏轼，有著作颇丰且有政治远见的欧阳修，也有主编历史巨著《资治通鉴》且人品不错的司马光，还有抗金名将李纲等许多值得纪念的历史人物，但只要你细读一下正史，就会发现，当年金人兵临城下时，北宋一些进士出身的官员们，所作所为实际上是猪狗不如。别人不说，就说跪在岳飞坟前的四个人吧，秦桧的老婆不算，另外三个，秦桧和万俟卨都是进士出身的高级知识分子，只有一个张俊是武将。

另外，排挤宋代抗金名将李纲的黄潜善，也是进士出身。《宋史·奸臣传》中列举的蔡确、吴处厚、吕惠卿、蔡京和他弟弟蔡卞等都是进士。比如这个蔡确虽然是王安石变法的主要谋臣，但其人品极差，他不但出卖了沈括，最后还出卖了非常赏识他的王荆公。其他几个人，也各有各的劣迹，在这里就不多说了。

至于《奸臣传》以外的一些进士也同样行为可憎。比如靖康之难的罪臣唐恪，金兵围城前他虽然官居宰相，却从没有提出过挽救危局的建议；金兵来犯时，他干脆主动割让了三处重镇。更可恨的是，各路援兵驰援京城勤王，他居然命令停止前进，部队因此就地解散。以至于他陪着皇帝巡城时，险些被愤怒的军民暴打一顿。其实这也不能完全怨他，是大宋的佑文制度害了他，也害了国家。你想，一个文化人，手无缚鸡之力，又赶上同样是文化人、同样一见血就犯晕的皇帝，让他们指挥打仗，面对虎狼之师，不惊吓出个病来就不错了，您还指望他们打胜仗啊，做梦去吧。

北宋的官府衙门，机构重叠，臃肿不堪，工作效率非常低下。那些进士出身的军事主官，一遇到重大军事问题就无休止地开会研究、争论不休，却总也制定不出有效的对策来。"宋人议论未定，敌兵已渡河矣！"这是后人对宋代官僚机构的绝妙讽刺。官员奸诈自私，国事岂能不乱？高薪没有达到养廉的目的、高行政支出也没有保持政治上稳定和国家机制的正常运行。因此宋代的许多有识之士，都力图通过改革吏治、裁减冗滥的官员，来减轻农民的沉重负担，保证国家机器的正常运转。

大家都知道有一个一家哭和一路哭的故事。说的是北宋著名政治家、文学家范仲淹，因长期担任地方官吏、镇守边关，对民间疾苦、国家的吏治状况和边关的敌我态势都有很深的了解，所以积极主张改革。宋仁宗时，做了参政知事的范仲淹曾多次向皇帝提出健全吏治、选拔贤才、建立严格的用人制度的建议。有一次，他拿出各路监司的花名册，逐一审核，把不称职的官员一笔勾掉，准备撤换。这时在一旁的大臣富弼就劝阻他说："您一笔勾掉了人家的一个名字，将使一家哭。"范仲淹回答说："宁使一家哭，不让一路哭。"啥叫一路哭啊？路，是一级行政单位的名称，大概相当于现在的一个省吧。前面咱们说过，为了防范藩镇割据，北宋规定各州的长官都由文人担当，另外再设通判，也就是副长官，互相牵制。后来又把全国划分为十五路，每路设转运使和提点刑狱等官，通称监司，等于是中央特派员，负责总管各路的财赋、司法等事项。范仲淹话的意思是，撤换一个不称职的监司，可能会让他一家人哭，但如果不撤换他们，就会让一路的老百姓哭。因为这些昏官、贪官无才无德，但却掌管着一路的财赋和司法大权，他们或者占着茅坑不拉屎，或者为官害民，草菅人命，不让他一家哭，就会让无数的老百姓哭，这叫作两害相较取其轻。范仲淹虽然只是个封建官吏，却站得很高，要求官员要忧天下、忧国事，真正为国家为百姓着想，别净想着自己的职务待遇。充满忧患意识的范仲淹，

其实也无力挽救危局。庆历新政，这个以整顿吏治为中心的政治改革，最后也不过以失败而告终。

宋代官吏选拔荐辟之广、恩荫之滥、祠禄之多前所未有，积贫积弱现象也是前所未有，难怪支持范仲淹改革的欧阳修要慨叹："四海之广，不能容滥官，天下物力，不能供俸禄。"啥意思？就是说，四海广不广，天下大不大，都生不出这么多钱来养这么多官了。而且那些因循守旧的滥官，平时不求有功、但求无过，成天想着往上爬，国家遭遇危难了，该出手时不出手。好容易出回手了，还是打开城门投降。要说人家小细胳膊小细腿的拉开这么重的门闩也不容易。

滥官乱政致使大宋王朝成为中国统一王朝中最软弱的一个，从宋代初年的高梁河战役到北宋灭亡，宋与辽、西夏和金人所进行的战争，实在少有胜绩。至于南宋小朝廷的历代皇上，更是甘愿称臣做小当儿皇帝，他们的主要任务，就是把国家的大量财物和民脂民膏聚敛起来给人家上贡。你想，这样的王朝不走向衰落、走向灭亡才怪呢。

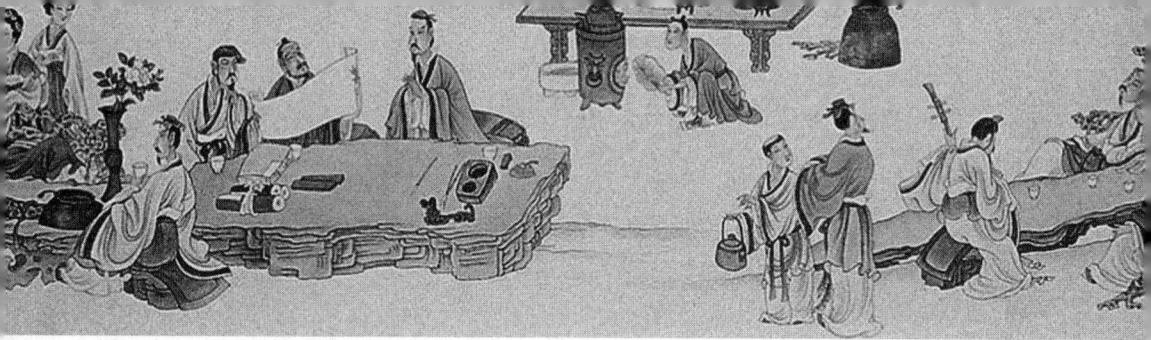

第六回 有钱的大宋和仇富的四邻

第六回 有钱的大宋和仇富的四邻

过去,有句大家常挂在嘴边的名言,就是:落后了就要挨打。可经济高度发达的大宋王朝,却为啥也总是挨别人打呢?而且总是割地赔款装孙子,三百年也没翻过身来。经常欺负它的辽、金、西夏和蒙古人,经济上根本没法跟它比。比如,当时与北宋对峙的辽国,在南北朝乃至隋唐时期还处于原始社会,主要靠游牧和渔猎生存。只是到了唐末,中原地区战火不断,汉族人民为了避战乱,逃亡到契丹境内,才教会了当地人种地,促进了契丹的社会经济进步。五代初,契丹贵族阿保机虽然统一了契丹八部,但也不过刚开始由奴隶制向封建制转化。

女真人——也就是金人,在北宋末年的公元1115年,才建立统一的政权,十年后神速地灭掉了辽国,两年后又灭掉了北宋。虽然金代全盛时疆域很大,把淮河以北地区都纳入了自己的势力范围,全国人口也达到了七千万人,但它的社会经济制度仍很落后,不过是奴隶制后期。

还有党项族,也就是羌人,在唐代以前,也是处于原始社会阶段,过着游牧和渔猎的生活。他们最初是在青海和四川西北部一带活动,由于受吐蕃贵族的挤压,唐初时开始沿黄河向北转移,也就在这时候,他们才开始建立了私有制,向奴隶制过渡。北宋初年,党项族来到河西走廊地区,到1032年李元昊才建立了历史上称为西夏的封建政权,但经济上仍很落后。

至于蒙古人,在公元12世纪初,也就是北宋末年,还处于原始社会。慢慢地,生活在大漠南北的蒙古人学会了简单的冶炼业和其他手工业,有的还学会了农耕生产,但仍以游牧为主。

可以说,无论是辽、金还是西夏、蒙古,在军事实力、农业耕作、商

业外贸以及手工艺技术方面都远远落后于大宋王朝，无论是经济增长量，还是经济总量都无法跟大宋相比。

说起来，大宋王朝跟一般的封建王朝不大一样。一般的王朝都要经历建国初期漫长的时间，经济才能恢复发展，可北宋建国不久，经济就出现了高速发展。由于天下安定，北宋农民开辟了大量新农田，到宋真宗时，全国开垦荒地就已达五百二十四多万顷。这个数字还是按田赋交纳的数量推算出来的，如果再加上高官权贵为逃税隐瞒的田地，恐怕还不止这些。同时宋代的农业生产工具也有了较大程度的改进，如河南的踏犁、湖北的秧马发明后，都较大地提升了农业生产力。此外北宋还颁布了《栽种法》等法律，推广新作物，甚至还把从越南引进的占城稻，分发给长江和淮河流域的农民去种植，亩产量自然就有了很大提高。

另外宋代茶树的种植也有了很大发展，当时在江南、福建、荆湖诸路都有许多州郡以产茶著名。这些地方上缴北宋政府专卖机构的茶，共为一亿四千五百万斤。淮南茶场则是官办，不包括在上面数字之内，所有这些东西或用于内需或用于出口，都给王朝带来了很大的财政收入。

宋代的手工业比如矿业、制瓷、纺织、造船和造纸业也都很发达。在采矿业中最兴旺的是煤炭开采：那时候河南的鹤壁、江西的丰城和萍乡都有煤炭被开采，有的地方现在还有宋代的煤矿遗存。当时北宋京城及附近城乡的上百万户人家已开始使用煤炭来取暖做饭，可见当时汴梁百姓的生活已达到了相当水平。您说什么？暖气集中供热？这大概还没有，就是当时的皇室家族也没用过呀！不过这您也甭担心，人家是真龙天子啊，您见过老百姓中煤气的，您见过真龙天子被熏死的吗？您要真考证出哪代皇上是被煤气熏死的，瑞典那边肯定会专为您颁发个诺贝尔历史学奖或是化学奖。

说到铁的开采，在宋代也比较发达。那时的铁矿既有由私人开发的，也有在政府监督下经营的。政府经营的铁矿，主要是以流亡的农民和服劳役的"罪犯"为劳力,不过那时候有没有黑砖窑、黑铁矿就不知道了。前面说过,有些农民失去土地之后,无法在自己的家园上生存,不得不四处逃亡。宋仁宗时代,商州的一个铸铁监,就收留了这样的罪犯和流民两千多。这也从另一个角度说明了宋代冶铁业的发达。

宋代的纺织业以丝织业最为发达,而丝织业又以四川地区水平最高。宋代的丝织品种类很多,单是锦就有十几种。比如蜀锦和河北定州的缂丝,工艺上都非常精美。宋代已出现了独立的丝织作坊,称为机户。机户们"育蚕治茧,绩麻纺纬,缕缕而积之,寸寸而成之",大大促进了丝织业的发展。其实不仅是个体的机户,国有的丝织工场也很发达。比如北宋初年,宋太祖把平定后蜀抢来的二百多名高技能丝织业蓝领,都安置在了京城汴梁,并因此设立了绫锦院。这绫锦院其实就是丝织场,而且是几百人的规模。可见,那时不论是内需还是外贸,对锦缎的需求都很大!

至于瓷器业,在北宋时期无论是产量和质量都有了很大的提高。当时制造瓷器的私窑和官窑都很多,其中最著名的官窑在今天的河南开封,钧窑在河南禹县,汝窑在河南临汝,定窑在河北曲阳,哥窑在浙江龙泉。这五大名窑的产品可以说是各具特色,假如您真有一件的话,估计卖了能换栋别墅。著名的江西景德镇,原名昌南镇。景德,是宋真宗的年号,其间朝廷曾派人在这里建造瓷器,瓷器制成一般都写上"景德年制造",于是也有了景德镇的名字,现在它已是江西的一个地级市。

宋代还有很多的造船场,分别散落在浙江、湖南、江西、陕西各地。宋太宗时,不少船场已有年造船三千艘的能力,而且造船技术很高,船的体积也很大。当时在内河航行中已出现万石(担)船,有三间屋子这么大,载重量有六百六十吨。神宗和徽宗时,都曾建造大船出使高丽,几艘大船载重量都超过了一千吨。海船在航行中,都备有指南针和其他先进的航海设施。宋代的造船技术和航海技术,在当时的世界上都是领先的。

宋代的造纸业也非常发达,当时的四川、安徽、浙江都是著名的造纸原料产地,纸的品类更是不少。造纸业发展了,与它密切相关的雕版印刷技术也发展得更快。前面说过,由于到北宋时,发明了活字印刷术,官府和民间刻书成风,书籍大量印行。当时的都城开封、浙江杭州、四川眉山、福建建阳等都是印刷业发达的地方。

各项事业的发展,促使北宋都城汴梁,也就是今天的河南开封,成为当时全国最大的工商城市,人口已达百万人以上。当时汴京店铺大概有六千多家,仅高级酒楼就有七十二家,称为正店;还有众多的小饮食店,称为"脚店"。当铺也是随处可见,金银彩帛交易场所更是"屋宇雄壮,门面广阔"。在著名的相国寺内,每月开放五次市集。珍禽异兽,家用什物,书画文具,服装刺绣以及土产香料等交易非常兴盛。当时的京城汴京和南宋都城杭州还出现了夜市,至于有没有供官员和有钱人娱乐的夜生活场所,就不大清楚了。

比如大家都知道的,由北宋国家画院画师张择端画的《清明上河图》,描绘的就是北宋京城汴河两岸的商业繁荣景象。画中有五百多个人物正在进行商贸活动,它可以说是了解 12 世纪中国城市经济生活的重要形象资料。

另外当时杭州、扬州、洛阳、成都也都发展成了繁华的商业大都会。当时大都市的商人,还按照不同的行业组成了商会,政府通过商会对商人的经贸活动进行控制。前面说过,北宋的不少官吏通过暗中出资经商,比如宰相赵普和他的下属,就是通过商会来遥控京城的商业活动。

另据专家考证和推断,北宋时期还出现了七八千个镇集;南宋的疆域虽然小了,也有六七千个。什么叫镇集?镇就是乡镇的镇,集就是集市的集,说白了就是农贸市场。它说明,两宋时期大量的农副产品已进入市场,商品经济已发展到了相当水平,因此北宋政府征收的商税比之唐代增加了很多;在第二代皇帝太宗时总额是每年四百万贯;到第四代仁宗时立刻翻了两番,增加到了一千二百万贯。

为了适应经济发展，北宋政府每年所铸的钱币数量比唐代增加了二十倍，皇帝每改一次年号就铸一种钱，宋钱的品种多得难以统计。到宋代第三个皇帝时，四川地区的几家豪富之家发行了一种叫作"交子"的纸币。交子不但可以兑钱，还可以流通。交子是我国最早使用的纸币，也是世界上最早的纸币。后来因为发行人破产，政府就在成都设置专局，开始由官方负责印刷发行。此后发行的纸币数量越来越大，于是北宋政府又在开封设置了"交子务"，负责全国的纸币发行。纸币的发明，不仅是货币发展的一大进步，也从另一角度说明了宋代商品经济的发展水平。

说起来，宋代印刷纸币的技术主要有三个关键点：一是模版，起初是用木版，后来改用了铜版。模版除了文字外，还有"隐秘图号"，有点像今天的水印；"隐秘图号"有"屋木人物"图案等。二是印刷，有用同一颜色印造的，也有套色的。套色主要采用朱、墨两色，还有官印和花押，也就是行草体的签字。三是印刷纸张具有了特殊制造工艺。在当时的条件下，制造货币纸张的难度，实际上已经超过了制造铜钱。而当时四川印刷的楮树纸防伪功能最好，其中成都的楮树纸还进行了特殊的工艺。这种纸暗纹丰富，被称为水纹纸或帘纸，具有很好的防伪功能。那时候要是拿这项技术去外国交流，绝对会把他们吓傻了，因为大多数国家还不知道纸币是啥玩意儿呢！

嘉定十六年也就是公元 1223 年，宋宁宗赵扩接到一位官员的奏章称："年来伪楮日甚"，宁宗对此感到很忧虑。

宁宗为啥忧虑呢？因为，宋代发行的纸币无论是交子，还是钱引、会子，均实行分届发行，定期回收。每两年一届，后来改为四年一届，甚至八年一届。这位官员在奏章中详细写道："一届纸币发行以后，'耗于水火，耗于破损'，再加上其他原因，逾期没有兑换的，数量理应大量减少，然而到了纸币兑换的时候'其数常溢，则伪楮之多可知也'。"南宋初期，川陕宣抚使张浚曾破获一起伪造货币的团伙案，逮

捕了案犯五十人,缴获钱引三十万贯。

宋人罗大经在《鹤林玉露》中甚至具体记载:盘踞在宋金交界的李全割据政权,按"朝廷样式造楮券,全从之,所造不胜计,持过江南市场,人莫能辨别,其用顿饶,而江南之楮益贱"。因为李全伪造的纸币太多,而且能以假乱真,使得江南的货币大幅度贬值,严重搅乱了南宋的经济秩序。

纸币的大量印发,说明宋代的经济确实取得了前所未有的发展。不光如此,两宋还出现了繁荣的对外贸易,在广州、泉州、杭州、扬州、明州(今天的浙江宁波)和密州(今天的山东诸城县)等地,都设立了市舶司,也就是海关,专门检查进出口船舶,管理对外贸易并征收商税。北宋初年,国家从海舶抽取的税款每年高达五十万贯,后来又上升到了二百万贯。

这就是说,宋代已非常接近现代的市民社会,商品经济出现了空前的繁荣,难怪英国人汤因比表示,如果时空隧道修通,他一定要往大宋王朝走一回。经济发展,国库充盈,辽、金、西夏和蒙古等地方政权,根本无法与高度发达的宋王朝相比。

在政治上,皇帝的命令要宰相复述,军队则要服从文官政府制度的领导,这已很接近一些现代国家的君主立宪制。当时还有个名词叫"内降",也就是说皇帝的手诏必须经过宰相、吏部和其他相关部门的复述审批,才能生效。据说,北宋仁宗赵祯在位期间,后宫嫔妃已长时间没涨工资了,于是就频频向皇上打报告。可赵祯总是推脱说,没有文件依据,大臣们不会同意。嫔妃们听了都说,您这话谁信呀,皇上的话就是文件,谁敢不听?于是就喊着闹着要讨封。赵祯被吵得没法了,就命人拿来纸笔写了张条子,可当她们拿着这御批条子到皇宫财务部门时,却吃了闭门羹。嫔妃们一气之下,就把形同废纸的圣旨给撕了。"封还内降"当然是在皇上默许的情况下进行的,但也在一定程度上,保证了朝政在不受非常干扰的轨道上运行。综观大宋三百年,"封还内降"未必都执行得那么好，但是作为一种比较公正、公平的政治制度建设，在一千年前就出现了，这是十分难得的。前面说过，正是在这种自我权利约束与制度安排下，在仁宗亲政的三十年里，政治清明，经济科技文化事业也得到了快速发展。唐宋八大家中的"三苏"、欧阳修、王安石、曾巩六家都活跃在这个时代。活字印刷、火药和罗盘也都在仁宗一朝得以实际应用。这不能不说跟仁宗的自我约束和相应的制度建设密切相关。

但制度先进、经济和科技发达的大宋王朝，却为啥始终如一地受人欺负，老打败仗呢？据史料记载："北宋与契丹大小八十一战，唯张齐贤太原之战，才一胜耳。"胜率只有八十比一，而且是历经三百年，不管换了任何对手，都保持了绝对高的失败率。那记录跟眼下的中国足球队倒是可以 PK 一下。这可绝对不是买彩票手气不好，因此，探究其原因也是件挺有意思的事。

一般来说，一个政权在建政之初，总会有一个阶段，在军事上能表现出强大的战斗力来，更何况后周的军事实力本来就在五代各国之上。北宋又是从前朝和平转型而来，它的战略武库和军事家底基本都被继承了下来。更重要的是，当时后周与外敌的交战胜率，甚至高于北方的辽人，北宋统治者完全可以利用这个心理优势，来壮大自己的军威，可它为啥一下子就整到了一触即溃、屡战屡败的地步呢？想来首要原因，就是佑文制度的建立和对军人地位的严重贬损所致。

军人地位被严重贬损，军事实力自然就会被削弱。在冷兵器时代，骑兵是战场上的骄子，具有天然的优势。这主要表现在战斗的机动性和冲击力方面，而这也正是两宋军队的软肋。

要建立强大的骑兵团队，就得养马。在中国古代，能够养马的地方大致有两个，一个在西北，一个在东北。而在宋代建国时，这两片地区早已被游牧民族所占领，朝廷必须首先夺回它们才能在那里放牧养马，可没有足够的战马又不可能去占领这些地区，因此朝廷一直很纠结。比如宋代建国之初，今天的甘肃、陕西一带的天然牧场就被西夏所占领,余下的生态环境也已被严重破坏,无法放牧;在内地养马又会与农业争地;而在长江流域根本无法养出优良的军马来,所有这些因素,都无法让宋军建立起强大的骑兵团队来。所以,宋代的军队只擅守城,而不擅野战,这样,繁华的都市和先进的工场作坊反成了大宋军队的战争负担,一打起仗来自然就舍不得打破坛坛罐罐,这也就成了宋军长期打败仗的重要原因。

说到北宋商税的连年增多,它既反映了商业的发展,也说明宋王朝的行政支出有多么庞大。前面我们说过,高薪没有养廉、高行政支出也没有保证政治稳定和国家安全。宋太祖赵匡胤在"陈桥兵变"统一全国的战争中,打南方时可以说是摧枯拉朽,但对北方用兵却总是一吃饭就硌牙。宋太宗兄终弟及当上皇帝后,曾两次发动讨伐辽国的战争,想收复前朝失去的燕云十六州,但都以失败告终。到了宋景德元年也就是公元 1004 年,辽国大举南侵,宋真宗一见这阵势,立刻就想临阵脱逃,但在寇准的坚持下,硬着头皮到前线督师,宋军将士因此士气大振,一举取得了胜利。但仗虽然打胜了,可宋真宗还是派人跟契丹订立了《澶渊之盟》,依旧每年向辽国输送大量的银两绢帛。这不是白菜帮子裹脚——沆(冤)出水来了吗?

打了胜仗还要给人家服软上贡,这让国家的上上下下都很失望。为了平息众怒,于是宋真宗就说,自个儿最近做了一个梦,梦见有一神人给他降了一道天书,上面写着"赵受命,兴于宋,付于恒。居其器,守于正。世七百,九九定"。以后,宋真宗又接连做了两天的梦,并把这梦做成了一部梦幻式电视连续剧。

为了强化这部梦幻式电视连续剧的真实性,宋真宗还特意率领群臣到神人降临的地方祭拜了一番,并布告天下,还将此事大大渲染了一番。目的就是让百姓知道,虽说大宋打了胜仗还赔了人家不少东西,可吃亏是福,知足常乐,天神永远保佑着赵宋的江山,保佑着我赵恒!任何对朝廷对外政策的不满情绪,都是有违神意的,都是要遭天谴的。话都说到这了，朝野各界也就都噤声了。这也算是中国皇上以梦治国的典型案例了！

不过令赵恒没有想到的是，后代人给他打了胜仗还割地赔款找到了更高的理论根据。有人甚至算了一笔账，《澶渊之盟》后，北宋每年给契丹人上贡的"岁币"，平均每人不过分摊四个铜板，等于一个烧饼钱。试想一下，每人每年少吃一个烧饼，就可以天下太平，这是多好的买卖！赵恒同志若是九泉有知，一定会承认这种"以烧饼换和平"的理论，比他"以梦治国"的方法高明多了。这类文人，要是他活着，不给个宰相或国师干干，太对不起人家了！

其实无论是老祖宗的"以梦治国"，还是"以烧饼换和平"的理论，都救不了日益衰败的大宋王朝。到了北宋末期，国家的吏治可以说腐败到了极点。宋徽宗锦衣玉食，赋诗作画，根本没把国家放在心上，他重用蔡京等"六贼"，就是为了享受经济高度发展带来的幸福生活。可人家蔡京拜相以后也不甘落后，很快就把他的十个儿孙都鼓捣成了高官。他明白，只有这样才会让孩子们过上衣食无忧的好日子。蔡京的党羽也无不如此，以致十几岁的孩子都利用"任子法"，挤占了吃皇粮的名额。不光如此，蔡京、童贯等人还把自家门口办成了出卖官爵的人才市场，您说这样的国家还能有好吗？

宋徽宗本人为了修建御花园，搜求奇花异石，大兴花石纲，耗费的资财可以说是无法胜计。有了这么高档的御花园，有了三宫六院七十二嫔妃，他不好好在宫里待着，还经常出入黄色娱乐场所去做玫瑰梦，李师师就是他包养的小姐之一。作为一国之君，他还不务正业搞绘画玩色彩，做起了艺术家之梦。看到国家危难，他又主动"让贤"把皇位禅让给了儿子，这叫一个高风亮节！

他儿子宋钦宗继位后也一样地苟且偷安，一味地对金妥协，一再地排斥、罢免抗金将领。在这个腐败政府的统治下，北宋军队在金军的进攻面前节节败退，到1126年，金军终于攻占了首都开封。北宋初

年,不是有个"都言皇帝少,皇帝论担挑"的童谣吗?到北宋末年,俩皇帝也同样让人家用一条扁担挑走了,不过这回不是让温柔的赵大妈挑走的,而是让强悍的金兵挑走的。北宋灭亡了,一百年前,赵太祖以军事家的身份欺负南唐的文学家李煜;一百年后,北宋政权也偏偏让自己的文学家子孙给毁了。说起来,这也算是轮回报应吧。

宋高宗赵构建立的南宋王朝,更是一个胎里带的腐朽王朝。赵构和秦桧一伙,杀害了著名爱国将领岳飞,学他老祖宗用屈辱的条件换取了《绍兴和议》。南宋的统治区域比北宋大为缩小,但其军费和行政费用都比前朝要高。高宗在杭州大兴土木,仅御花园就有四十多处;宋中宗时右丞相陈自强公开索取贿赂,地方官员送公文时,封面上一律写明"某物若干并献",否则送来的公文连拆也不拆,就给你扔纸篓里了。后来在蒙古人的攻击下,南宋最后一个小皇帝也跳了海,原来南宋统治区的人民,也就成了四等臣民。看来对于一个民族来说,经济技术是否先进固然很重要,但官员是否廉洁、民心是否振奋,同样也很重要。

鉴于唐末五代武夫专权,战乱不止,给社会造成了空前灾难,宋代从开国初,就制定了重文轻武的国策,历代皇帝始终如一执行的也是"佑文"的政策。啥叫"佑文"呢?用现在的话说,就是大力支持文教事业。前面咱多次说过了,宋代给予文人的政治、经济待遇之优厚,是历代封建王朝所没有的。这是因为赵家老祖玩的不是"枪杆子里面出政权",他家的政权是靠不流血政变取得的,所以立朝之后对读书人还是比较温和、比较宽容的。赵匡胤在太庙里立的"誓碑"中第一条,就是"不得杀士大夫及上书言事人",所以连著名学者钱穆先生都印证说:"宋朝优礼士大夫,极少贬斥,诛戮更属绝无。"

这种国策积极的一面是造成了文化事业的繁荣;消极的一面就是军事上的极度集权,造成国家长期的严重外患。这具体表现为:中央政府的枢密院有发兵权,平常却不掌握军队,殿前都指挥使和步军指挥使及马军指挥使掌握着军队却没有发兵权,只有到了战时,才能靠开会做到两权合一,偏偏宋代的高级军事将领均由文人担任,打起仗来决策效率很低。正如宋代大儒朱熹朱老先生所说:"本朝鉴五代藩镇之弊,遂尽夺藩镇之权,兵也收了,财也收了,赏罚刑政一切收了,州郡遂日就困弱。靖康之祸,虏骑所过,莫不溃散。"

宋代还制定并实施了"更戍法",让京师驻兵轮番到各地戍守,使得"兵无常帅,帅无常师""将不知兵,兵不知将"。而且还采取"强干弱枝"的策略,造成拱卫京城的军队兵多将广,边境前线反而竟是些老弱残兵。说起来,宋太祖赵匡胤也是吸取前朝的历史教训。想当初安禄山造反时,当时的唐代已经历了一百多年的太平盛世,当时朝廷制定的维稳策略就是"重外而轻内"。啥叫"重外而轻内"? 也就是国家在边镇驻防着精兵猛将,而守卫内地城郭的却都是些老弱残兵。为啥呢? 道理很简单,太平盛世,歌舞升平,吃喝嫖赌,城里顶大是有人赌钱闹事不还钱、争风吃醋动刀子,用俩老弱残兵出来弹压弹压就足够了。可等到"安史之乱"爆发时,叛军头子安禄山只用了三十四天就从范阳打到了东都洛阳,而唐代的守城武将则非降即逃。您知道,东都洛阳距都城长安已经不远了,所以当时急得唐玄宗大声呼喊:"河北二十四郡,岂无一忠臣乎!"

他老人家也不明白,您让守城武将带的都是老弱残兵,有忠臣也不能给人家当箭靶子用呀。所以人家赵匡胤就吸取了唐玄宗的教训,他不是"重外而轻内"吗? 我就反其道而用之,给他来个"强干弱枝",重内轻外。就这样皇上还不放心,每次边境有战事,必派宫里的宦官作为监军,并由此形成了一种制度。您问了,监军是干什么用的?就是监督前方将帅是否按照皇帝的意图来打仗的! 那么皇帝的作战意图又怎么体现呢? 就是在每次开仗前,皇帝亲自制定作战的阵图,然后让前方将帅按照阵图去打仗。所谓阵图,就是在部署战役方案时,在兵书中或是地图上用一定的符号标示出来。不用说,阵图对总结战争经验、指导战役还是有益的,但是如果不根据战场上的实际、不了解瞬息万变的敌情,由远在千里之外的皇帝来遥控具体战役走向,而且还强令前方将帅不许有些许的更改，那就光等着挨打了。

道理很简单，你皇帝再英明，再明察秋毫，提前制定的阵图也很难符合战场千变万化的情况，结果只会束缚前方将帅的手脚，让敌兵撒着欢儿地打你，这样一来前方将帅想不打败仗都不行了。

最绝妙的是，宋代规定前方将帅如果按阵图打仗，即使打败了，责任也不大；可如果不按阵图打仗战败了，主将就非掉脑袋不可。有时，即使侥幸打胜了，也得向皇帝请罪，若赶上他老人家高兴，兴许还能原谅你，若是不高兴就会治你的罪。宋真宗时，大将王显奉命驰援边境守军，到了地方，他开始按照阵图布阵，遗憾的是，辽军并没按大宋皇帝的安排调兵遣将。没办法，王显被迫迎敌。偏偏那次老天帮忙，连续多天下起了大雨，因为辽军的弓用的是兽皮弦，被雨淋后就没法使用了。王显一见，机不可失失不再来，立刻大举进攻，马上获得了全胜。

按说仗打胜了，王显得算计着回去论功领赏、升官发财，可此时他心里却犯起了嘀咕：私改阵图打了胜仗证明你是对的，皇上是错的，这不是自找倒霉吗？于是王显就来了个先发制人，以违背诏命、擅改阵图为名自请处分。没想到，皇上却因为这场来之不易的胜仗很高兴。他想，真是人不帮忙天帮忙啊！自己是真龙天子可不能逆天而行，得干点儿实事，干点儿真事，于是就决定对王显免予刑事拘留，并予以适当奖励。

宋代在政治和军事上绝对集权和故意打压军人的严重后果，就是把王朝先进的经济发展成果，大部分用来支付落后民族的战争赔款了。百姓不但享受不到经济发展带来的好处，税负和劳役反而更加重了。这难道是历史老人在跟优越感很强的中原人开玩笑吗？一个不应回避的事实是：由于两宋始终处于四周少数民族的打击之下，所以如果按照大汉和盛唐的标准，它根本没有实现国家的真正统一。这就是历史，不容回避。

上面所说的这些，正是作为政治、经济、文化强国的大宋王朝长期被动挨打的真正原因。

第七回 「弱宋」幻化出杨家将

第七回 "弱宋"幻化出杨家将

宋代虽经济发达，但却被后世史学家称为"弱宋"。您要问这个"弱宋"怎么弱法，记得咱在前面说过，宋军与契丹的战争，胜率只有八十比一；与金人的对抗就更寒碜，让人家一下子捉走了俩皇帝；到蒙古人这就更甭说了，江山让人家的铁骑踢腾得粉碎不说，最后一个皇帝还被逼得跳了海。这样，杨继业、杨延昭、佘太君、穆桂英等亦真亦幻的英雄人物就开始登场了，但这恰好从反面说明大宋王朝之弱——毫无保留地开发老杨家的人力资源，男丁统统战死了，就让十二寡妇征西；实在没人了就让百岁太君挂帅。您说这老赵家用人是不是也太狠了点儿？当然这不是真正的历史，只是百姓的一种期盼，盼着官军能像传说中的杨家将那样有点血性，去战场上厮杀，别光耗子扛枪——窝里斗。

据考证，杨家将的故事流传至今已有千年。据欧阳修在书中记载，杨继业及其亲属抗敌的故事，在他们死后不久就开始在民间传播了，"至于里儿野竖，皆能道之"。

历史上的杨家将，主要是指杨继业、杨延昭、杨文广三代。杨继业是山西神木人，也有人说是山西太原或保德县人。我们刚才说了，最早提到杨家将的是北宋文学家欧阳修，他与杨家同朝为官而且交情不错。在皇祐三年也就是公元1051年，欧阳修为朋友杨畋的父亲杨琪写过《供备副使杨君墓志铭》，其中说道：杨琪的伯祖，名为继业；继业之子，名为延昭；继业父子都是智勇双全的名将，号称"无敌"。与其他资料对证一下可以看出，欧阳修笔下的这位杨继业，就是《宋史》中所说的杨业。此外大文学家苏轼也曾写过一篇叫《杨乐道哀辞》的文

章，说的也是杨业后人杨畋的事迹。欧阳修和苏轼是当时的主流作家，专搞严肃文学，从来不在二流小报上发表花边儿新闻，所以他们的记载是可信的。

杨业原是北方割据势力——北汉的大将。他在北汉供职二十九年，一直升到节度使。赵匡胤驾崩后，宋太宗曾多次派兵北伐。公元979年初，宋太宗再次带兵攻打太原，北汉军队弹尽粮绝后援不继，北汉皇帝无奈投降了宋朝，但忠臣杨业仍"据城苦战"。宋太宗频频招降，"业乃北面再拜恸哭，释甲来见"。敢情赫赫有名的杨业对大宋王朝来说属于起义投诚人员，只能限制使用。这正是日后他兵陷陈家谷，援兵久久不至，最后无奈自杀的重要原因。

话说，杨业降宋后，宋太宗任命他为代州刺史，驻守在雁门关一带，与强敌辽军抗衡了八年。曾因大败辽军而升任观察使。986年，宋太宗大举伐辽，杨业作为其中的一路兵马战败被俘，拒不降辽，绝食三日而死。

杨业共有七个儿子，名字分别是延朗、延玉、延浦、延训、延环、延贵、延彬。杨延昭又叫杨延朗，除他之外，其他六子史书上并不见多少记载。不同史书中记载的杨业的儿子，名字甚至数量都不一致，但有一点可以肯定，杨业之子中真正战死的只有延玉一个，其他的都得以善终。既然杨家的老爷们儿大多健在，打仗时当然也就没有麻烦杨门女将。

杨延昭是杨业七子中最著名的一个，他是著名的抗辽名将。有关杨家将的小说、戏曲，甚至一些史书，说他在兄弟中排行"老四""老五""老六"的都有，当然记载最多的还是"六郎"。其实把杨延昭叫"六郎"还是出口转内销的——它是辽人送给杨延昭的外号。有关这一点，《宋史》《续资治通鉴》《东都事略》都有记载："契丹惮（旦）之，目为六郎""敌惮之，目曰六郎""虏畏之，呼为六郎"。这意思就是说，杨延昭英勇善战，屡败强敌，契丹人对他又怕又敬，所以才称之为"六郎"。

那么"六郎"这个词,为什么能表示出敬畏之意呢？史学家认为:契丹是把杨延昭比为天上北斗第六星与南斗六星了。按《大象列星图》上的解释:"南斗六星主兵机,北斗六星主燕地。"燕地就是今天的河北省一带,当时大部分属契丹。所谓"主兵机",就是军事统帅之像。杨延朗负责北宋的北部边境,镇守三关。所谓"三关"也就是河北北部的益津关、瓦桥关、高阳关。杨延朗与辽军打了几十年仗,立下了许多战功,于是契丹人便把杨延昭也就是杨延朗"喻以为震慑本国的大星"。这也就是"主燕地"。常征先生在《杨家将史事考》一书中说,"时间即久,辗转相传,杨延朗的朗就渐渐演化为郎——杨延朗和杨六星便复合而成杨六郎"了。可见,"六郎"并非兄弟大排行中"老六",实际上延昭在杨业七子中行大,是杨大郎。

杨延昭有仨儿子,杨文广是老三,知名度较大。看过小说《万花楼》的大概都记得,杨文广曾跟随大将狄青南征,后来又驻守在陕西与西夏军对阵,也曾与契丹人交战。杨业、杨延昭和杨文广三个人应该说是杨家将中最真实的人物。

我们刚才说过,北宋的欧阳修最早记载了杨家将事迹。到了南宋,已有说书人在勾栏、瓦舍里讲述他们的故事了,同时还出现了一些话本,现在还留下了《杨令公》《五郎为僧》两个话本存目。到了金代,杨家将的故事又被搬上了舞台;发展到元代,完整保留至今的《孟良盗骨》《五郎为僧》等有关杨家将的杂剧共五个,基本上是依据传说和话本编演的。到了明万历年间,又出现了长篇小说《北宋志传》和《杨家府世代忠勇演义志传》(又叫《杨家将通俗演义》)。也就到这时候,杨家将故事才在几百年的传播过程中基本成型,包括杨业、佘太君、杨六郎、杨文广、穆桂英在内的人物悉数登场。

清代的许多杨家戏,例如二十四场特大型连本戏《昭代萧韵》及《铁骑阵》《雁门关》等,大多是根据小说改编而来。因此可以说,有关杨家将的小说与戏曲,算不上是纪实文学。如果说《三国演义》是"七

实三虚"的话，有关杨家将的戏曲、小说，连这个标准也达不到。大家所熟悉的佘太君、穆桂英、杨排风、八姐、九妹以及孟良、焦赞等，正史中基本无记载，但却不能一概说历史上没有其人。

如果仅从戏剧效果而言，杨家将故事中最讨人喜欢的角色，不是男丁，而是女将。她们形象俊美，贤惠善良，下得了厨房，上得了厅堂，关键时刻还上得了战场，是难得的复合型人才。可见民间文学的想象力完全可以压倒历史。

实际上在《宋史·杨业传》里，只收录了杨业和七个儿子及其孙杨文广一人的事迹，并无一个字提到杨门女将。如果这些巾帼英雄果真的有生活原型的话，那么《宋史》专收"义妇节妇"事迹的《列女传》里，也应该有所记载。可《宋史·列女传》里，共收录了近四十位壮怀激烈的"奇女子"，却没有一个出自被炒得火热的天波杨府。

这其中首席形象代言人，就是杨家老祖母佘太君。她最早出场是在元杂剧中，一开始就是个艺术形象而非历史人物。清以前的史料从未提及佘太君，其为杨业妻的说法亦不见于宋元正史、笔记及地方志中，明代成化时期的《山西通志》只记载了杨家三代，也没有佘太君之名。但若据此说佘太君是完全虚构的，很多人感情上接受不了，也不符合真实历史。杨业一定是有妻子的，被尊称为"太君"也是够级别的。到了清代，地方志开始出现有关佘太君的记载，由于这其中留存的历史空间太大，想象的空间也太大。

据记载，杨业转战晋西北，在离石、临县一带驻屯时，迎娶了府州折德扆的女儿佘赛花。折家自唐至五代再到北宋，一直是陕西府谷地区的豪族。佘赛花的曾祖父曾任唐代麟州（今陕西神木）刺史，隶属于李克用。祖父折从远，公元730年被后唐明宗授为府州团练使。据清代兵部尚书毕沅《关中金石记·折克行碑》中记载："折恭武公克行神道碑……在府谷县孤山堡南，叙折太君事。世以此碑为折太君碑。考折太君，杨业妻，折德扆女也，墓在保德州南折窝村。"毕沅不仅是个官,还是历史学家,《续资治通鉴》的主编。他曾多年官任陕西巡抚,所以对陕西、山西一带的地理、人文掌故还是较为了解的,他对折太君的考证可能还是有些根据的。

《宋会要辑稿》记述了另一个折太君,她是丰州刺史王承美的夫人。折夫人以谋略胆识辅助承美屡立战功。这个折太君与杨业、杨延昭为同时代人。折氏夫妇守边四十多年,契丹闻之胆寒。这个折太君抗辽、上状、进宫等活动与戏曲小说中的佘太君故事很有相似之处,其子文玉、怀玉跟杨家儿郎的名字也类似。因此,戏曲小说里的佘太君,也可能是从王刺史之妻移花接木而来。

在戏曲、小说中,折太君,骨折的折被读成了赊的音,估计是后来说书人以讹传讹,用了同音字所致;但也有人说,将"折"改为同音的"佘"是为了图吉利,因为老杨家男女为大宋征战"折"得太多了。佘太君作为杨家老祖,肯定非常珍惜自家的人力资源,也肯定为杨家征战出了不少好主意,但小说、戏剧中描写她百岁挂帅的情节,却纯属民间文学虚构。您想,大宋代再没人,也不会让一个离休五十年的老人上前线。

至于杨宗保和穆桂英,在史书中也不见记载。小说中说穆桂英是杨文广之妻,戏曲中又说她是杨宗保之妻、杨文广的妈,辈分上先乱了。

说起来,《辕门斩子》的故事是《杨家将》戏曲中最为精彩的情节,戏剧冲突非常激烈也很好看,但戏中的主人公穆桂英和杨宗保却真的对不上号。说起来,历史上并没有杨宗保其人,那个杨六郎的英雄儿子其实叫杨文广。

杨文广,字仲容,是杨延昭也就是杨六郎的第三个儿子,父子的年龄相差有四五十岁。文广不光与父亲年龄相差较大,在军中建立功名的时间也较晚,所以父亲健在时他的知名度不够高,这也就难免让人们引起辈分上的误会,后来的说书人也就想当然地在这爷俩之间

安插了一辈人。

据《宋史》中记载：杨文广"以班行讨贼张海有功，授殿直"，看过小说《万花楼》的大概都记得，里面记叙了杨文广跟随大将狄青南征，剿灭了广西侬智高起义的故事。杨文广也曾与契丹人交过手，后来又驻守在陕西与西夏人对阵。

据《宋史·杨文广传》中记载：庆历四年，范仲淹宣抚陕西"与（杨文广）语奇之，置麾下"。范仲淹开创的庆历新政，主要反对的就是恩荫滥赏制度，所以杨文广得到老范的赏识，不是因为他是名门之后，而是因为他自己杰出的军事才能。不过此时的杨文广已年届半百，完全不是戏台上英俊小生的形象了，当然也没上演过阵前招亲的喜剧。

杨文广真正作为统帅之才，是在他临近古稀之年之时。当时他被任命为"秦风路副都总管"，率兵镇守陕西边防。有一次，西夏军队南下攻打北宋的秦州（今甘肃天水），杨文广接报后，立即带兵急行军至筚篥城（今天水西北的甘谷县），积极构筑工事，严阵以待敌军来犯。等到西夏军队远途奔袭之时，面对森严壁垒的宋军营垒久攻不下，因为粮草不继只得大举撤退。杨文广见西夏军突然撤退，马上派兵追杀，一举消灭西夏兵勇近千人。宋神宗闻报，真是久旱逢甘雨呀——大宋王朝自建立以来，对北边的强敌，很少打过这样痛快的大胜仗。于是，就下诏褒赏其功，并赏赐杨文广玉带宝马。从此以后，文广的官运就是想挡也挡不住了，到七十五岁病死军中时，他已是仅次于两府的军事长官了。您要问杨文广的军职到底有多高？说白了，等于眼下的国防部副部长吧。他在军中的地位影响已远远超过了他的祖父杨业和父亲杨延昭了。那么，阵前曾招收过土匪女强人的事儿，就是有也不能再提了，老提这个影响进步呀，在这种事上可不能瞎找乐！

说起穆桂英，她虽是个文学化人物，可也不完全子虚乌有。欧阳修在《供备副使杨君墓志铭》中说道：杨琪初娶慕容氏。杨琪和杨文广是堂兄弟，杨琪能娶慕容氏女，杨文广自然也能。慕容氏是鲜卑族的大姓，杨家老祖佘太君就有鲜卑血统，当时汉族与北方少数民族通婚的也不少，所以长期居住在山西一带的杨家兄弟娶俩鲜卑女是完全可能的。故此，有人考证穆桂英即慕容氏，穆桂英的穆和慕容氏的慕两个字音同，慕容两字快读时也可以读成"穆"，而且在《杨家将通俗演义》书中穆桂英还被写成"木桂英"，很具有少数民族姓氏特征。

京剧《穆柯寨》中的穆桂英是穆洪举穆天王之女，穆天王是处于宋、辽争斗夹缝中，以武力自保的少数民族头领。他既不臣服于辽，也不臣服于宋，而是两头通吃，只是在穆桂英与杨宗保成亲后才倒向大宋，帮助北宋大破了辽国的天门阵。如果我们以当时北方鲜卑族人之女慕容氏来解释穆桂英的话，那么这支居住在北方非辽非汉的鲜卑族群，出个善骑射、有胆略的女子是完全可能的。只是这样的女子，很难达到既婀娜多姿又能征惯战的戏剧美人标准，打仗既然勇敢，娶回家对您实行家暴也是完全可能的！

关于穆桂英的民族和出生地还有多种说法：有人说，穆桂英的出生地在山西保德县的穆塔村；也有人说，她的出生地是在河北易县的穆柯砦；另外在北京的顺义、密云也有穆柯砦。还有人说，在贵州遵义有个穆家川，穆桂英可能是仫佬族人；甚至还有人说，穆桂英属云南丽江木族，木族酋长自称木天王，酋长居住的寨子名字就叫穆柯寨。可见穆桂英已不仅是汉族百姓心目中的女中豪杰，还成了中国各族百姓共同敬仰的巾帼英雄。

在有关杨家将的小说、戏曲中，还有两个几乎一生下来就为杨家帮忙，而且绝对不收劳务费的人，一个是八贤王赵德芳，一个是宰相寇准。每当杨家碰到过不去的坎儿了，这两人肯定会准时出现，而且出现了就会逢凶化吉、遇难呈祥，谁让老杨家请的这俩保镖血统高贵，行政级别高呢。套用现在一句流行的广告词儿：这药，管用！

赵德芳和寇准为了救老杨家，有时甚至不惜违犯法律，法外开恩。比如京剧《辕门斩子》里说杨宗保在阵前招亲，严重违反军纪，虽

然规定违律者斩,可是八贤王赵德芳还是极力为小杨开脱。他还积极帮助老杨家把坏事变成好事,不但留下了大孙子,还带回来个能文能武的漂亮孙媳妇。一句话,只要杨家有需要,一个王爷八千岁、一个当朝的宰相,都会二话不说,积极地来为老杨家保驾护航,您瞧这面子有多足。

其实,"八千岁"的事迹在正史中并无记载,"八千岁"应该是太祖之子赵德昭、太宗之子赵恒、真宗之弟赵元俨三结合的人物,是对"兄终弟及"、皇位继承错乱的一种文学美化。其实,史书中并无一个连万岁爷都敢管的"八千岁",小说、戏剧中这样写,可以找到很大的市场卖点,但历史上却根本不是那么回事。"八千岁"是后代老百姓为老杨家请来的超级保护神,以便在老杨家受到冤屈时,有人出来替他们挡横儿,那意思就好像眼下老百姓常挂在嘴边的一句话:有困难找民警!

说起来,寇准在历史上虽然确有其人,他在治理国家上业绩也不错,但精明的寇准对潘、杨之间的矛盾并没有介入多少,因此小说、戏曲中,提到的寇准积极保护老杨家、专门打击老潘家的故事情节,几乎完全是虚构的。

大家可能都知道,在有关杨家将的小说、戏曲里,有一个专门跟老杨家作对的大奸臣潘美,对了,小说、戏曲里叫他潘仁美。说起来这可是一个大冤案。本来,从南宋到北宋,对潘美功过的评价还是比较实事求是的,只是到了元代之后,经过民间文学家的大忽悠,潘美才逐渐被塑造成了专门跟老杨家作对的反面典型,还命人射杀了杨七郎。在小说、戏曲里,潘美似乎无才无德无战功,只是靠美人计,才当上了大宋国丈,成为朝廷重臣。可当上朝廷重臣的潘美,偏偏专门爱跟辽人勾结,出卖他女婿的江山,陷害杨家的一门忠烈。如果他不是契丹人早年派过来的潜伏特务的话,真不明白,潘美这样做,图的是嘛?难道他把卖国当成自个儿的专业了?

其实历史上的潘美,无论是在结束五代十国的分裂局面、统一天下的征战中，还是在抗击契丹入侵的战斗中，都做出了比杨业更大的贡献。咱们上次说过，潘美是咱们天津蓟县人，老话说"燕赵多慷慨悲歌之士"，所以早在五代十国的战乱年代，少年潘美就胸怀大志，一心想"立功名，取富贵"，不愿默默无闻地"与万物共尽"。公元954年在周世宗柴荣与契丹军队的战斗中，年轻的潘美曾率领精兵成功地狙击了敌人进攻，使辽军无法援汉，为打败北汉立下了汗马功劳。

赵匡胤建立大宋王朝以后，潘美顺应天下思定的大势，在朝内说服后周旧臣归顺大赵，在朝外则勇敢地平定割据势力的叛乱，可以说为当时国家的安定团结立下了绝世之功。这么说吧，连老赵家改朝换代的文件，都是人家潘美晓谕天下，向各界人士传达的。后来潘美又在灭南汉、取南唐，统一全国和数十年的抗辽斗争中，立下了累累战功，成为大宋王朝的开国元勋。尤其是他指挥的巧渡长江、攻取南唐的战役，堪称渡水攻城的范例，成为后代军事家教科书中的经典。

至于说到潘美靠美人计当上皇帝老丈人，专权害人，更是小说家的诬蔑不实之词，应予彻底平反，恢复政治名誉。实际上潘美只是太宗的亲家，他的女儿嫁给了太子不假，可到死他也没被升格为国丈。因为女婿还没当上皇帝，潘家的八女儿就死了，最后连跟真宗一块儿进入太庙的资格都没得到。因为潘氏女上岗证上写的是太子妃而不是皇后，所以潘美就是想让女儿吹吹枕边风、让龙头转向，风力也远远达不到皇上那儿！

潘美之所以被戏剧、小说写成白脸大奸臣，倒确是因为杨业之死造成的。就这件事而言，潘美也确实有一定的责任，但领导责任却该由监军王侁和刘文裕来负。在北宋初年的雍熙北伐中，宋与辽在山西北部对阵，杨业主张坚守雁门关，"用时间换空间，积小胜为大胜"。可皇上派来的监军王侁、刘文裕却主张主动迎击敌人。这时，久经战阵且在官场混了多年的潘美，却打起了小算盘，瞻前顾后就是不发表自己的意见。结果杨业在对宋军严重不利的形势下，被王侁和刘文裕逼

迫出战，并让潘美在陈家谷口（今陕西朔县南）设伏，等待杨业将敌诱出山谷时，予以合击。工于心计的潘美，虽然知道王侁、刘文裕他们根本不懂军事，但就是不发表自己的意见，只是按照他们带来的阵图行事，因为他们是代表皇上而来的，自己犯不上跟皇上抬杠。更何况老杨业还是起义投诚人员，限制使用，跟他在一块自己早晚也会被审查，挂起来留待运动后期处理。

话说，潘美按照王侁、刘文裕的部署，带领伏兵在谷口等了三个时辰，仍然不见杨家军的踪影。王侁以为杨家军进展顺利，为了争功，他立马命令潘美撤去伏兵，致使杨业在陈家谷因无后援接应而大败，被俘后的杨业坚贞不屈，绝食而身亡。

潘美未能抵制王侁的决定，完全是出于自保，而作为一军之统帅，没有主动出兵救援，确实难逃重责。但是话说回来，潘美虽是当时北伐军的统帅，但王侁和刘文裕作为监军，有直接向皇帝报告的特权，因此军事上他没有最后拍板儿的权力，所以主要领导责任不能让他来承担。另外，潘、杨两家根本不像小说、戏曲中说的有世仇，而是一向合作得很好，潘美根本没有理由去陷害杨业。至于说到他跟契丹勾结，主动卖国求荣，故意陷杨业于死地，实在于史无据。作为北宋的重臣名将，他的一家老小、祖宗坟地都在祖国，他这样做图啥呀？

我们上次说过，每次前方开战，皇帝不但派监军，还亲自下阵图遥控前方战事。这是因为，宋代皇帝对前方的将帅非常不放心，尤其是对杨业这样的起义投诚人员戒心更大。杨业主张坚守，更违背了皇帝的意图，加大了皇帝的猜疑，所以说杨业之死可能蕴藏着更大的阴谋。这样的阴谋设计只能口授给王侁、刘文裕这样的监军，而不大可能告诉前线将领潘美，因为潘美也是皇帝的内控对象，不可能跟他交这样的心。

实际情况也确实如此，雍熙北伐功败垂成，潘美并没有收获任何好处，而是为自己的错误付出了巨大代价——被愤怒的太宗皇帝降官三级,先任真定府知府,后任太原府知府,脱离了抗敌前线,而监军王侁则受到了更重的处罚:"除名,隶金州。"这也从正面说明对杨业之死负有主要责任的是王侁。

潘美一生的英名,晚年因自己患得患失、优柔寡断、误伤战友、贻误了北伐大计而蒙羞。北伐战败归来,他心中抑郁,一年以后就病死在太原任上,而不是像小说、戏曲所说的那样,死在开封府尹寇准刀下。因为据《宋史·太宗纪》中记载,潘美死于公元991年,寇准任开封府尹是在十一年以后,处事公道、精明强干的寇准难道会掘开坟墓,斩杀潘美尸体吗?这也从一个角度说明,潘美不是一个很坏的人,他起码会因做错了事而自责,并抑郁而亡。不像有些人无论干多少坏事、整死多少人也不受良心谴责,永远能找到为自己开脱的理由,他们真称得上是特殊材料制成的人。

最离奇的是,潘美死后,民间文学居然在京城开封,臆造出了潘、杨二湖,一清一浊,泾渭分明。在有些地方,甚至不许潘、杨两家的后代结亲,这一族规不知破坏了多少年轻人的幸福。都说野史杀人,敢情这民间文学、道听途说,不但可以杀人,甚至还能阻止人类的繁衍和发展!

杨家将的悲剧命运,折射出的是北宋政治、军事的衰落。人们可以因一个人的牺牲,树立一个英雄典型;或因一次战役指挥失误,塑造一个超级坏蛋,但大宋王朝被动挨打的局面是政治、军事、文化多重因素造成的,杨业和潘美不过是一对命运近似的悲剧英雄罢了。

话说回来,老杨家干的事也并不是件件光明磊落,他们的后代也干过如"我爸是李刚"的坏事儿。比如周密在《齐东野语·向氏粥》中就记载了这样一件事儿:说是宋高宗时,长期掌握兵权的杨存中在闺女生子之后,一次性"拨吴门良田千亩以为粥米"。啥意思?就是说,为了给刚出生的外孙提供生活保障,一回就强占了百姓千亩良田,以致引起公愤。说起来,杨存中这个人,在历史上的官声还是不错的,起码在

积极抗击金兵这件事儿上，跟他的先祖杨业还是保持一致的。可强占民田这事儿，却怎么说也不地道。

当时杨家的家庭教师，名叫王禅，是绍兴九年的进士。王老师仗着自己曾是大将军刘光世的得意门生，所以就犯了回愣，他听说东家为了解决尚在襁褓中的外孙吃饭问题，竟然"私拨民田"实行强迁，致使吴门多个村寨的老百姓失去了土地，所以非常气愤，于是就给杨存中写了一封信。

他在信中严肃地指出：都说你们老杨家世代忠烈，是百姓利益的忠实捍卫者，所以您应成为各级官吏的好榜样，并给您的宗族子弟带出个好风气。作为官二代要想将来平安无事，做父母的更应多做为国为民的"功德事"。可您现在却强霸民田，实行强迁，简直太不靠谱了。您现在有权有势别人不敢惹您，等有一天您离休没权了，不怕有人检举揭发您吗？不怕有人跟您秋后算账吗？到时候，不仅您身后会留骂名，您的子孙后代也离倒霉不远了。我这话，可能有点儿直，可是良药苦口利于病，请您三思！杨存中读完这封信，没喝姜糖水却惊出了一身冷汗，马上派人退还了老百姓的土地，社会和谐因此得到了有效落实。

第八回　陈世美被抓了『反面典型』

第八回　陈世美被抓了"反面典型"

　　说起陈世美和秦香莲的故事，就不能不从科举制度说起。

　　说起来，中国的封建社会大体经历了察举制、九品中正制和科举制三种选官制度。察举制也叫荐举制，顾名思义，就是按照朝廷的旨意由地方官发现和推荐人才，如汉代的推举孝廉为官等等。九品中正制就是由皇上委派的中正官按照九个品级来取士选官，中正官当然只会在达官显贵的小圈子里考察干部，在至爱亲朋里发现人才，当时社会就出现了"上品无寒门，下品无士族"的现象。但凡明白点儿的皇帝都知道，这样做虽然肥水没流外人田，中正官的出差费用也省了，可由于近亲繁殖，朝廷官员的水平却越来越低了。朝廷里，官府中汇集了一大批纨绔子弟，不给您砸锅就够幸运的了，还想依靠他们为民办事呀。可朝廷里、衙门中，总得找点儿干实事的人来维持正常的工作运转呀，这样，一种新的选官制度——科举制就应运而生了。

　　科举制始于隋文帝开皇七年。原来，隋朝初建时，实行的也是"九品中正制"，可是精明而务实的隋文帝发现，这种选官制度，只能让达官显贵们的子女得到实惠，平民子弟根本得不到升迁的机会，朝廷和各级政府也无法得到真正的人才，于是他便果断地决定停止"九品中正制"的官制，并创造了一种科举考试选才制度。

　　隋亡唐兴，原来的士族高官阶层自然不会轻易放弃自己的特权，于是"九品中正制"又得以死灰复燃。李世民即位以后，同样发现这种选官制度不利于维护中央政府的权威和政令的实行，于是就决定逐步废除九品中正制，进一步完善始于前朝的科举制。

　　这样科举制作为一种较为公正公开公平的选官制度就以更加成

熟的状态出现了。科举制从隋唐开始,到清光绪三十一年终结,前后经历了一千三百多年,其中的优劣自有后人评说。顺便说一句,科举制属于考试制度,而这种考试制度就是中国人发明的,英国人到了19世纪前后才开始学会考试,不知道有没有人为科举制申请吉尼斯纪录,要是没有,诸君可得快点儿抢注,晚了,商机可就丢了。

说起来,宋代的"佑文"制度,更进一步推动了隋唐以来科举制度的完善,而且不但制度完善,一些具体办法也更加完备了。因为,在此之前的唐代就开始建立了"糊名考校""别加誊录"等制度。啥叫"糊名考校"? 就是密封,说起来它的发明权,还应该归人家女皇武则天。不过到了宋仁宗时期,逐渐完成了这方面的制度建设。

"糊名考校",具体地说就是把考卷上的名字封起来不让考官看见,省得考官看见了熟人名字特意照顾加分或是专门盯人减分。那么啥又叫"别加誊录"呢? 就是把考生写过的卷子找文书再誊写一份,让你连字体都认不出来,彻底断了考官优亲厚友多加分的念头。您注意没有,这和今天高考、中考的阅卷密封制度已经很相似了。不光这,考试时,主考官和阅卷官还都得集中到贡院,一块儿吃盒饭、泡方便面,省得让人怀疑你回家跟别人串通作弊。套一句体制语言,这叫给群众一个明白,还干部一个清白。

自从中国产生科举制度以来,学历造假的现象可谓花样翻新,到了宋代杜绝假学历的书铺应运而生。说起来,宋代的书铺类似于现在的公证处,只不过是专管书生学历认证的公证处。当时全国各县、州一直到京师的教育机关都设置了这种学历公证的部门。当时的读书人,如果想去京城参加公务员考试,必须带上能够证明自己学历的各种档案材料。这些档案材料,不能凭自己瞎编乱造,也不能由地方领导随便批条子乱证明,必须将自己的真实档案交给当地的书铺来验证。经书铺确认属实的档案,书铺会给你盖上印记,书铺的印记就好比进京考试的入场券。

当然地方书铺的公证行为，有时也难免存在疏漏或加盖人情印记，所以，读书人到了京城后，还得由接收档案的中央公证机关——京师书铺进行复查。京师书铺在收到读书人的相关材料后，再次对相关考生的学历真实性进行复查，如果仍没发现什么漏洞的话，就照抄一件副本保存，原件上面加盖一个京师书铺的大印。如果地方、中央两级书铺相继证明了你的学历的真实性，你也就具备了国家公务员考试的资格。你想考哪个部门，把学历档案投向哪个部门就行了。当然这份经过两级书铺证明的履历档案，也同时成为用人单位量才录用的科学根据。

宋代的考试制度相对完善了，买官卖官现象当然也就受到了一定程度的抑制，难怪宋太祖会说："昔者科举多为势家所取，朕亲临殿试，尽革其弊矣。"这虽然有一定的吹牛成分，但宋代的科举制度，以及配合这种制度所制定的种种措施，的确以其公正性吸引了当时不少的读书人，鼓励他们走读书应举、自学成才之路。因为，宋代科举考试向读书人完全开放，不问家世出身都可报考；一旦录取，很快就步入了仕途的快车道。正如当朝人蔡襄描述的那样："今世用人，大率以文词进。大臣，文士也；近侍之臣，文士也；钱谷之司，文士也；边防大帅，文士也；天下转运使，文士也；知州郡，文士也。虽有武臣，盖仅有也。"（《端明集·任才》）如此结果，确实为大宋王朝吸纳了很多文化人才。据不完全统计，太祖朝取士四百五十五人，太宗朝取士六千零九十七人，真宗朝取士八千六百八十九人，仁宗朝从 1023—1042 年的十年间，共取士八千二百三十五人。这也就是说，在北宋开国的前八十二年，科举取士两万三千四百七十六人，平均每年取士近三百人。

这也就是说人家赵匡胤赵大哥，吹牛有自己的资本，后代也给力，所以大宋王朝很快就形成了一个广泛的士人阶层，并进而形成了与皇帝"共治天下"的政治思潮。士大夫与皇帝"共治天下"，其实质就是君主与以士大夫为主体的官僚集团，一起来治理天下。因为军国大事之重，不是君主一个人所能承受的，从大政决策到具体执行，君主都需要人来参谋和组织实施，因此君主必然要依赖一批人。既然实行的是以儒治国的方略，皇上只能依赖以宰相为首的士大夫阶层。赵匡胤曾多次表达过这样的意思："卿等素怀勋业，共鉴兴亡，属予受命之期，勉乃事君之节。""共治天下"既是国家长治久安的基础，更为把"入仕"作为最高人生目标的读书人提供了治国平天下的政治平台。善于做思想工作的宋太祖，说这话的目的，主要是为了鼓励读书人勤勉敬业，以实际行动防止武人复辟重演，但客观上也确实促进了一种民主雏形的建立，尽管它是以精英政治为基础的。

军人出身的赵匡胤和他的后代们，对文人特别的厚道。他们完善了科举制，给那些穷苦出身的念书人铺设了一条改变命运的希望之路。可取士再多也总得有落榜的，于是那些没被取上的文化人，想想一生的委屈，就在首都开封的大街小巷里耍酒疯乱骂，那光景就像抗战胜利后的国民党伤兵，经常喝完酒后砸戏园子、蹦妓院，外加到买卖家讹人。不过，文人闹砸儿，皇上知道了也不怪罪，反而会再增加一些名额，挽救一下这些失足青年。

原来，军人出身的赵匡胤最怕的是武将造反，他认为文人耍酒疯骂闲街，对皇权不会产生多大的危害，有时还可借此找找乐儿，显示显示自己的胸怀。宋太祖当朝时，翰林学士王著多次在皇宫门前耍酒疯，那阵势比眼下外国议员打群架、扔鞋子还热闹，可人家宋太祖并不在意。后来，看王著闹得太不像话了，又查出他不但借酒大闹宫门，还大闹娼门，这才撤销了他的翰林学士职位，但还是没杀他的头。

宋初科举制度继承唐五代余风，偏重诗赋；到宋仁宗以后，则更加注重策论。宋郊在庆历四年上奏说："先策论则文词者留心于政治矣。"就说明策论这样的考试内容，可以选拔有政治头脑、有分析能力的人才。同时，科举考试的偏重策论，更直接影响了当时的文风。苏轼《拟进士廷试策表》说："昔祖宗朝崇尚词律，则诗赋之士曲尽其巧；自嘉祐以来，以古文为贵，则，而诗赋几至乎熄。"宋文长于议论，就是诗歌也表现出了议论化、散文化的特点，这都同科举考试内容的导向密切相关。

不过任何制度的公正都是相对的，更何况任何制度都会随着时间的流逝让人找到漏洞。比如南宋宰相秦桧，有一次正在阅国家公务员任命书时，感觉有一个叫曹永的人的名字很熟悉，赶紧让京师书铺的工作人员拿来保存的档案副本。一查履历果然是那个曾经帮助过自己的曹永，秦桧马上给他批了个"户部侍郎"头衔。如此情形下的考试制度就可想而知了。因此可以说，即使是在宋代，贫寒子弟"朝为田舍郎，暮登天子堂"也还是少数。可越少，那些中了状元、探花、榜眼的文人士子，就越会晕菜！就这"朝为田舍郎，暮登天子堂"的地位变化，并不比黄果树瀑布的落差小啊。您想啊，早上还在地里修理地球呢，中午来了喜报，晚上就到金銮殿跟皇上直接对话了，简直一个信息时代的速度，不晕菜才怪呢！于是那些科场暴发户就难免干出"一举成名，六亲不认"，甚至杀妻灭子的勾当来，当然他们也就成为宋元时期话本小说和杂剧中讽刺的对象。

其实这些科场暴发户的出现，至少满足了两种市场需求。第一种需求，当然来自科场新贵自己。这些新贵一旦初涉官场，红袍加身，最急着办的事就是寻找靠山，以便使自己在官场中站稳脚跟，并扩大自己的升迁空间。这样他们就不得不遗弃自己的糟糠之妻，另结新欢，也就是所谓的"富易交，贵易妻"。那么第二个需求呢，当然就是那些豪门贵族了。他们以自己敏锐的政治嗅觉，看出了这些科场新贵，确实是一支不错的潜力股和蓝筹股。如果他们要延续自己的家族势力，光耀门楣，就必须买进这个新股份。这样一来，这些豪门贵族的迫切心情，就不次于那些科场新贵了：他们也不管人家家中是否有糟糠之妻，看准了就招进来，有的甚至干出了"榜下捉婿"的闹剧来。啥意思？套一句戏词说，就是："抢东西？我还要抢人呢！"不过这回不是半夜拦

截妇女，而是按榜抢夺新郎。

话虽这样说，可一查正史，发现宋代虽有不少豪门贵族选佳婿的事，但至于皇姑下嫁新科状元的重婚案却没有。北宋公主下嫁文人的只有太宗的女儿。原来赵匡义生有七个女儿，大女儿滕国长公主早夭，邠国、卫国俩公主相继出家为尼，其余几位公主都正常出嫁了。但其中三位驸马是武将，只有最小的荆国公主嫁的驸马李遵勖是个文人——似乎就是陈世美了。可人家父母根本就没被冻死、饿死，李遵勖跟公主也是头婚，根本没有停妻再娶这档子事，当然也就没干杀妻灭子的勾当。

原来宋代有一个比较混账的规定：公主下嫁后，为了不让她对公婆行大礼，就得把驸马的父亲降为兄弟辈，跟儿子论哥们儿。可人家荆国公主却不管这个规定，在公婆过生日时，照样按媳妇的礼节给老人拜寿。以后，李遵勖死在徐州太守的任上，荆国公主不光终生不再嫁，还不再穿华丽衣服，这既说明人家不但夫妻感情不错，还说明荆国公主非常通情达理。也就是说，人家荆国公主跟《秦香莲》戏中的那位本来当了第三者还耍穷横的皇姑，根本就不是一路人，也对不上号儿。当年的开封府也从未受理过这类案件，您想，就是借俩胆儿，谁也不敢随便把驸马铡了，剥夺皇姑的"性福权"呀。大家把这个故事安在宋代，认为只有铁面无私的包青天，才敢干这样的事，这不是逼人家包拯包大人犯路线错误吗？

其实，我们就是把宋史翻烂了也找不到陈世美其人其事，甚至连原型都找不到。但是没承想，在宋代找不到的陈世美其人，却在几百年后的清代顺治年间出现了。据说历史上确有陈世美其人，不过他的真实姓名叫陈熟美。陈熟美是清初进士，原籍河北南宫县，后来随父亲迁居到了湖北均州。他为人正直善良，做官清正廉洁，跟《铡驸马》《秦香莲》剧中描写的那个杀妻灭子的负心贼，根本就不是一路人。

据说，陈熟美中了进士后，开始被授予河北的一个知县，后来因为得到康熙皇帝的赏识，被提拔为贵州按察使兼布政司参政。陈熟美在贵州任职期间，许多同学、老乡纷纷来找他拉关系走后门，无非是想谋取个一官半职的。开始时，陈熟美一个个跟他们谈话，劝他们别搞"三个老乡顶上一个公章"这类事，要求取功名，只能靠自己刻苦攻读。后来上门求官的人越来越多，每次他家开饭时比眼下会议安排的公款吃喝还热闹。陈熟美一看实在应付不了了，就吩咐管家，以后凡有同学老乡来求官的，一律婉言谢绝，劝他们都回老家去，否则对不起纳税人。

话说，有两个湖北均州人，在同陈熟美赴京赶考时曾多次资助过他。有一次，他们远道来贵州拜访陈熟美，也想谋个一官半职的，没料到竟吃了闭门羹。他们又气又恨，于是就想到了报复。文化人报复，杀人越货不敢，放火又怕燎着自己，于是就想发挥自己的独特优势，编出戏败坏陈熟美。您想，他俩科举考试虽然没有过关，可编一出戏来，还是绰绰有余的。再加上这朝那代，科场新贵忘恩负义的事又挺多，于是他们就把这类现象，全都栽到了陈熟美身上。在回家的途中，他们晓行夜宿，这样，一出科场新贵忘恩负义的戏曲就编写成功了。没有知识版权也算了，没人发稿费也认了，就为了泄愤兼找乐儿。可陈熟美的后人却说，他们的老祖宗从没干过杀妻灭子的勾当；而且查查家谱，发现陈熟美的妻子也根本不姓秦。所以说，那个案子跟人家陈熟美根本扯不上边儿。

准确地说，《铡驸马》《秦香莲》的故事，另一个源头来自元代的温州南戏和杂剧中的男人负心故事。正像明代的大文人徐渭在《南词叙录》中说的那样："南戏始于宋光宗朝，永嘉人所作《赵贞女》《王魁》二种实首之。"

王魁负心的故事早就在民间广为传播，宋代夏噩就写过一出《王魁传》。故事的梗概是：王魁第一次应试落第，在山东莱州结识了妓女敫桂英。桂英一见文化人王魁才貌双全，就对他十分倾慕，立刻成了

他的粉丝,不但很快给他办了大学重读手续,还承担了王魁所需的所有生活和学习费用。

一年后,桂英又为王魁凑足了盘缠和学杂费,送他上京去应试。分手前,二人来到海神庙,王魁立下了货真价实的海誓山盟:"吾与桂英,誓不相负,若生离异,神当殛(击)之。"这次重读的钱桂英没有白花,王魁很快得中状元,可立马就又娶了豪门之女崔氏为妻。桂英听说王魁不但中了状元,并做了徐州金判,便托人拿着亲笔信去见王魁。这位王大人见到来信,一看自己的隐私要曝光,竟把书信往地上一扔,拂袖而去。来人回去一描绘当时的情景,桂英知道王魁已经负心,于是万念俱灰,拔刀自刎而死。

后来王魁来到南都试院,夜里看见一个女子隐现于烛光之中,开始还以为是哪个粉丝,要给自己办烛光晚餐呢。可一细看,是桂英索命来了,桂英怒斥王魁:"君轻恩负义,负誓渝盟,使我至此!"王魁吓坏了,心说,都玩也别玩这个呀,这一点儿也不浪漫呀!于是就跪地求饶。桂英说:"你还想浪漫呀,今儿我就是要你小命来的。"当夜,王魁因为惊吓,暴病而亡。南戏《王魁》说的也是这件事,只是情节略有不同。

《赵贞女蔡二郎》中的原型是东汉时著名学者、陈留人蔡邕。提起蔡邕可能还有人不知道,而他女儿,东汉的第一美女作家蔡文姬,知名度就大多了。可人家蔡邕不光生了个美女作家女儿,自己还是个著名的大孝子,父母生病时他连衣服都不脱,昼夜侍候,一点儿也不嫌烦。父母死后他又守孝三年,左右乡邻无不为之感动。他与妻子也是长期患难与共,互敬互爱;对朋友、对亲人也是有名的忠诚仗义。女儿虽然后来流落到了匈奴,可那全是战争惹的祸,而且也是他死了以后的事。总之蔡邕是个德才兼备的好干部,可在《赵贞女蔡二郎》戏中,却把他写成了陈世美一类的人物,真是个亘古没有的大冤案。而且蔡邕的时代还没有科举制度,老百姓的孩子,仕途被堵得死死的,根本就不可能出现"朝为田舍郎,暮登天子堂"的故事。

老百姓憎恨那些忘恩负义、道德败坏的科场新贵，不能打上人家门去直接谴责，于是就通过戏剧进行道义上的谴责。说起来，南戏《赵贞女蔡二郎》的故事情节是这样的：蔡二郎上京应举，中了状元，但他贪图富贵，对赵贞女负心，另娶了富家女。赵贞女在家独撑门户，照顾公婆，后来因灾荒严重，公婆被饿死。为公婆送终后，赵贞女历尽艰辛，到京城找到了已为高官的丈夫。蔡二郎不但不认，反而放马将她踩死。由于蔡二郎罪恶滔天，天帝立刻派来雷神将其击毙。蔡邕曾任职左中郎将，世称蔡中郎，于是三传两传地，蔡二郎的事，就全栽到了倒霉蛋蔡中郎身上。

　　大概早在宋代，蔡中郎就已被人诬陷，并编成鼓曲到处演唱。盲艺人也不知道谁是蔡二郎，谁是蔡中郎，就知道一个胡乱煽情，村妇张大妈、李二嫂们则非常配合地在戏台底下落泪，跟着一块儿骂蔡中郎。难怪宋代大诗人陆游在一个小村庄里，听到艺人们传唱后，发出了"斜阳古柳赵家庄，负鼓盲翁正作场。身后是非谁管得，满村听唱蔡中郎"的慨叹！陆游是感到物伤其类，蔡中郎作为一个品行不错的文化人，现在让人编成歌曲戏词骂来骂去，并且还来了个家喻户晓，人人皆知，人家招谁惹谁了？

　　元代的高明，是个文化素质挺高的南剧作家，大概跟陆游一样很同情文人蔡邕。在他写的《琵琶记》里，为蔡邕设计了"三个不得已"的"难言之隐"：说蔡邕本与妻子感情很好不忍分离，但被父亲所逼上京赶考；中了状元后又被牛宰相所逼，招他入赘，他辞婚，牛宰相不准；他想辞官，皇上又不准——这一切都是"不得已"而造成的。等到赵五娘弹着琵琶，一路卖唱来到京城，由于牛氏的开明贤惠，再加上牛宰相的势力，蔡邕才没被办成重婚罪，于是就来了个一夫二妻大团圆。

　　高明的目的主要是劝人尽忠尽孝，但也有替文化人蔡邕进行平反的意思。他刻画的赵五娘心灵美好，加上文笔流畅，引起了广泛的社会影响。不过，《琵琶记》大团圆的结局并不符合张大妈、李二嫂们

骂街解恨的情感需求，可蔡邕平白无故被骂了一千多年也该歇歇了。于是，宋代年间戏剧家们也就饶了蔡中郎，另外编了出《铡美案》。《铡美案》实际是《赵贞女蔡二郎》和《琵琶记》的再创作，从"马踩赵贞女"到"韩琪杀庙"，从蔡二郎遭雷劈到陈士美的脑袋在铡刀下滚落，都可看出两者的继承和发展，而《琵琶记》则具有了《铡美案》的基本情节。

相比之下，《铡美案》则具有更强烈的道德批判精神，连驸马陈世美都死在了包公的铡刀下，这样的结局更利于老百姓的情感宣泄。戏剧家们也正是利用这类负心故事所产生的"情绪效应"，扩大了戏剧的影响，提升了它的票房价值，并达到了戏曲常演不衰、情节不断丰富的效果。

话说回来，所有这些故事都附会在大宋王朝身上，除了宋代科举制度发达，开科取士多，科场暴发户多，故事也多外，还因为宋代出了一个铁面无私的包拯。宋代及其以后的各代吏治和刑狱，就像一个问题青年，需要包拯这样一个被神化了的道德医生和超级清官来诊治，因为处在底层，饱受欺凌的百姓在精神上需要他，至于这样的人物真实性如何，老百姓就不管它了。

第九回　包龙图被后世重塑金身

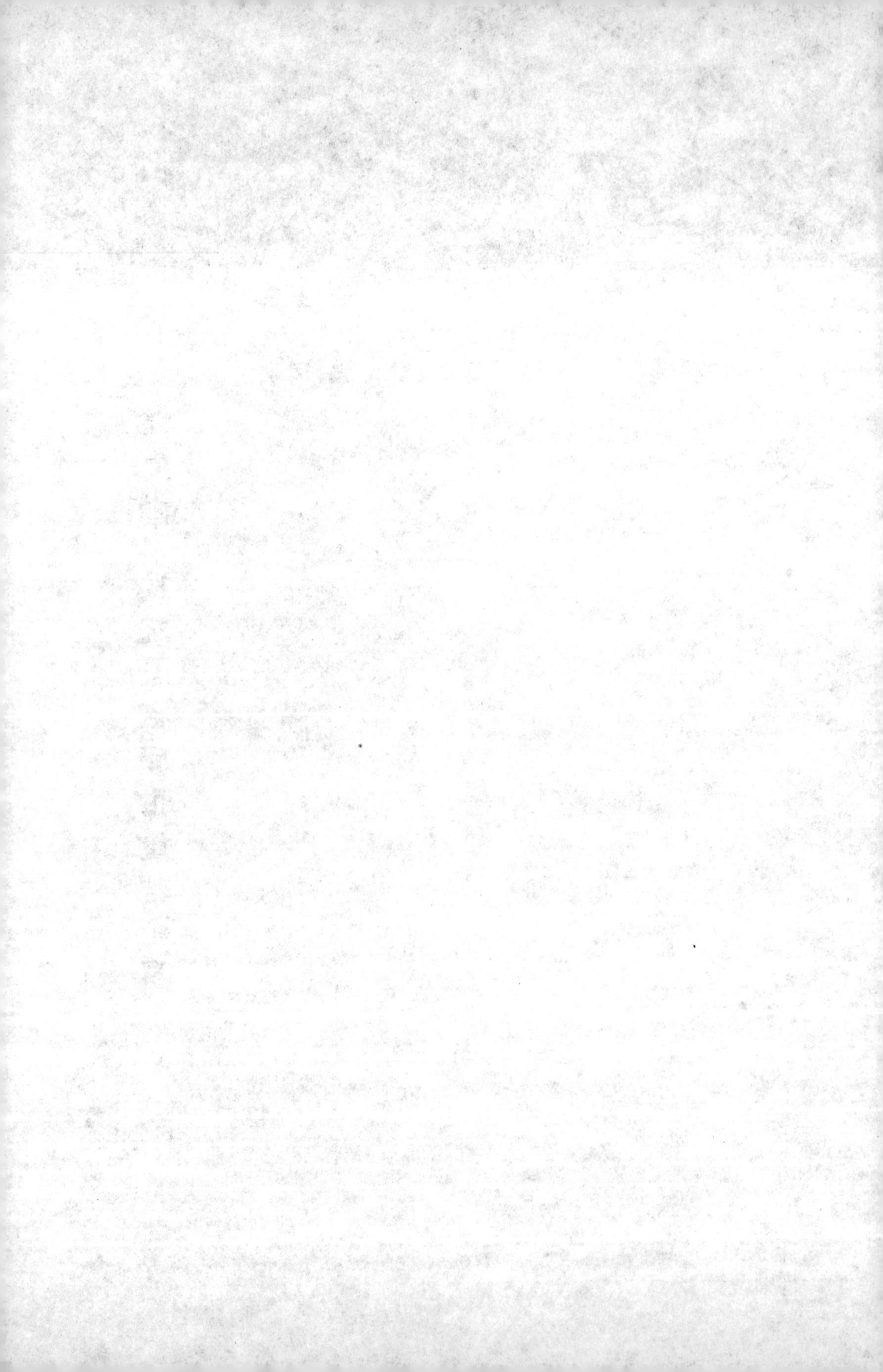

第九回 包龙图被后世重塑金身

首先,我们先介绍一下包拯生长的年代。说起来,包拯虽出生在真宗年间,可仕途却基本在仁宗时代。这时的北宋已进入了当朝中期,早已没有了开国时蓬勃向上的气象:虽然国家的经济和科技文化事业得到了快速发展,但这反而造成官吏队伍庞大、军卒冗滥,致使兵变和农民起义此起彼伏。这时的王朝可谓问题成堆,积重难返。

在这样的背景下,范仲淹在欧阳修、韩琦等人支持下,提出了以整顿吏治为中心的改革,这就是所谓的"庆历新政"。"新政"试图厚农桑、修武备,改变"人人因循,不复奋励"的冗官滥政,这就大大损害了特权阶层的利益,所以推行不到一年就失败了。

不得已,范仲淹只得远离权力中心,来到抗击西夏的前线。他的帅府,正是《水浒传》里鲁智深待过的经略府。不过范仲淹可不如鲁提辖自在,可以大碗喝酒大块儿吃肉,没事还来个英雄救美。他的战友欧阳修就被人找茬儿,送进了监狱。倒是包拯为人仗义,新政失败后许多官员受到处分,他不光为之鸣不平,还主张重新起用变法人士,发挥他们的治世之才。

公道地说,无论是治军守备边防,还是改革、理政,哪怕是玩文学,范仲淹都比包拯水平高得多。后人吕中说:"先儒论宋朝人物,以范仲淹为第一",可范仲淹在山寨版的评优活动中却没能成为第一,更没像包拯那样作为清官典型,被民间文学家塑造成神。

说起来,山西运城附近的解盐池,是历史上最著名的"颗盐"产地,也是宋代的重要税源。庆历四年,京西路汝州知州范祥提出建议,要把解盐的官营体制改为商业运销体制。这无疑会触动官僚和官商

的共同利益,在朝野内外引起了很大的争议。关键时刻,朝廷派包拯前去山西处理,经过认真考察后,他坚决支持了范祥的盐税改革。范祥的经济改革取得了成功,大大增加了国家税收,在这个问题上包拯功不可没。

好,我们回头再说包拯的履历。包拯是现今安徽合肥人,生在公元999年。《铡包勉》和《包公赔情》等戏里说,包拯生下来时是一个怪胎,二哥二嫂怕这个小弟跟自己争家产,就挑唆父母说,这倒霉孩子长大后会给家族带来灾难,所以就把他遗弃了。大哥看着不忍又把他捡了回来,由大嫂抚养成人,所以他管大嫂叫嫂娘。其实人家包拯小时候根本不缺父母宠爱,他的同代人欧阳修说他"少有孝行,闻于乡里;晚有直节,著在朝廷"。您说这编戏的人够多缺德,为了他的戏有卖点,非把人家爹娘说死。

包拯小时非常听话,他好好学习,天天向上,终于在29岁时,考中了进士甲科。按照宋代规定,中了进士后就可以成为公务员吃皇粮。首次当官,包拯被派到建昌县,也就是今天的江西修水任职,但包拯为了奉养年事已高的父母,请求调到离家不远的和州做官。这一点似乎不值得提倡,为了孝敬父母只在家门口做官,这样搞难免会三个老乡顶一个公章,不利于政府的廉政建设。就这样包大爷还嫌儿子离自己不够近,于是包拯便遵从父命辞职回了老家,来了个零距离行孝,直到父母去世。

父母死后,包拯又守孝三年,没出去做官,封建社会这叫丁忧。可如果国家确有大项目需要你,朝廷非让你出山也可以提前结束守孝,这也有一个说法叫作夺情。可也有些人把爹娘的死讯当作隐私来个密不上报,这就是不肯"丁忧"。为啥呢?因为宋代官员的队伍庞大,最不缺的就是官,你要光在家"丁忧",立马就有人顶你的坑,你也就失去了享受高官厚禄的机会。这就好比坐公交车,本来车上就挤得站不住脚儿了,你还想让人空出个座位,没门儿!如果跟这些人相比,包拯为父母守孝，不肯出去做官，至少在人格上还是值得提倡的。

话说，守孝期结束后，包拯终于离开家乡，到安徽的天长县担任了知县。经过这么一折腾，包拯已是四十岁的中年人了。康定元年也就是公元1040年，包拯又出任端州知县，端州就是今天的广东肇庆。喜好书法的人都知道，端州出产一种有名的砚台，叫端砚，每年都要向朝廷进贡。由于当地官吏和豪绅层层加码，端砚的产量虽挺高，可老百姓还是完不成上交任务。于是包拯就下令百姓只要完成朝廷规定的数目就可以了，任何人不得层层加码搞乱收费，更不能私藏贡品设立小金库。老百姓有感于包大人的清廉和对百姓生活的体谅，曾主动送他一方砚台，盛情难却包拯就收下了，可离开端州时，他还是把砚台留了下来。

可能是由于包拯为官清正，有一定业绩，庆历三年也就是公元1043年，包拯上调中央，被任命为监察御史，这官虽没多大实权，却十分重要。因为，从此包拯在朝政上有了自己的话语权，尤其是可以在干部提拔方面提出建议。实际上，包拯在这期间，也确实对北宋的内政外交政策，提出过许多批评和建议，并且还曾出使辽国，不辱使命地完成了外交任务。

三年后，包拯又调任为三司户部判官。三司是中央财政机构，户部掌管全国户口、两税等，户部判官相当于部长助理，协助三司使工作。不久，包拯又下放到基层挂职锻炼，先后担任京东、陕西、河北转运使。转运使负责一路也就是一个省的财政、监察等行政事务。包拯上任后，非常体察民情，多次建议朝廷减轻百姓赋税，让农民休养生息。两年后，包拯被召回开封，提升为户部副使。在此期间，他曾受朝廷派遣前往河北解决军粮问题，经过调查后，他奏请把用来养马的田地，还给农民耕种以解决他们的吃饭问题。前边，咱们还说过，他还曾在山西支持范祥改革盐税法令，解决了运城盐业问题，较大程度上增加了国家税收。

由于政绩突出，包拯在皇祐二年，也就是公元 1050 年被提升为天章阁待制、知谏院。天章阁是存放国家图书文献的地方，待制是个官衔，有名无权，可包拯却从此落下了包待制的称呼。知谏院兼任谏官之职比较重要，任务就是向皇帝进谏朝政的弊端，它可以涉及政治、经济等各个方面。在兼任谏官期间，包拯对时政积弊提出了很多革新建议。可能是建议提得太多了，皇上他老人家有点儿烦，两年后，包拯又被改命为龙图阁大学士，这也是个虚衔，从此他又赚了个包龙图的称号，并且又一次下放基层，到河北、庐州、池州、江宁等地任职。其实，老包在任高阳关路都部署兼安抚使时，管辖过雄县、霸县、沧县、河间、任丘和天津一带，也就是说，老包还在咱们天津做过官。

直到至和三年也就是公元 1056 年他才又回到京城，任开封府尹。戏曲里的那些故事，如果真有的话，应该就发生在他任开封府尹的任上。三年后，包拯任枢密直学士、权三司使，这才真正进入高官序列。第二年升任三司使和枢密副使，行政级别相当于副宰相。但这时，包拯已年过六旬，嘉祐七年也就是公元 1062 年，病死在开封的工作岗位上。为了表彰包拯的先进事迹，仁宗皇帝亲自到包家向其遗体告别，并追认他为礼部尚书，赐谥号"孝肃"，所以包拯死后又叫包孝肃。

包拯的长子比他死得还早，到六十岁时包拯娶了一个十几岁的丫鬟，才有了第二个儿子，所以包公的后代都是从这一枝上传下去的。这些在合肥包拯故乡的史料和墓葬中都得到了证明。但过去的正史中都替老包同志瞒着，大概认为说出这样的事，不利于树立包拯为人刚毅、作风清廉的形象，是在抹黑，所以就为名人讳。其实，这大可不必。

包拯晚年在家里立了一块石碑，上刻《戒廉家训》："后世子孙仕宦，有犯赃滥者，不得放归本家，亡殁之后不得葬于大茔之中，不从吾志非吾子孙。"在家训中，包拯严厉要求后代不要贪赃枉法、不得欺负百姓，如有人不这样做，就不是包家子孙，死了之后也不得葬在祖坟里。这一著名的家训，体现了包拯不谋家族私利、关爱天下苍生的情操,相比之下刚才说的私生活问题其实根本算不上啥。要说夫妻之间的年龄差距,包拯包大人恐怕还比不上杨振宁教授。这种事发生在名人身上,那叫人格魅力,人家杨教授根本就不避讳,就是院士大会也敢带着小妇人去占一个席位,别人也用不着为名人避讳,"讳"了人家也不领情!咱没事儿歇会儿不好吗?

话说回来,包公的确是个清官,他常挂在嘴边儿的一句话就是:"廉者,民之表也;贪者,民之贼也。"认为"贪污受贿,此弊不去,为患浸深"。所以他当了官之后经常"谏言改革,兴利除弊""关心民众,为民请命""严惩贪污,廉洁清正",这也成为史学家们公认包拯的三大政绩。当然,他虽是个大清官,可正史上的包公似乎还没到能打龙袍、铡驸马的地步。

说起戏曲小说中的包青天,恐怕连妇女儿童都知道,过去还有"关节不到,有阎罗包老"的说法。意思是说,如果老百姓蒙冤了,有打不通的关节,甭着急,自有包龙图包老替你做主。《宋史·包拯传》中也说:"拯立朝刚毅,贵戚宦官为之敛手,闻者皆惮之。人以包拯笑比黄河清,童稚妇女,亦知其名,呼曰'包待制'。"

说起来包拯所以有这么多粉丝,完全是民间文艺宣传的结果。胡适先生曾说:"包龙图包拯也是个箭垛式的人物。古来有许多精巧的折狱故事,或载在史书,或流传民间,一般人不知道他们的来历,这些故事容易堆在一两个人的身上,在这些侦探式的清官之中,民间的传说不知怎样选出了宋代的包拯来做一箭垛,把许多折狱的奇案都射在他身上。"

所谓"箭垛式的人物",就是诸葛亮"草船借箭"中草人式人物。因为历史上有许多来历不明的判案故事找不着主儿,于是老百姓就来个乱箭齐发,将某种精神寄托或某种愤激情绪全都发射到包拯这个清官箭垛子上了。其实这样的箭垛子同原型有很大距离,就像眼下有关部门,总爱把一百个人的事迹都加在一个典型身上,往往连他自己

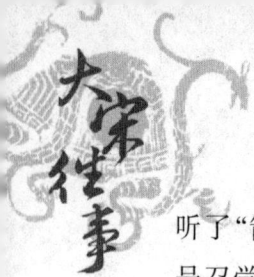

听了"箭垛人的事迹"都感动得大哭,最后自己反倒闹不清报告会上号召学习的榜样是谁了。

显然,人们崇敬包公,并不是因为欣赏包龙图断案的智慧,而是赞颂他对贪官污吏疾恶如仇、敢于碰硬的精神。大约从南宋开始,包拯的名声便开始在老百姓中广泛传颂。宋元话本中已有《合同文字》《三现身包龙图断冤》两个故事。前者断的是大伯欺占侄子财产案,后一篇断的是谋害亲夫案,都有点推理小说的意味,但包公只作为审判官出场,性格还不够突出,形象也不够高大。

大约从宋元杂剧开始,热情的民间文学写手们赋予了包拯同志宝剑、金牌、钢铡等多种杀伤性武器,并且赋予了他可以先斩后奏的特权,而且他还可以出入阴阳两界断案,不用办护照。老百姓看完戏这个美呀,这个解恨呀,可回去该挨打还得挨打,该交罚款还得交罚款。

具体地说,大力提升包拯同志历史和精神品位的是元杂剧。如果说宋元话本中包公还只是一位精干的裁判官,那么在元杂剧中,包公就被塑造成了铁面无私、专跟高官豪强较劲的超级斗士。在元代,有关包公的戏大量出现,现存的一百几十种元杂剧中,光包公戏就有十多种。比如无名氏的《包待制陈州粜米》、关汉卿的《包待制三勘蝴蝶梦》、郑廷玉的《包待制智勘后庭花》、李行道的《包待制智赚灰阑记》、武汉臣的《包待制智赚生金阁》及《包待制智斩鲁斋郎》等等。有的戏中主角虽不是包公,可他的形象在戏中也很高大。

值得注意的是,1967 年在古墓中出土了明代成化年间刊出的九种说唱包公案故事,如《仁宗认母传》《断国舅公案传》等,说明到了明代已有连台讲唱的大书,其中斩皇亲系列突出了包拯铁面无私的大无畏精神。

明代万历二十二年刊出的《百家公案》也叫《包公演义》,可以说是历史上第一部长篇包公案小说。描写的重点在"判断百家公案事迹",为了凑足一百个案例,不可能有一个中心事件来贯穿全书,因此,书中每一回都是个独立故事,其中秦香莲的故事首次在书中出现。这些故事题材取自前代法家公案集、文言笔记、元曲等书籍,然后全都附会在包公身上,达到了提高包拯崇高形象的目的。

明末清初的话本小说《龙图公案》,以《百家公案》为基础,删去了其中的诗词评语,仍然是各自独立的故事。清嘉庆年间出版的《万花楼》,将史传英雄演义与公案故事相结合,以反权奸为主题,开创了包公案小说的新形式。但对后世戏曲小说影响最深远的还是石玉昆说唱的《三侠五义》。这本书是无名氏据石玉昆的说唱"听而录之"的,因为是以高、大、全的包大人为偶像人物,所以又叫《龙图公案》或《包公案》。这本书中的包拯已演变成了成熟的政治家,既要扶正祛邪,平反冤狱;又要反对朝野豪强搅乱朝纲;还要将离经叛道的侠客们纳入封建秩序轨道,为朝廷效力,简直把公检法纪检监察甚至牧师的活儿全包了。因此破案只是小说的框架和引子,重点已转向侠客们无时不在的惩恶行动,而侠客们既到处张扬自己的个性,又强调遵守朝廷的法纪,成了供大家瞻仰的高、大、全。

到了清末民初,不光武侠小说很兴盛,戏曲中也有十几种剧目移植于《三侠五义》,如《五鼠闹东京》《断后》等等都是。特别需要一提的是,在清代嘉庆年间还出现了大家熟悉的《铡美案》,经过民间文学的加工,包公的形象越来越高大,故事越来越离谱儿,连人间至高无上的皇帝、阴间无所不能的阎罗都惧他三分。

说起来包拯在开封府尹的任上不过三年,他真的有过打龙袍、铡驸马、斩包勉的反潮流事迹吗?这其实是老百姓和民间戏剧家"添油加醋"的结果。

先说斩包勉。我们前面说过,包拯根本不是由大嫂带大的,也根本没有管大嫂叫嫂娘这档子事,包拯小时候父母硬朗着哪,再说正史里也根本没有包拯斩亲侄子的记载。所以说,斩包勉连同上面说过的包拯被当作弃婴扔掉的故事,纯属民间文人挑动别人家庭矛盾,制造

不和谐因素所为。

至于铡驸马，我们在前一回也说过，宋代的公主中没有一个下嫁的，陈世美是晚好几百年的清初人，所以，包拯就是把铡刀抢得虎虎生风，也铡不下老陈的脑袋。据史料记载，唐宋两代"驸马都尉从五品，皆尚主者为之"。看来，古代的"驸马"也没有多大实权，从某种程度上说，不过是一种"宫廷摆设"罢了，犯不上让老包同志大开杀戒。

另外，京剧《铡美案》中还有一个力挺包拯的老相爷王延龄，按照包拯在北宋活动年代，丞相中并无王延龄其人。只有一个叫王旦的人，可能是王延龄的原型。王旦在真宗朝为相时间最长，老成持重，待人接物也较平和，但王旦和包拯并无师生之谊。包拯为开封府尹是宋仁宗时的事，那时王旦已经去世多年，可见包公上演的"铡美案"完全是一出关公战秦琼式的闹剧。

只有京剧《狸猫换太子》《打龙袍》好像还能在正史中找到点儿痕迹。它说的是：宋仁宗皇帝的生母李宸妃生完小皇子后，被刘皇后用剥了皮的狸猫换走了，皇上因此怪罪下来。在好心宫女和太监的帮助下李宸妃逃出皇宫，后来流落到了陈州。仁宗继位后，包拯到陈州放粮救济灾民，李宸妃在义子的帮助下拦轿告状。明察秋毫的包拯，立刻就审清了案由，并从陈州捎回了李宸妃，终于使仁宗母子相认，实现了皇家大团圆。仁宗想到老娘在民间流落多年，受了很大的罪，虽然不能让包拯对自己抢铡刀，怎么也得象征性地打自己几下，树立一下自己的孝子形象呀！包拯多聪明，龙头和龙体当然不能打，那就打打龙袍吧，这就是京剧《打龙袍》的来历。

宫女们心说，其实每天晒衣服时，甭管龙袍、凤袍都得打一打，因为这样省得招尘土、生虫子。不过这可是个力气活，就她们那小嫩胳膊、小细腿的怎么打，也打不干净。这回包大人既然要承包打龙袍的活儿，当当小时工，咱也不能拦着呀！要不是赶上事，谁敢用包相爷这样的小时工呀！那得多高的薪酬呀！这回包相爷自愿打龙袍，省得大家受累,宫女们能不高兴吗?

　　这虽然是开玩笑,可上面说的那些,也全是民间小说家、戏剧家在逗你玩儿。这也算是以其人之道,还治其人之身了。

　　据宋史记载,真宗皇后刘氏确是一位很有政治才干的人物。可刘后垂帘听政,历史上却非议很多。事实上她临朝实行的善政很多,最值得称道的就是调整政府机构和削减公务员,大大减少了行政支出,并且在兴办学校和科举考试等方面也进行了不少改革。史称:"初,仁宗即位尚少,(章献)太后称制,虽政出宫闱,而号令严明,恩威加天下。"这恐怕跟刘氏出身贫苦、了解民间疾苦有关。

　　《涑水记闻》中说:"刘后本蜀人,善播鼗。蜀人龚美携之入京。"这句话准确介绍了刘后的出身籍贯,等于是为她填写了一张履历表。

　　具体地说,刘后原籍益州,也就是今天的四川成都,名字叫刘娥。如历史所记载的那样,刘娥确有一个绝技,就是打拨浪鼓。她从小就没了爹,由外祖父做主嫁给了穷银匠龚美。拨浪鼓原本是小贩用来招引顾客的东西,还有一个作用就是用来哄孩子。可这玩意儿到了刘娥手里,却打得非常有节奏感,也很动听,实现了经济、政治效益的最大化——逗乐了皇帝,当上了皇后。

　　话说,龚美因为在成都日子过得不如意,于是就想到东京汴梁来做"京漂"。一开始龚美还以为带着刘娥是个累赘,没想到一路上人家打拨浪鼓的绝技却发挥了重要作用。虽然打拨浪鼓卖唱的名声不大好听,可刘娥发扬"走自己的路,让别人说去吧"的精神,有力地回击了来自社会的流言蜚语,胜利地挺进了京城。

　　到了京城,龚美的生活过得依然很艰苦,只好让刘娥继续在街上卖艺打拨浪鼓。没想到,刘娥在京城文艺圈儿一炮打响,原来围观者见她长得面若桃花,歌喉婉转,拨浪鼓又打得非常动听,所以都很捧场,一时积攒了不少粉丝。随着时间的推移,刘娥在京城杂耍界的人气越来越旺,连宫里的襄王赵恒都听说了此人。一天他带着几个随从，特意来观看刘娥的演出。刘娥一见当朝王子光临，便使出浑身解数展示绝技，她还不时地挑眉飞眼，暗中传情。当时只有十四岁的赵恒抵抗精神污染的能力很差，一见这民间野狐，魂儿立刻就被勾走了。回宫后赵恒立刻派人跟龚美谈判，很快谈妥了刘美女的转让价格，将她引进宫里来。

宋太宗听说儿子赵恒小小年纪便沉溺女色，而且还弄了个二婚头，感到非常愤怒，立刻下令把刘娥遣送四川原籍劳动教养。赵恒没法儿，只好当面答应他爹把刘娥送回老家，暗地里却将她安排到了幕僚张耆的家中。张耆立即让老婆以娘娘的规格伺候好刘娥，自己却大张旗鼓地搬到了襄王府值班。张耆这样做完全是为了避嫌，他明白刘娥躲到自己家，完全是在搞政治储蓄。自己要是经受不了引诱，动用了这个人体资源，就离倒霉不远了。因为，一待时机成熟了，自己就得连本带利还给赵官家，千万不能私立美人"小金库"。

后来，赵恒果然当上了皇帝，他就是宋真宗。他的第一个老婆就是前边咱们说过的潘美的第八个女儿，她还没等赵恒当上皇帝就死了；第二个老婆郭氏虽然熬到当上了皇后，可不久也死了；就这样刘娥这个潜力股，终于变成了一个炙手可热的涨停板。

经过这么多年的折磨，虽然天遂人愿，可刘娥也到了生育困难的中年，所以她做梦都想有个皇子，以便确保自己在后宫的地位，并最终成为皇后。后来她发现侍候自己的宫人李顺容有了身孕，于是就打起了李代桃僵的主意，所以李顺容生子之后，刘娥马上就派人把孩子抱了过来，收为己子。李顺容见儿子还没睁开眼就被人抱走了，虽然心如刀绞，但她却不敢流露丝毫的不满，否则不但自己性命难保，还会给儿子带来灾祸。但也有人说，这是李顺容进行的特殊人力投资，因为她明白把儿子送给刘皇后代养，就等于搭上了时速五百公里的命运"高铁"——儿子很快就能当上皇帝了。

后来宋真宗死了，仁宗赵祯即位了，那时他只有十三岁。由于宋真宗临死前曾有:"皇太后权同处分军国事"的遗诏,所以刘娥得以垂帘听政多年。仁宗即位,李顺容也在这一年病死了,不过刘皇后并没有迫害李宸妃,更没干"狸猫换太子"的怪事,因为没这个必要,抱来儿子代养,完全是真宗默许的。

不过,已垂帘执政多年的刘太后,确实想按一般宫人规格,对李妃来个丧事从简。这时,宰相吕夷简找到太监罗崇勋说,你要倒霉了你信吗?不知道当今皇上是李宸妃的亲生儿子吗?如果你们对她丧事从简,等他儿子亲政后肯定会收拾你们。罗崇勋忙问,那怎么办?老吕说,得用皇后服饰给她下葬呀,千万别在这事儿上省钱,老话不是说,省着省着,窟窿等着吗!你们不按我说的办,有你跳冰窟窿的那天。罗崇勋一听很害怕,马上转告了刘太后。吕夷简还是不放心,又直接找到了刘太后说:"您对李宸妃绝对不能搞丧事从简,难道您日后不想保全刘氏宗族吗?"刘太后一听也惊出了一身冷汗,立马下旨厚葬李宸妃。

明道二年,刘太后死了,宋仁宗亲自执政。他的叔叔,曾经的"八千岁"赵元俨,别有用心地告诉了赵祯一个二十年前的出生秘密:你的生母是李宸妃,她被迫害致死并草草埋葬。宋仁宗一听,非常气愤,立即下令开棺检查。可开棺后,却发现母亲被殓以水银,穿的也是皇后冠服,于是就感叹道:"人言岂可信哉!"事情既然如此,他也就没有实施报复,并厚待了刘太后族人。

说起来,宋代垂帘听政的并不止这位刘皇后。其实,两宋曾有九位后妃因形势需要主持过大政。比如英宗朝的仁宗曹皇后,徽宗朝的神宗向皇后,恭宗朝的理宗谢皇后,端宗朝的度宗杨淑妃等等。其中苦大仇深的刘娥刘皇后听政最长,有十一年之久,最短的吴皇后则只有四天就把听政的帘子撤了,回家抱孩子去了。

后妃参与政治是中国历史上一个不可避免的现象,由此导致的外戚干政在历史上屡见不鲜,然而只有宋代没有造成后妃篡位、外戚

篡权的大动乱。相反，宋代后妃们主政，往往有效地发挥了稳定政局、延续政权统治的作用，而且她们还具有居功不傲、功成身退的高风亮节。这在中国历史上实属少见。说起来，根本原因就在于，宋代开国之初就确立了"皇帝与士大夫共治天下"的基本国策。在这个基本国策框架内，朝臣对后妃参政的"进"与"退"掌握着相当程度的主动权。当需要稳定政局、辅佐幼帝时，士大夫就会积极支持后妃参政；一旦幼主长大，具有了执政能力，朝臣又会坚决要求后妃归还权力。这样的制度制约机制，出现在一千多年前的宋代，高！实在是高！

刚才咱们说到，赵宋皇室之所以避免了一场血腥的宫廷仇杀，既有朝臣吕夷简、范仲淹善意调解的结果，又跟刘太后受制度约束，不敢肆意妄为有关。这一宫廷事件的解决跟包拯没有任何关系，因为那时他还在家乡做七品芝麻官哪，就是想制约后妃专权，管皇上家闲事，也靠不了前儿。

话说包拯，他在开封府的时间其实很短。就是他积极办案，别人也全力配合，也办不完诸如打龙袍、杀赵王、铡驸马、斩包勉等通天大案。查《宋史·包拯传》只有一起审理割牛舌的案例，还是包拯任安徽天长县知县时干的。就是这样一个小小案例，《宋史》还记在了两人名下，就是发劳务费也得对半分，包拯想独吞都不可能。

皇上家的闲事管不了，破案的事不内行，但包拯在打击权贵、减轻农民负担方面还是做了一些工作。包拯任监察御史时，转运使王逵向皇帝告状，说陈州地方官任中师盘剥农民、多收钱粮。人们都知道任中师廉洁，王逵是个贪官，这是否是恶人先告状呢？于是朝廷就派人去调查，许多人都畏惧王逵的权势不敢去，包拯为了弄清真相，为民除害，毅然来到陈州。经过调查掌握了证据，回到东京向皇帝报告：对农民任意搜刮、引起民怨沸腾的正是那个王逵。在包拯的要求下王逵被撤职，并将多收的钱粮还给了农民。元杂剧《包待制陈州粜米》及后来的戏剧《陈州放粮》都是根据这件事加以渲染虚构而成的。

元杂剧其实很有现实性，它和描写现实的元曲（如张养浩的《山坡羊》）一样，巧妙地用历史题材，表现了"兴，百姓苦；亡，百姓苦"的社会现实。这时，因为元代不同于别的皇朝，它的全部统治就是游牧民族的军事占领。蒙古酋长以军人为地方官，根本不懂得啥叫吏治，因此要说元代吏治腐败，倒是抬举人家了。因为酋长们根本不懂什么行政管理什么吏治，也根本没有读过 MBA 或 EMBA，有的连汉语都不懂，只得把刑事案子交给汉族小吏，让他们直奔主题。自己的工作就是准备好钱袋子装钱。在铁穆耳大德七年，一次就查出了一万八千四百多贪官污吏，四万五千八百多锭赃钞，五千一百多个冤狱，有势力的赃官还不包括在内。元杂剧对他们罪恶的暴露，很多是通过包公戏来曲折反映的，包公传奇的出现并不断被神化、新故事不断地被演绎出来，说明宋以后的吏治，真的是黄鼠狼下耗子——一代不如一代了。这也说明舆情力量的强大——改变不了现实，我就在戏剧中表达自己的好恶与爱憎。

　　包公戏之所以越演越热闹还因为包拯不像其他清官，如范仲淹、苏轼那样多灾多难。他总是稳坐高位，危难之时总能逢凶化吉，很适合中国人好人有好报的心理。老百姓想得也对呀，你连自己都保护不了，我们怎么拿您当保护神呢？在是非不分的封建社会里，作为民间正直之神的包公，会给人们带来希望，有助于人们在苦难的生活中坚持下去。包公成了他们受欺负时无奈的心理安慰，有时再吼两嗓子有关的戏文就更痛快了。其实包拯活着的时候，大概也不会想到自己会成为清官的形象代言人。

　　说起来，老百姓对"清官包公"的塑造，对于整个封建官僚体系来说，是一个绝妙的讽刺，它像一面镜子照出了贪腐者的贪婪和卑鄙。按说为官者应该极力打压才对，可官府却采取了相反的态度，宋代以后，各朝各代为他修庙、修故居、修家谱，从官方的角度为包公重塑金身。想想，这一点儿也不奇怪，完全是统治的需要，其形成过程与基督

教的形成过程非常相似——起初被官方所打压，后来又被极力推崇。

其实在正史里，包公也并不都是正面形象。据史书记载：奸臣张尧佐的侄女张贵妃被仁宗所宠爱，张贵妃就向仁宗大力推荐自己的堂伯父做宣徽使，包拯起初跟张择行、唐介等人"共论之，语甚切"，《曲洧旧闻》里甚至说，仁宗的人事提议刚一出口，立即遭到包拯的反对。当时老包情绪激动，"反复数百言"，唾沫星儿都溅到了仁宗脸上！

回到后宫，贵妃马上前来慰问谢罪。仁宗一面用袖子擦脸，一面抱怨："包拯向前说话，直唾我面。汝只管要宣徽使、宣徽使，岂不知包拯为御史乎？"可后来看到皇上固执地力挺张尧佐，包拯又釜底抽薪，来了个三百六十度大转弯，跟老张达成了政治妥协，害得唐介被撤职流放，自己却连连高升。这倒很像小说《万花楼》中包拯审判的那个徇情枉法的案例。小说中，包拯有一个不能善始善终的同窗好友，行为方式倒是跟当时的包拯很相像。所以封建政治生态中的包公，不可能事事干得磊落，也不可能是个高大全的形象，因为谁都明白，戏里的包公在现实中其实是没法活下去的。如果事事铁面无私，专跟皇亲国戚、高官显贵作对，上上下下得罪个够，连自己都保护不好，还能保护谁呢？可能包拯也理解，仁宗再廉洁自律，给老岳父的堂哥安排个官做，也算是人之常情。皇家的官不给皇上的亲戚做，给谁做呀？肥水不流外人田嘛。老百姓都懂，老包能不懂吗？

第十回 变法变丢了江山社稷

第十回 变法变丢了江山社稷

我们在前面说过,到大宋第四个皇帝仁宗年间,早已没有了太祖开国时生气勃勃的气象。冗兵、冗官、冗费加剧,吏治越来越腐败;皇室宗亲、高官显贵广置田产宅地,竞相骄奢淫逸,百姓的生活十分艰难。在王安石变法之前,先后发生了范祥对盐业运销体制的改革和范仲淹以改革吏治为主的"庆历新政"。

说起来,宋人入仕主要有科举取士、恩荫补官、胥吏出职、进纳买官四条途径。这四条升官之道,除了科举在考试内容、选拔办法方面还有改革之必要外,其他三条道可以说就是一团烂污,您用多少肥皂粉、洗涤剂也甭想洗干净。您也甭看现在电视上有人在那儿胡吹,不信让他们试试,把这团烂污放洗衣机里,倒入他们的洗衣粉,就是搭上把火碱也难洗干净。

故此,庆历新政的主要内容就是吏治改革。范仲淹的"条陈十事"中的前五个事,说的都是改革吏治,涉及官员选拔、升降、待遇三个方面。范仲淹深知:"王者得贤杰而天下治,失贤杰而天下乱。""固邦本者,在乎举县令、择郡守,以救民之弊也。"他更深知吏治腐败是最大的腐败、吏治改革是最艰难的改革,但他知难而进,锐意革新,结果使得"按察使多所举劾,人心不自安;任子恩薄,磨勘法密,侥幸者不便"。如果说,范祥的经济改革还取得了有限成功的话,范仲淹的吏治改革却因触动了各级贪官、庸官的利益彻底失败了。

庆历新政失败后,北宋社会的政治、经济矛盾更加尖锐了。就在这危难时刻,一个超级政治精英——王安石应运而生了。王安石字介甫,江西人。他父亲王益曾做过州县地方官,所以王安石曾随父亲游

历过许多地方。他善于文辞,博闻强记,早年就负有盛名。

虽然王安石同代和后代的文人们对他的政治主张赞同的不多,但对他的文才却是一片赞扬,连对他评价不高的《宋史》都说他"文动笔如飞,见者皆服其妙"。宋代大诗人杨万里有一首《读诗》绝句,是这样写的:"船中活计只诗编,读了唐诗读半山。不是老夫朝不食,半山绝句当朝餐。"杨万里未必同意王安石的政治观点,尚且如此喜欢其作品,这说明王荆公的诗,在当时已经相当流行。

退休之前,王安石为自己的政治理想奋斗了几十年,这决定了他的社会政治内容的诗歌在其前期和中期生活中,占有极为重要的位置,比如《省兵》《收盐》《兼并》《感事》等,都是针对社会弊端和民众疾苦直接表达自己政治见解的。不过这类诗历来不为后人所看好,比如有人说他作《王平甫墓志》,通篇"无一天性语"。这等于说人家王安石王大人失去了人的天性,患了硬皮症;只会作大报告,根本不会说人话了。

其实人家王安石是一个感情很丰富的人,他的诗集中怀旧抒情的作品真的很不少。比如他写给他大女儿的诗,感情就非常沉郁真挚:"荒烟冷雨助人悲,泪染衣襟不自知。除却春风沙际绿,一如看汝过江诗。"《临川集》中写景抒情的绝句更是颇有情调。比如:"金陵陈迹老莓台,南北游人自往来。最忆春风石坞路,家家桃花过墙开。"至于"春风又绿江南岸,明月何时照我还"更是名句,光一个"绿"字的活用,就让后世评论家研究了上千年。

王安石的诗好与歹,咱在这就不多说了,咱们还是来说说王安石在政治舞台上的进程吧。话说,王安石考中进士后曾做过幕僚、知县、通判、知州、提点刑狱等官职,有着丰富的基层工作经验,也有一定的执政业绩,这使得他对当时的社会矛盾有着深刻了解,并曾以《上仁宗皇帝言事书》为载体,力主改革。可仁宗皇帝却并不买账,反而觉得他太狂妄,要不是老祖宗立下祖训:不杀上书言事者,早就把这个狂人给办了。

那么,王安石在他的"万言书"里都写了些啥呢?他当然阐述了自己的变法主张,陈说赋税徭役的加重,造成了"积贫积弱"的现状,大宋的官多、兵多、行政费用太高,"顾内则不能无以社稷为忧,外则不能无惧于夷狄"。啥意思?用老百姓的话说就是宋代官吏虽然很多,但大多是"占着茅坑不拉屎",对内不为国家百姓着想,对外也不能有效抵御外敌。所以要对现行的制度进行改革,否则汉末的黄巾军起义和唐末的黄巢起义就会发生,到时候您扫不了"黄",黄色沙尘暴反会"横行天下""变置社稷",最后把您给扫了。可这样振聋发聩的言论,这样良苦的用心,却并没有得到仁宗皇帝的重视,反说王安石是危言耸听,蛊惑人心。可这有什么奇怪呢?当年范仲淹不也同样是用心良苦,落了个被逐流放的下场吗?

过了些年,宋仁宗驾崩,宋英宗即位了。据史书说,英宗本来是很想变革庸政的,他是一个"有性气,要发作"的人,可是他偏偏碰到了仁宗的曹皇后要垂帘。有了她老人家,就是有脾气想发作你也发作不起来了,只好把能量憋闷在心里,最后来了个壮志未酬身先死。

可王安石积累了半辈子的阅历,练就了一身的本事,藏了一肚子的韬略,为的就是卖与帝王家呀。他对改革抱有士大夫群体少见的紧迫感,大声疾呼:"以古准今,则天下安危治乱尚可有为,有为之时莫急于今日。"他等啊,等啊,历经三朝,终于等来了识货的宋神宗。而神宗即位后,也终于找到了"负天下之名三十年的"的王安石王达人。

王安石自然更懂得发挥自己的主体意识,紧紧抓住这个机会来进行自我包装,推销自己。在公元 1068 年 4 月,宋神宗第一次召见他时,面对皇帝关于"治国之道"的询问,当时的王安石完全可以用"目空一切"来形容,他连文景和贞观之治都没放在眼里,人家锁定的目标是实现传说中的"尧舜之治";而他自己也不是自比于管仲、乐毅,而是直接跟传说中的帝王之师皋、稷等神人看齐。套一句现代词,这

叫作政治目标远大,而且是出奇的大。

宋神宗虽然感觉他的话有点儿过,但他一个心眼地指望用王安石来改变国家积贫积弱的现象、实现富国强兵的抱负,所以也就顾不上这些细枝末节了。因为此刻,宋代立国已一百多年了,积累的社会问题越来越多,财政压力也越来越大。熙宁元年,也就是公元1068年4月,宋神宗任命王安石为参政知事,行政级别相当于副宰相,后来还升到了宰相,封为荆国公,故后人又叫王安石王荆公。

虽然只是个参政知事,宋神宗却让王安石来主持政府工作,立马变法立制,改变冗兵、冗官、冗费的顽疾,医治社会积贫、积弱、积怨的现状。大家也感觉到大宋这条开了百年的破船快要沉了,急需一个舵手来挽狂澜于既倒,所以当时的人们对王安石的期望值很高,用现在的话说就是人气指数很高。估计,当时要是搞个民意调查,他的支持率绝对不会比奥巴马刚上台时低!大家都认为只要王安石一上台执政就会"太平可立致,生民咸被其泽"。啥意思?就是说只要王安石上台变法成功,天下就会太平,社会富足的日子就要到来,老百姓也全都会享受到变法带来的好处。

王安石就这样在万众瞩目中闪亮登场了。变法一开始,王安石就建立了一个变法指导新机构——制置三司条例司。这是王安石为推动变法设立的第一个权力机构。原本宋代的国家财政由三司掌握,王安石设立制置三司条例司作为三司的上级机构,是当时最高的财政机关,用来统筹财政。制置三司条例司还有研究变法方案、规划财政改革的职能,同时还制订国家一年内的财政预算,并将这种预算办法作为定式保留了下来。

话说,王安石将条例司撤销后,又指定司农寺主持变法的大部分事务。他让自己的门生吕惠卿、曾布、蔡确等人参与新法的草拟。

为保障国家的行政支出和限制商人对市场的操纵,他们率先颁布了"均输法"和"市易法"。

大宋开国后，除了征收赋税外，还在东南的荆湖南、北路，江南东、西路，两浙路、淮南路设立转运使，以满足皇室、中央政府官员的消费需求，但由于转运使衙门的官吏不懂经济，管理混乱，所以浪费巨大。为了革除这些弊端，王安石制定了"均输法"。要求转运使掌握六路的财赋情况，斟酌每年京城所需的物资情况，然后按照"徙贵就贱，用近易远"的原则，合理买进卖出，贮存备用，以节省货款和转运的费用。"均输法"夺取了官商们的部分利益，同时也稍稍减轻了纳税人的负担，但政府的财政收入却较大地增长了。

"市易法"颁布后，先后在开封、杭州、长安、润州——也就是今天的江苏镇江等地设置了"市易务"。后来又将开封"市易务"升格为市易司，作为全国"市易务"的总部来管理市场。虽然叫市易司，但它已具有了眼下内贸部和工商总局的双向职能，可见宋代商品交易已很发达。甭问，进入市易司工作也很热门，考试人员二百比一、两千比一也说不定。大家都明白，管理市场的永远比在市场上做买卖的活得滋润，既可以找到君临天下的感觉，又可以保证口袋及时地、大大地鼓起来。

各地的"市易务"根据市场情况，决定价格，收购滞销货物，等到市场有需求时再出售；商贩也可以向"市易务"贷款或赊购货物，一年后加息二分偿还货款。那时候还没使用 ATM 机，否则王大人就用不着担心雁过拔毛了。市易法在限制官商垄断市场方面，也发挥了一定的作用，同时也增加了朝廷的财政收入。

为了调整封建国家、田主和农民的土地关系，发展农业生产，王安石还制定了"青苗法""方田均税法""农田水利法"和"募役法"。

"青苗法"规定庄稼未熟的正月和五月，也就是青苗正在生长的时候，按"自愿"原则，由政府向农民借贷粮食和钱款，半年后按加息二分偿还谷物或现钱。目的是使农民在青黄不接之际，不至于受到黄世仁们的高利贷盘剥，能够"赴时趋事"，不误农时。同时还规定上等

户，不管你是黄世仁，还是南霸天，多有钱也要依照规定借贷，到时候再按规定纳息，整个一个爱你没商量。于是各级政府机构纷纷插手王安石倡导的金融改革，最终造成了无数农户的倾家荡产，完全背离了王大人当初设想的信贷有利于农户的目标，从而也使"青苗法"成为坑农、害农的"缺德法"。

我记得以前咱们说过，北宋的自耕农和半自耕农的土地不多，但国家繁重的税赋却主要由他们来担负。大庄园主运用各种手段，把自己的赋税转嫁他人，免赋免役，逼得农民忍痛把自己的土地卖掉，去当佃农或到处游荡。可由于田产没有在户籍上注销，仍然是"产去而税存"。颁布"方田均税法"就是为了限制官僚地主兼并土地、隐瞒田产和人口，规定每年九月由县官丈量土地，检验土地肥瘠，分为五等，规定税额。丈量土地后，到转年三月分发土地账帖，作为"地符"。以后分家析产、典卖割移，都以官家丈量的田亩为准，由官府登记，发给契书。王安石这样做的目的，是为了防止大庄园主们改行练杂技玩手彩儿，把千亩良田变没了，这样一来，国家的田赋税收也就得到了一定保障。

"农田水利法"则奖励各地开垦荒田，兴修水利，修筑堤防圩岸——由受益人按户等高下出资兴修。在"农田水利法"的倡导下，一时形成"四方争言农田水利"的建设热潮。北方在治理黄河、漳河等河流的同时，还在几道河渠的沿岸淤灌成了大批"淤田"，使贫瘠的土壤迅速变成了良田。

变法刚开始，当时的三司使韩绛就告诉王安石："害农之弊，无出差役之法。"为了免除杂役，减轻农民负担，让他们安心农业生产，王安石接受建议，制定了"募役法"。公元 1071 年"免役法"正式颁布实施。针对当时差役法的弊病，把差役改为由州、县官府出钱雇人服役。各州、县预计每年雇役所需的经费，按户等高下分摊。"募役法"使原来轮流充役出工的农民回到了乡村，土地荒芜的现象在一定程度上得到了解决。原来享有免役特权的高官显贵，不是怕起早儿打工把生物钟搞乱了吗？那您就交纳役钱，以钱抵工，官府也因此增加了一宗收入，农民的劳役负担也在一定程度上得以缓解。这样，王安石变法中的农业经济部分就取得了阶段性成果。

王安石在对农业经济改革取得初步成功后，自然更想在军事上有所作为，以振军威国威。为了整顿、加强军队的战斗力，王安石制定了"裁兵法"，所以在王大人那里不管你是文艺兵还是体育兵，甭想在这儿当上将军。为了加强军队的战斗力，保障武器供应，他还制定了"保甲法""保马法"，并进而建立了军监司。军监司成立后，就设在开封城内，不管是京城的军器作坊，还是各州的军器制作部门都隶属军监司管理，兵器铠甲的数量和质量都有了较大的提高。

作为"强兵"的措施，王安石一方面精简军队，裁汰老弱，合并军营；另一方面还大力推行"将兵法"。自熙宁七年始，他在北方挑选富有作战经验的军官主抓"将兵"，也就是军训工作，使"兵不知将，将不知兵""兵无常帅，帅无常师"的状况有了较大改变。这也就是说，通过军训让官与兵尽快沟通，避免打起仗来，谁也不认识谁，现喊号报数编队伍。这样做的结果，无疑提高了军队的凝聚力和战斗力。

为了给军队提供兵源，新制定的"保甲法"规定，乡村的农民，每十家组成一保，五保为一大保，十大保为一都保。凡家里有两个以上男丁的，必须出一个人为保丁，也就是民兵。农闲时集合民兵进行军训；夜间轮流上街巡查，防贼防盗保平安。平时让各地保丁接受军训；战时则让他们与正规军配合，防御外敌入侵。王安石的这个"保甲法"可谓一举两得，既节省了大量军费，又可以建立严密的军民联合治安网，而且还把百姓按照"保甲法"管理起来，加强控制，防止造反。

我们在前面说过，在冷兵器时代，骑兵是战场上的骄子，可宋代地域狭小——今天内蒙古、甘肃和东北一带的天然牧场又被强敌占领，如果在内地养马又会与农业争地。这样宋军就无法建立强大的骑

兵,这也是他们长期打败仗的重要原因之一。

"保马法"颁布后废除了河北大名、河南安阳等地的牧马监。把原有的牧地还给农民,在开封府界和京东、京西、河东、河北、陕西五路,推行民户代养官马的办法并免其征役,因此"民皆乐从"。大家可能还记得,包公在河北也实行过将牧地还给农民的办法,但没像王安石这样大规模地实行家庭联产承包责任制。

王安石变法以"富国强兵"为目标,提出了"天变不足畏,祖宗不足法,人言不足恤"的口号,他顶住巨大压力,强力推行新法。在新法实施的十五年时间里,虽然曲曲折折,但还是收到了一定的效果,使豪强的土地兼并和高利贷者的盘剥受到了一些限制,皇室和高官显贵的特权受到了一些削弱,各个层面的农户也减轻了部分差役和赋税负担,使他们得以安心农业生产。国家则加强了对直接生产者的统治,财政收入一度也增加了不少。

变法在"富国强兵"方面也收到了一些效果,比如推行青苗法、免役法等使得中央和各州县的仓库里的钱粮"无不充衍";推行农田水利法,兴建了一万多处水利工程,灌田三十六万多顷。这使得北宋积贫积弱的局面得到一定程度的缓解。当时,在湟水和洮河流域(今甘肃省西南部)三千多里内居住的都是藏族同胞。西夏统治者利用藏族首领之间的纷争,乘机控制了这一地区,以作为进攻陕西各路的桥头堡。面对这种形势,宋将王韶向神宗上了一则《平戎策》,指出西夏正将熙河地区变为侵扰内地的恐怖基地,建议朝廷立即出兵将其收复。

这一建议迅速得到了宋神宗和王安石的支持。北宋熙宁六年(1073),王安石派王韶领兵出征,一举收复了河(甘肃临夏)、岷(今甘肃岷县)等五个州,拓地二千余里,取得了北宋立国八十年来最大的一次军事胜利。然而,这次胜利的结果,完全可以跟后来的中国足球队打入日韩世界杯相比,虽然去了没进一个球,但糟践的钱一点儿也不比冠军球队少,倒是达到了拉动外国GDP的目的! 这是后话。

不过，这些还远远达不到王安石当初设计的宏伟目标，比如说富国，就是要做到"民不加赋而国用饶"，也就是说在不增加税收的前提下，完全依靠发展生产使国家富起来，使得农民得到实惠后不再闹事。

其实在北宋国内，所谓"盗贼蜂起"的状况从来也没停止过。比如宋神宗时期，大大小小的农民起义就发生了三十多次，官家总是让蜜蜂蜇得脸破胳膊肿的，还要粉饰太平。即使是在新法实施期间，对农民起义的镇压仍在加强，连开封所属地区都没完成首善地区的治安指标。朝廷把它和京东、京西、河北、淮南诸路的某些州县，一起列为"惩治盗贼"的重点治理地区，但结果却是"不闻盗贼衰止，但闻其愈多耳"。啥意思？就是越镇压，盗贼越多。"盗贼蜂起"时，老百姓常常是先让土匪强盗抢一轮，官兵来了还得重受二茬儿罪。

如果说强兵——就是要做到"鞭挞四夷，尽复唐之故疆"的话，那么这个开拓疆土的宏伟目标也根本没有达到。变法中不但宋代的疆土和屈辱地位没有根本性改变，而且变法后的四十年北宋王朝就彻底灭亡了。四夷没有受到"鞭挞"，大宋的徽钦二帝先让人家掳到北边受尽了"鞭挞"，"尽复唐之故疆"当然也就成了一句假大空的梦话。北宋灭亡，南宋小朝廷偏安一隅，任你"遗民泪尽胡尘里，南望王师又一年"，他还在那里"直把杭州作汴州"地醉生梦死，碰到这样的混账皇帝和官僚，你让王安石王大人有啥法儿？

由于各项新法严重触犯了皇室显贵、高官豪强的利益，变法终于失败了。宋神宗在元丰八年，也就是公元1085年逝世，尚不满十岁的哲宗继位，朝政掌握在其祖母宣仁太后手中。在王安石推行新法时，对于皇亲贵戚的特权做了种种限制，太后当时就对这事儿很反感，时常地吹吹耳边风，神宗还算明白，没让龙头转向。哲宗继位后，宣仁大权在握，起用守旧派的司马光、吕公著等人，废除王安石推行的大部分新法。变法时期的重要人物一律被罢黜，并停用王安石的《三经新义》为科考的理论范本，连变法时期对西夏的熙河之役的胜利成果，也全部推倒重来。宋军对西夏的军事包围全部撤离，米脂等四个军事堡垒也拱手出让。打小就聪明绝顶、懂得砸缸救人的司马光竟然说，这样可以避免"激令西夏愤怒"，换取几年的边境安宁。

这在历史上叫"元祐更化"，元祐是哲宗的年号，做主的可是他奶奶宣仁太后。

宣仁太后死后，哲宗亲政，他重新起用变法派章惇、曾布等人，继续推行新法，凡是"元祐更化"撤销的东西又一切恢复重来：宣仁太后重用的保守派又遭到了罢黜，历史上称作"哲宗绍述"。变法派与保守派的斗争，越来越多地变成了党同伐异的倾轧，在这烙大饼式的反复折腾中，国家和老百姓的日子更加难过了。

对于变法派章惇，历史上评价不一，有的骂他为奸贼，有的颂其为能臣，我们这里不评价其优劣，不过下面我要说的这件事却不是负面的。在朱弁的《曲洧旧闻》一书里，讲了这样一个故事：申国公章惇请了崇宁二年的进士张任做家教。这时，章惇的孙子已十三岁了，可连个秀才都没考上，就因为奶奶非常溺爱他，成天过着衣来伸手饭来张口的幸福生活。偏偏张任老师平时特爱做家访，对学生的情况很了解。第一堂课，他居然不教孩子"之乎者也"，而是安排了一堂劳动实践课——跟章家的佃农一起开展"踩一脚牛粪，滚一身泥巴"的学农劳动。小家伙自然也免不了来把"锄禾日当午，汗滴禾下土"了。

章惇下朝后听说这件事后，倒是没说啥，可是，他老婆却闹开了，非逼着忽略语数外主课的张老师检讨，并且扬言：不解释清楚，就要叫他好看。没想到，张老师不但不承认错误，还连夜登门向章惇叫板，说是：如果不能按照自己的"教育大纲"给学生上课，自己就辞职。

章惇问他为啥，张老师说："老相公为官几十载，忠心爱国，才有了今天。可现在您已年过花甲，为什么不为子孙计议长远呢？今天这事儿，我并没做错什么。您的乖孙年纪虽然不大，但作为官二代一定要让他定期参加农业劳动，只有了解了'盘中餐粒粒皆辛苦'，才能了解仕途的艰辛,也才可以'为继家业'有利国家! 这样,即使您孙子以后不托庇祖荫当官,也可以自谋生路呀!"章惇听了张老师的肺腑之言非常感动,对他的教学大纲给予坚决支持。他紧紧拉着老师的手,劝老师留下来继续执教,为他培养好"革命"接班人。

这个故事起码能说明,变法派中确实有很多务实之人,但是变法最终还是失败了。总结起来王安石变法失败的原因大概有这样几个:

首先,新法触犯了皇室显贵、高官豪强的许多权益,所以受到他们的激烈抵抗和反对,这大概是变法失败的最主要原因。

其次,王安石的性格弱点,也是变法失败的主要原因之一。过去不是有句话,叫作性格决定命运吗?这句话用在王安石身上,是再合适没有了。王安石被后世的人们称作"拗相公",您要问他老人家有多拗多犟,套一句老百姓的话说就是,"犟死他爹也不戴孝帽子"。前边咱们说过,对于自己制定的变法措施,王安石可以说非常自信,不要说是反对意见,哪怕别人提的合理化建议,他都来个一概不采纳。在整个变法的过程中,他的这种执拗性格,可以说是发挥得淋漓尽致。

俗话说"一个篱笆三个桩,一个好汉三个帮",可为了变法,王安石却把众多朋友都变成了仇敌。宋神宗之所以对王安石如此倾慕,完全是因为一个叫韩维的人极力推荐的结果。可对这个伯乐,王安石不但不知道感恩,而且是一点儿也不懂得尊重。当韩维刚刚对新政表示出些许的异议时, 王安石就一天也不耽误地把他赶出了京城。告诉他,阁下也有两只手,别在城里吃闲饭。

这位拗相公的倔强、不近人情,让他失去了所有的朋友。在新法开始的一个月之内,王安石就罢免了十四个御史,迅速把反对他的人排挤出了权力中心。就连举荐他入朝为相的欧阳修,也因为拗相公的固执己见,选择了提前离休。套一句民间俗话,这叫"君子不跟牛斗气"。

所有这些,造成了王安石在用人上的极大失误,这也是变法失败的重要原因之一。由于他听不进任何意见,这样就造成在动员会上积

极发言的并不是什么坚定的改革派，而只是一些想借此飞黄腾达的两面派和伪君子。比如他特别信任的曾布、蔡确、吕惠卿等人就都是一些见风使舵的政治投机家。

特别是蔡京当了宰相以后，虽然更高地举起了变法的旗帜，但却很快就使之变成了整人敛财的利器。而且，蔡京还把"拗相公"的偏执发展到了极致，虽然他标榜尊崇"熙宁之法"，可只要是正直敢言的官员，不论是保守派还是变法派，一律被他们称作奸党。他们还在端礼门前竖立了一块"党人碑"，把司马光、文彦博、苏轼等几百人都列为元祐奸党，死了的削去官衔，活着的一律流放。蔡京等"六贼"，公开贿赂，排除异己，不但严重败坏了新法的声誉，而且还破坏了老祖宗立下的"不杀上书言事者"的优良传统。

更可怕的是王安石在用人上的重大失误，还逐渐衍生成了一种官吏选拔制度，它对新法的破坏起到了反对派起不到的作用。过去不是有句俗话叫：任你官清似水，难逃吏滑如油吗？新法的许多措施可能真的很不错，但在执行过程中却被异化为官员鱼肉百姓的"正当"手段：出台一个政策，富了一批新人，啥好政策到他们手里都能成了发财的机会。更可怕的是，新法的强势推行，还失去了有效的监督保障。比如，施行"青苗法"，政府规定的利率是百分之二十，官员却擅自提到百分之三十，结果新法实行之后连年自然灾害，在官员逼迫下，农户无论穷富纷纷破产。再比如，施行"市易法"时，政府要平抑物价、抑制私商，官员们就用更坏的官商代替私商，市场、货源、价格被这些官商所垄断，老百姓的生活反而更艰难了。这实际上是对北宋已相当发达的商品经济的严重打击，不但给各地正常的商品流通带来了恶劣影响，更把市场行为演变成了政府垄断，至于当时陕西的石油价格是否一路飙升就不知道了，不过那时候的富户私家车吃草不喝油！这样说吧，变法期间虽然国库收入有了较大提高，但却付出了"国富民穷"的代价。虽然有专家认为，"市易法"打击的主要对象是大商户，但从执行效果来看，基本走向了反面,并由此造成了全国数万个中小商户的破产。

还有"免役法"的出台,本来是为了减轻农民的负担,鼓励农民安心农业生产。本来上缴一些钱,官府的差役有人顶了,农民就可以不用出劳役了,可官吏们收缴的役钱却大大超出了国家标准,这样一来反而加重了百姓的负担。其他如"青苗法""保甲法""方田均税法"等在实行中,也都严重背离了订立的初衷,变成了扰民害民的暴政。虽然变法确实增加了国家财政收入,但以民穷为基础的国富是难以持续的,它难免会造成怨声载道、民怨沸腾的可怕效果。

记得,在冯梦龙的《三言》中,有一篇叫作《拗相公饮恨半山堂》的小说。说的是,王安石变法失败后被赶出京城,途中投宿在一个老农家中。老农听说他来自京城,以为是遇到了上级派来调查熙宁变法坑农害农事件的官员,于是就当着他,历数了新法实施过程中,下层官吏坑害百姓的惊人事例。这让下了台的王大人触动很大,也为各级官吏坑害百姓的创新高招拍案称奇。

说起来,这事儿也不能完全怨他。王大人自己总揽变法大局,每天独裁专政,日理万机,被政治投机家和油滑的官吏所忽悠是很正常的。再加上变法本身推行得也过于急躁,根本不顾各阶层的承受能力。这样王安石变法的失败,也就成了一种必然。

诚如朱熹老先生所说:"介甫之心固欲救人,然其术足以杀人。"介甫,是王安石的大号,那意思是说,介甫本意是为了救国救民,可结果却杀了不少人,这难道不是从良好的愿望出发,却以葬送北宋王朝收场吗?但台湾学者柏杨却针锋相对地说:"王安石是一个了不起的思想家与政治家,那个纸糊的宋王朝,如果不是他的整顿恐怕早就亡国了——早亡给西夏了,还用不着金国来动刀动枪。"应该承认,由于中国古老文化复古情绪严重,所以王安石变法在近千年的历史中并没有得到公正的评价。这是因为宋以后封建社会史学家总是以道学标准来衡量人物的忠奸优劣,这样他们对变法派滥加诬蔑之词就在

所难免了。所有这些,不能不影响人们对历史人物的公正评价。

梁启超先生盛赞王安石变法是"国史上,世界史上最有名誉之社会革命"。列宁更称赞,王安石是十一世纪中国最伟大的改革家。但是,也应该看到,中国历史上的多次变法只是少数精英从上而下的变革,商鞅变法、王安石变法、戊戌变法都基本是在脱离百姓的情况下进行的。改革如果不能发动民众、惠及民众,就得不到百姓的真心支持和拥护,改革的成果也就难免成为一堆泡沫,这也许正是历代变法失败的共同点和最根本原因。

不过有个王安石变法的副产品,最后值得一提。想当初,王安石负责变法时,每天得批像小山似的文件。每次看过文件,他都在上面写上一个"石"字。可由于文件太多,他又是急脾气,常常在一横下面画一个圈儿了事。开始,下属以为这些文件根本没看又转了回来,于是就重新送了上去。这使得王宰相非常生气,立马让下属层层转达他的指示:以后凡是画过圈的文件,就算他已批过了。时间一长,其他同僚下属纷纷效仿这种方法,慢慢地,"圈阅"竟然变成了各代各级领导批阅文件的传统模式了。说起来,这也算是老王的一个发明。我看王荆公的粉丝们,应赶快为他申请知识产权保护,千万别让其他国家抢注了去,到处吹牛说画圈这事儿也是他们发明的。

第十一回 『水浒』——两宋民暴浓缩版

第十一回 "水浒"——两宋民暴浓缩版

从奴隶制的夏朝开始,中国经历了十二个主要朝代,而若从秦始皇称帝算起(公元前221年)到清代(1911年)灭亡,中国的封建王朝共经历了二千一百三十二年,产生了大大小小六十七个王朝和四百四十六位帝王。从最早的陈胜、吴广起义到最后,也是最大的太平天国起义,历朝历代的农民暴动可谓轰轰烈烈,几乎每两百年左右就发生一次大的动乱,大大小小的农民起义总共有几万次。

对于农民起义,近来史学家们,有两种极为对立的说法。有的说,农民起义加速了旧王朝的灭亡,在新王朝建立后,统治者被强大的农民起义所震慑,总是对农民采取让步政策,让百姓休养生息,发展生产吃饱饭,客观上也就促进了社会生产力的发展。李世民的名言:"水能载舟,亦能覆舟"和由此激发出来的贞观之治就是一个典型的案例。

可也有人说,每次大的农民起义都会造成赤地千里、血流成河,生产力和文化传统遭受极大的破坏,国家的血脉也会遭受极大的损毁。比如秦统一中国后,人口达到了二千万人,到西汉武帝时人口上升到五千万人;可东汉末年由于黄巾军起义、军阀混战和瘟疫流行,全国人口竟然减少了四分之三,那时的中华大地竟然只剩下一千一百万人口。隋朝全盛时代全国人口又回升到四千四百万人,隋末群雄并起,逐鹿中原,激烈拼争的结果,使占全国三分之二的人口遭到杀戮,生产力严重倒退。到唐代建政三十五年后,全国人口仍然还不到两千万人,远未恢复到隋朝全盛时的人口数量,所以说农民起义对生产力的发展和文化建设都起到了一定的破坏作用。

应该说,这两种说法都有各自的道理,也各有其史实依据。问题

是，研究农民起义，不能单从其是否对发展生产力有好处来考察它该不该发生。如果真像有些人所说的那样，农民起义是洪水猛兽，那么大家为了各自的私利，不断地乱砍滥伐，严重破坏社会生态平衡，那你又有什么资格责怪洪水该不该来呢？你又有什么资格怪罪它造成的巨大损失呢？比如秦末和隋末的农民大起义，就是残暴的统治者滥施徭役，滥杀无辜，官逼民反，社会生态被严重破坏所造成的结果。

说到大宋王朝，虽没有产生秦始皇、隋炀帝那样的暴君，可自打"杯酒释兵权"后，统治者急着"用土地换和平"，促使皇亲贵戚、地主官僚严重兼并土地；而佑文政策和腐败的选官制度，又造成了冗官、冗兵和冗费的加剧，再加上对外战争的巨额赔款，给百姓带来了沉重的经济负担，致使宋代成为中国历史上农民起义最多的王朝。据历史记载，从北宋建立的第六年爆发的第一次农民起义，到南宋即将灭亡的最后一次农民起义，整个宋代三百多年，共经历了四百三十多次农民起义，平均一年一次还有富余。而且是北宋和南宋对半平分，爷俩比脑袋，一个浑蛋样儿。

说起来，宋代最著名的起义，应该是发生在宋太宗时的王小波、李顺起义。这样大规模的起义之所以首先在四川发难，就是因为在那里的土地兼并最为严重，佃户占了农民中的百分之七八十。佃户们失去了土地，到处给人家打工，豪强地主对待佃户就像对奴隶一样，"凡租调庸敛，悉佃客承之"。啥意思？那意思就是说：虽然四川的佃客们比中原的同行生活还困苦，可遇到赋税徭役这类花钱出力的事，还得由诸位来承担。您不是"位卑未敢忘忧国吗"？人家就给你搭建一个展现自我的平台，以满足您的精神需求。老百姓吃了哑巴亏，自然对高官显贵横征暴敛、贪污腐败充满了怨恨，可没法呀，贪污来的钱财也不能上工资条，照章纳税呀！过去有句话叫："天下未乱蜀先乱"，您如果细细分析一下从四川王小波、李顺起义到"保路运动"的成因，就知道这话是啥意思了。

话说公元 992 年,四川连年大旱,可谓是赤地千里、饿殍遍野,老百姓度日如年。这就好像在农村的场院里,堆了一大堆干柴,就只等一个火星了,那形势正如一个伟人的名言——"星星之火,可以燎原"。仅仅过了一年,这话就应验了:公元 993 年,由王小波、李顺领导的农民起义在西川青城,也就是今天的四川都江堰市爆发。他们迎合农民追求均富、渴望生活平等的愿景,宣告"吾疾贫富不均,今为汝均之"。从此,"均贫富"就成了历代农民起义最响亮的口号,别管哪朝哪代,那些失去了土地、连自己都养活不了的佃客,听了这口号当然会一呼百应,铤而走险。故此,王小波、李顺起义仅十天,义军就迅速发展到了好几万人。

起义军攻下彭山县也就是今天的彭州市后,愤怒的百姓剖开彭山县令齐元振的肚子再填满钱币,最后满足了这位大贪官对金钱的强烈欲求。可笑的是,之前齐元振竟然还被宋太宗树为全国廉政模范,多次号召全国的官吏向他学习,并予以了重大奖励。可老百姓却都知道,他其实是个很会作秀的大贪污犯,皇帝佬真该治治自个儿的白内障了,眼不好可是大毛病。

话说,起义军每到一处,就打开仓库把官府的钱粮财物分给农民,农民群众的积极性空前高涨,起义军队伍滚雪球般在扩大。虽然不久起义军首领王小波战死,可到了第二年,义军还是在李顺的率领下攻占了成都,建立了大蜀政权,并控制了四川的部分地区。面对依然强势的北宋政权,王小波、李顺起义军的斗争坚持了三年,最后终于失败了,但是他们给北宋统治者带来的震惊却是非常大的,因为这还是王朝初建的鼎盛时期,农民就已经感到走投无路,不惜铤而走险了。

统治者害怕农民起义所透露的国不泰民不安会有损"盛世"形象,所以就发动大宋的主流媒体千方百计地遮掩,但是效果却不咋样。此后从太宗到仁宗,历经三朝,大小起义竟达到了上百次。规模较大的有王伦起义,张海、郭邈山起义,湖南瑶族起义和王则起义等等。

　　这里所说的王伦，大概就是小说《水浒传》中，那个器量狭小的秀士王伦。他当年起事的地方就在山东，离梁山确实不远，活动范围也跟宋江哥儿几个的行踪差不多，主要是在苏鲁皖一带打游击。不过王伦根本没那么高的学历，不是落第的秀才，而是中央禁军的士兵，说起来跟东京八十万禁军教头林冲也是一个部队的。行伍出身的王伦不会像落第的秀才那样小气，也不会干出公开拒绝老首长上山打游击的勾当来。其实，王伦起事时比宋江、林冲他们早了七十多年，王伦和林冲虽是一个部队的，却根本没有照过面，所以林冲上梁山那段曲折故事完全是虚构。

　　您想，大宋王朝开国之初，太祖、太宗这么有本事，还经常按倒葫芦起了瓢呢，到了他们的后代宋神宗这儿，就更加六神无主了。在宋神宗执政的十年间，大小的农民起义竟发生了三十多次，如1077年爆发于福建地区的廖恩起义，"聚徒千余人，剽掠市邑，杀害将吏，江浙为之骚然"。啥意思？就是说，廖恩义军虽然不过千把人，却到处抢劫，杀害官吏，不光福建地区受到了严重侵扰，连最富庶的江浙中产阶级都感到了严重威胁。

　　方腊是今天黄山脚下的歙县人，后来到睦州的青溪也就是今天浙江淳安县给人家扛长活，在这里受到了小混混朱勔主持的苏杭应奉局的残酷欺压。于是方腊就利用牟尼教，联络贫苦百姓，准备聚众起事。公元1120年，方腊起义在浙江睦州爆发，"数日，有众十万"，后来，起义军连破浙江、安徽的六州五十二县，杀死贪官污吏和豪门大户。当时，宋廷正准备和大金国一块儿夹攻契丹，军队已整装待发，不日就将开始发动袭击。在得知方腊起义后，宋徽宗来了个"攘外必先安内"，派宦官童贯率十万大军前去镇压，同时还罢免了朱勔等大贪官的职务，撤销了苏杭应奉局，停办了花石纲。这是典型的"大棒加胡萝卜"政策，敢情这一招还是外国人跟咱学的。

　　谈到方腊起义，明代思想家王夫之曾说过："方腊之反，殴之者朱动花石之扰,非新法迫之也。"一句话,正是被"花石纲"逼出来的。那么,啥叫花石纲呢?原来,宋徽宗为了追求骄奢淫逸的幸福生活,在苏州、杭州两地征用几千名工匠,每天制作象牙、牛角、金银、竹藤、织绣等工艺品,供他玩赏。可日子一长,他老人家玩儿腻了又想搜求奇花异石,修建御花园。蔡京、童贯等奸佞为了讨好他,派了一个叫朱勔的混混儿,在苏州成立一个"应奉局",在杭州成立一个"造作局"。这俩局行政级别虽然不高,可上上下下却都管它们叫"东南小朝廷"。原因就是,"应奉局"为了"应奉"皇上的需要,养了一大批差官专门搜罗奇花异石,大宗的山石自然得派人到山里去采伐,要是知道哪家有小宗的奇木异石,差官也绝不落空儿,立马就带兵士闯进人家家里,黄封条一贴就成了贡品。可你要是等封条贴好后,有半点儿剐蹭,你就会落个损坏"国宝"的罪名,当即就会被抓进监牢。要是被征的花木高大,搬运起来不方便咋办呢?"造作局"就在百姓房子上写一个"征"字,事情立刻就办妥了。您瞧人家搞这行多专业!这也难怪,人家朱勔本来就是黑社会出身嘛!难怪老百姓"赞扬"他们是"贼来如梳,兵来如篦,官来如剃"呢,那些被征来采石的民夫,被征走花石的人家,往往被官办"造作局"剃得倾家荡产、片瓦不留,啥事也"造作"不起来了。

　　古木花石搜刮来了,混混儿朱勔就着手用船把它们送到东京汴梁。船只不够,自然不用发愁,他们把运送粮食和其他货物的商船抢过来,东西统统倒掉就行了,因为哄皇上高兴才是重中之重嘛!这些船只,每十船叫一"纲",因为是专门给皇帝运送花木石头的,所以就叫"花石纲"。这么大的船队,走那么远的路,自然还得征用大量民夫,算起来得有好几十"纲"了。《宋史》中说花石纲"流毒州县者达二十年",应该说此言不虚。小说《水浒传》里不是也说过,梁中书给他老丈人蔡京运送生日礼物,也有自己的陆路运输组织,叫"生辰纲"吗?晁盖、吴用、刘唐、公孙胜等七个人"智取生辰纲"的故事,写得非常精彩,这个行动是梁山农民起义的前奏,从此揭开了"水浒"一百零八名

英雄大聚会的序幕。您说这也奇了怪了，他们为啥将运送财物花木的组织叫成这纲那纲的呢？原来在他们心目中只有这事儿是最重要的，"花石为纲""生辰为纲"，不才能纲举目张吗？不过他们祸害起老百姓来也是杠杠的。

话说，花石纲运到东京汴梁，宋徽宗赵佶别提多高兴了，他立刻决定给混混儿朱勔加官晋级，鼓励他运来更多的花石纲。后来，朱勔的官就越升越高、权力越来越大，那些达官显贵，科场新秀虽然心里有气，可也不敢招惹他。怎么着？想仗着自个儿念书多学历高就看不起人家社会小混混儿？人家有社会大学的学历，手上的老茧、身上的刀伤就是资格，你教育部门不认可皇上他老人家认可，你生气去吧！

当然最为此生气的还是老百姓。花石纲把东南一带闹得昏天黑地，绝美的奇花异石百年古树从山里运到城市，反倒给百姓带来了巨大灾难，他们能不生气吗？我们上回就说过，像"造作局""应奉局"这些专为支应皇家贵族而设立的机构，正是王安石"均输法"要改革的东西，可到了所谓的变法继承人蔡京一伙手里，却变成了加重百姓经济和劳役负担的盘剥手段，您说老百姓不铤而走险才怪呢！

看着花石纲激起了一场大动乱，蔡京、童贯只得见风使舵，拿小混混儿朱勔当了替罪羊。由于他们的这一手缓解了民怨，给义军来了个釜底抽薪，再加上十万大兵的及时进剿，方腊起义军后继无援，慌忙退到睦州青溪县的岩洞，这场起义最后以失败告终。

宋江三十六人的起义，大约跟方腊起义同时，因为后面结合《水浒传》还要细说，所以这里就不多唠叨了，只有一点需要说明，它也是花石纲、生辰纲这类税外乱收费给逼出来的。

至于南宋的钟相、杨幺的起义，完全是因为南宋小朝廷为了给金人上贡加剧了对百姓的压榨引起的。公元1130年金兵攻入潭州，北宋战败的溃兵内战内行、外战外行，抢老百姓更在行，立刻点燃了百姓心中的怒火。钟相等人抓住这难得的机遇，在洞庭湖举起了义旗。

钟相自称"有神灵与天通,能救人疾患",他继承王小波的遗志,进一步提出了"等贵贱,均贫富"的口号,以此诱导穷苦农民。百姓纷纷响应,起义军很快就发展到四十万人。他们"焚官府、城市、寺院及豪右之家。凡官吏、儒生、僧道、巫医、卜祝之流皆为所杀"。起义军迅速占领了湖南、湖北七州十九县,并在此基础上建立了"大楚"政权。看过小说《说岳全传》的人,大概都记得镇压钟相、杨幺起义的正是岳飞岳鹏举。宋高宗赵构把岳飞从抗金前线调回,再次来了个攘外必先安内。岳飞采取"且招且抚""恩威并济"的策略,迅速瓦解了义军。据说捕杀杨幺的,正是岳飞的把兄弟——那个张飞式的人物牛皋。

回头咱们再说宋江起义。无论是从整个中国历史看,还是从整个宋代历史看,梁山好汉的起义规模都不算很大,甚至还不如在小说中被宋江剿灭的方腊起义规模大。那么宋江等三十六人,是如何被忽悠成历史上影响最大的农民起义了呢?这完全是小说家文学创作的功劳。

关于宋江起义,在正史中其实只有些零星的记载。《宋史·徽宗本纪》中说:"淮南盗宋江等犯淮阳军,遣将讨捕;又犯京东、江北,入淮海州界,命知州张叔夜招降之。"《宋史·张叔夜传》说:"宋江起河朔,转掠十郡,官兵莫敢撄其锋。"《东都事略·侯蒙传》说:他"以三十六人横行河朔,官兵数万无敢抗者。其才必过人"。从上述记载中,可以看出宋江起事于河南的黄河以北,后来上了山东梁山泊,多次反击北宋官军的镇压。

如果我们现在去山东梁山看看,那里山不高、水不深,根本藏不了多少军队。不过在北宋时代,黄河曾多次决口,使得地跨河南、山东的曹、单、濮、郓、济诸州原有的小湖泊都与梁山泊连成了一片,周围达八百里,附近百姓靠水吃水,以打鱼捉蟹为生。北宋统治者一点儿也不落空,看见老百姓有了生存之道,立刻创新思维,抓住机遇,把黄河决口变成了自己的生财之道。他们把梁山泊收为公有,成立了"西城括田所",凡进梁山泊去打鱼捉蟹、采藕割苇的都得缴税,偷税漏税

的以盗窃论处,而且是不论丰年灾年都得照缴不误。宋江等三十六人的起义,就是被这种残酷的经济压榨给逼出来的。

宋江起义虽未形成燎原之势,但北宋统治者却仍然很恐惧。他们派两路提刑进剿,而起义军又总是利用水乡的有利地形,以少胜多,以至于官兵都不敢正面跟它交锋。可以想见,这支起义军当时的锐不可当。关于宋江起义的结局,历史上记载不一,有的说是被张叔夜招降;有的说被折可存平定;有的说在招降之后,又被利用去征讨方腊了。

宋江领导的农民起义,当然是《水浒传》创作的最早依据。宋末元初,画家龚开的《宋江三十六人赞》初次记录了三十六人的姓名和绰号,并说:"宋江事见于街谈巷语,不足采著。虽如高如、李嵩辈传写,士大夫亦不见黜。余年少时壮其人,欲存之画赞。"可见宋江起义的故事早在宋江身后,就在民间流传开了。

在水浒故事广泛流传的同时,说话、杂剧等通俗文艺,也日趋成熟。水浒故事已成为当时艺人们讲述、演唱的重要内容,以水浒故事为题材的话本、戏剧剧本也相继问世。南宋罗烨《醉翁谈录》中"小说开辟"一条,所记的说话目录,已有了"公案类,石头孙立""朴刀类,青面兽""杠杆类,花和尚、武行者"等故事情节。

宋末元初出现的《大宋宣和遗事》可能就是说话人讲说故事的提纲。其中写了晁盖劫取生辰纲、杨志卖刀、宋江私放晁盖和怒杀阎婆惜等生动情节,末尾还提及了受张叔夜"招诱"的事儿:"后遣宋江收方腊有功,封节度使。"虽然《大宋宣和遗事》所写的水浒故事内容很简单,起义英雄也还只有三十六人,但梁山起义故事已具雏形,展现了《水浒传》的原始风貌,是现传水浒故事较为直接的源头。

元代出现了一批水浒戏,使水浒英雄发展为七十二人,后来又扩军为一百单八将,对梁山泊起义根据地的描写,也更接近小说《水浒传》了。其中有些英雄人物如李逵、宋江、燕青等人的事迹,已有了细致生动的细节描写了。

施耐庵正是在前人长期积累的基础上，完成了反映农民起义的古典名著——《水浒传》的。关于施耐庵其人，没有什么确凿的历史记载，有人说他曾参加过元末的张士诚起义，也没有多少史料可以证明。但他生长在元末明初的动乱年代，出生地淮北不仅距离当年宋江起事的地方不远，又是当时的各派军事势力拉锯的主要战场，所以说施耐庵参加某路起义军又是完全可能的。至于他具体是哪个山头的，只能用江湖黑话才能套出来，派人搞外调肯定是查不清的。

不过有一点可以肯定，写作《水浒传》的施耐庵，不但对有关宋江三十六人的起义传说很了解，对他同时代的农民起义也是很了解的。记得，前面说过，一部《水浒传》明明讲的是宋徽宗时代的故事，但施耐庵先生却要从宋仁宗讲起，说他是上界赤脚大仙下凡，"文有文曲包拯，武有武曲狄青"，"在位四十二年……天下太平，五谷丰登，万民乐业，路不拾遗，夜不闭户"！一句话，国家被老赵家祖先经营得很有条理，只是被他的后代儿孙宋徽宗赵佶给糟蹋了。这一糟蹋就糟蹋出了三十六天罡，七十二地煞，来一起祸乱天下。

每次看《水浒传》，很多人都闹不清武大郎卖的炊饼到底是啥东西。原来"炊饼"一词是为了避宋仁宗的名讳而来的，宋仁宗名赵祯，"祯"跟"蒸"音近，为了避皇帝名讳，避免皇帝真的被人家"蒸"了，所以就将民间卖的蒸饼都改称了"炊饼"，不信有武大郎主打食品为证。谁说宋仁宗没有权威、不搞专制？我想这件事上，仁宗的后代改名时，就没跟街上的个体户武大们商量！没跟个体户们商量"蒸饼"为嘛改叫"炊饼"，大家倒是不在意，那是饮食文化，武大不想研究。问题是，地方上的恶势力，给卖"炊饼"的武大哥戴了顶绿帽子，最后还把人家给毒死了。为了给哥哥伸冤，武二哥武松将证人何九叔和郓哥带到了县衙，对知县说："小人的亲兄武大被西门庆与嫂通奸下毒药谋杀了性命。这两个人便是证见。"由于知县和县吏都接受了西门庆的巨额贿赂，所以对这个杀人案来了个推三阻四，先是说光有人证不行，还

要有物证,等到武松拿出了物证——"两块酥黑骨头、十两银子、一张纸"后"禀告相公:这个须不是小人捏合出来的"。可"知县看了道:你且起来,待我从长计议"。从长计议的结果就是不立案,更不去抓捕犯罪嫌疑人。既然如此有法不依,武松只好说道:"既然相公不准所告,且却又理会。"那么武松是如何"理会"的呢?先是斗杀西门庆、残杀潘金莲和王婆,然后再血溅鸳鸯楼、反上二龙山、啸聚梁山泊——这就是官商勾结、司法腐败的结果。

市民出身的武松是如此,穷苦猎户解珍和解宝是如此,连高级军官林冲、杨志、关胜、秦明,司法人员宋江、朱仝、雷横,中产阶级卢俊义、扈三娘,庙里的和尚鲁智深都因吃冤枉官司被逼上了梁山,"天下太平,五谷丰登,万民乐业"的和谐局面焉有不被破坏的道理!

一部《水浒传》前半部分就是将三十六天罡、七十二地煞被逼上梁山的过程,后半部分便是他们啸聚梁山、对抗官军的几次反围剿过程。梁山的反围剿斗争采取的是诱敌深入、关门打狗的战略,以至于几次朝廷派大军来征讨梁山都大败而归。这其中就有太监将军童贯童公公率领的扫荡部队。

《水浒传》中提道,童贯曾多次主动请求带兵征讨梁山,并夸下海口说:"鼠窃狗盗之徒,何足虑哉!区区不才,亲引一支军马,克时定日,扫清水泊而回。"此后,童贯率领十万兵马杀奔梁山。梁山好汉用十面埋伏之计两赢童贯,杀得童贯落荒而逃,不敢回朝复命。

说起来包括梁山义军在内的多次农民起义,都是蔡京、童贯一伙逼出来的。起初童贯总揽军国大事,作为宰相的蔡京可以说是羡慕嫉妒恨,当徽宗授予童贯相当于宰相一职的开府议同三司时,蔡京醋意大发,拒不奉诏,并且还酸溜溜地说:"堂堂宰相,难道可以授给宦官吗?"童贯当然也不甘示弱,处心积虑地寻机报复。当太阳出现黑子,他就以此兆不吉、需要罢相去除不祥为由,成功地逼迫蔡京辞职,自己如愿以偿地掌管了枢密院,并加封太傅、经国公。

后来因为朝野上下反对他们的人挺多,为了一致对外,加上两人又臭味相投,童贯又与蔡京和好如初,来了个拧成一股绳坑害国家和百姓。老百姓因此讽刺他们为"相"和"公相"。当时广为流传的民谣说:"打了筒(童),泼了菜(蔡),便是人间好世界。"这两回太监将军亲自带兵征讨梁山,还真的差点儿让人家"打了筒(童),泼了菜(蔡)",为提升地沟油的生产指标做出了杰出贡献。

不过历史上的童贯似乎并不是个昏庸无能之辈,他"状魁梧,伟观视,颐下生须十数,皮鼓劲如铁,不类阉人",阳刚之气可见一斑。论事业,独掌兵权,位列三公,地位显赫;论经历,封王出使,也算是大宋的杰出人物了。

宋徽宗曾任命童贯为西北监军,负责主持对西夏的战事。据说,童公公率队出征,还真不是逗你玩儿,据记载,他还真率兵打了几次胜仗,再加上西夏经济跟不上了,最后只得表示愿意赔款谢罪。徽宗于是召回童贯率领的征讨大军,对其"加贯太傅,封经国公"。

随后在童贯主持下,宋代又对吐蕃开战,经过一年的征伐,宋军彻底打败了攻入河湟地区的吐蕃军队,控制了青海东南部、黄河以北地区。童贯先生因此升为西北地区的最高军政长官。在武力极弱的宋代,童公公俨然成为了大宋王朝上空冉冉升起的耀眼将星了。

宋徽宗初登大宝,用人最讲相貌,他常常以童贯为奇货可居。于是就把童公公加为检校太尉,授予了武官的最高职位,派他率领军事代表团,前往辽国进行访问。满朝文武以为这事太离谱儿,我堂堂大宋王朝怎能派太监出使敌国,难道就派不出个猛男型的冠军了吗?这不是逗人玩儿吗?可徽宗却说:契丹人听说我国有一个童贯,是个常胜将军,很想见识一下。现在派他去考察一下辽国,也算是专业对口,顺便还可以威震敌胆。金无足赤,人无完人嘛!

话说,辽国朝野本来就认为弱宋的君臣没几个像真正的男人,能出境的人物大都娘娘腔,这回还真派来一个不男不女的非完人来,于

是就对大宋的军事特使童贯将军着实耍弄了一番。受到侮辱的童公公甭提多窝火了，就在回国途中接受了辽人马植的计策，开始了大宋夺回幽燕十六州的行动。后来在金兵的帮助下，宋军果真克复了幽燕十六州，尽管付出了极大的代价，但英武的太祖、太宗的临终遗愿，却在一个太监将军的努力下实现了。由于这事儿是童公公最早提议并积极参与实施的，所以事成之后他遂以太监身份晋封为广阳郡王，可谓位极人臣。果真这样，童贯将军倒真是内战外行，外战内行了。

话说回来，施耐庵虽然把梁山英雄写得个个侠肝义胆，把梁山起义写得勇猛无比，但我们却可以从小说中看出老先生的好恶来，因为他毕竟是个读过圣贤书的知识分子，所以他笔下的梁山义军头领宋江，始终把被招安当作自己的终极目标。为了追求这个终极目标，他竟然派梁山的超级帅哥燕青潜入青楼，走了皇家级妓女李师师的后门，沿捷径直达最上层，在妓院里向大宋皇帝表达了自己日夜梦想被招安的利益诉求。看过小说《水浒传》的人，大概都还记得这档子事，而且也都会大骂宋江是在错误的时间、错误的地点，与错误的人物进行的最离谱的政治交易。

离谱是离谱，不过宋江宋大哥毕竟是个办大事的人，就连朝廷接受招安的指标，都是他花大钱买来的。宋江明白要到京城办大事，就必须跑步"钱"进——对京城的各个关键岗位都需要进行感情投资。在《水浒传》里，智多星吴用为他出谋划策说："哥哥再选两个乖觉的人，多将金宝前去京师，探听消息，就行钻刺关节。"宋江依计而行，马上叫人"收拾金银细软之物两大笼子"。说明白点儿，超级帅哥燕青潜入青楼的绝密行动，正是在巨大财力支持下进行的。话说燕青潜入青楼，"打开帕子，摊在桌上，都是金珠宝贝器皿"，连娱乐界的大姐大李师师看了都不免一惊，因为这比她平时接客的经济收益高了不知多少倍，所以立马就答应了超级帅哥燕青的特殊要求。这位娱乐界的大姐大不但人财两得，还跟这位小青哥一起做成了一个史无前例的大买卖。那叫一个爽！

对此，《水浒传》里有较为细致的描写。说是，燕青在李师师的协助下，马上就求得了皇上的一纸诏书，这可比跑步"钱"进效率高多了。随即，燕青又以特快专递的形式将赦书送到了宿太尉府上，老宿在接到赦书的同时，自然先接到一堆"金珠宝贝"。他留足自己的，也不忘上交集体的——花去其中的一部分，去参加"招安大使"的招标活动，用咱老百姓的话说，这叫羊毛出在羊身上。因为这位官场老将深知这项送温暖活动后期还会有更大的收益，因为他早听说过宋江先生的办事风格。正如所料，当宿太尉率领招安团队来到梁山后，首先宣读完有关招安的指示精神。宋江以下广大官兵大多欢欣鼓舞，当然也有李逵、武松、鲁智深和阮氏三雄等负有重大命案者表示坚决反对。为了避免迟则生变，宋江立即捧出一盘金珠献给宿太尉。经过再三推却，宿太尉还是"勉强"收了下来。宋江怕宿太尉的随行人员产生羡慕、嫉妒、恨，决定凡是参与招安工作的政府官员，比如闻参谋、济州太守张叔夜等都有丰厚馈赠。大家也都在"一番真诚"的推辞后，接受了梁山义军的劳务费，就连跟班随从、司机伙夫"并皆厚赐金银财帛，众人皆喜"。于是事情就马到成功了。

看过小说《水浒传》后，大多被梁山兄弟的义气所迷恋，这其中宋江大哥"秀"得最为充分。有细心的人统计过，被宋江资助过的各界群众共有十七个人，如果按每人十两银子计算的话，也不过二百两。但受到过宋江资助的人，除了阎婆惜，用了他银子的都到处说他的好话，宋江也因此落了个"及时雨"的好名声。一部《水浒传》在众英雄上梁山之前，简直就成了宋江收买人心、准备发动起义的过程；而上了梁山的宋大哥，又始终把被招安当作自己的终极目标。宋大哥花钱使银子，也始终没有忘了这一个中心、两个基本点。

若是在眼下，宋江肯定是个合格的慈善组织掌门人，他要搞慈善绝对不会闹出郭美美的绯闻和笑话来，不会拿大家的善款去买高级包

包和外国化妆品,完事还到处吹。要说人家郭美美这孩子的能力也不低,仅凭只手就把中国"红十字会"的百年历史都抹黑了,也真不容易!

这是闲话。说到《水浒传》的版本其实很复杂,要考证它确实比较难。一般认为明人高儒在《百川书志》中题为"施耐庵的本,罗贯中编次"的《忠义水浒传一百卷》是《水浒传》的原始本。在这个本子里,已有宋江征方腊和征辽的故事。明嘉靖年间的百回本,在艺术上有较多的加工。万历年间余象斗的一百二十回本,又增加了"征田虎""征王庆"的故事,但文字较为简略。

明代天启至崇祯年间,出现了杨定见的一百二十回本,除增饰了余本中"征田虎""征王庆"的故事外,其余部分主要依据旧嘉靖本。明末清初的大文人金圣叹,腰斩了《水浒传》,他把一百二十回本改成了七十回本,删削了对统治者怨恨的诗词,加上了自己的评语,添上了卢俊义的噩梦,关于宋江的描写也有了不少窜改,并以一百零八将最终被一网打尽结束,替统治者进行了一场文化大绞杀。鲁迅先生曾痛斥他"昏庸得可以"。不管金圣叹删改的目的是什么,七十回本确实保存了水浒故事最精彩的部分,文字也比较凝练统一,因而成为清代以后最流行的"水浒"本子。

1949年以后出版的七十一回本,是以金圣叹七十回本为底本,对内容做了些必要的复原:把金本的"楔子"改为第一回,并把卢俊义做"噩梦"的内容删去,把最后一回回目"惊噩梦"恢复为"排座次"。无论是从情节的完整性来说,还是从人们对梁山英雄的情感寄托方面来说,都可以说已经很不错了。但无论是《水浒传》的原作者,还是各朝代的校改者,都没有想到,六七百年后,它会被江青、姚文元等现代阴谋家所利用,成为他们打击政敌、祸乱全国的工具。这可是一场比卢俊义更可怕的"噩梦",这样的"噩梦"无论是玉麒麟,还是金麒麟都镇不住它。可毕竟那场以古讽今、以古乱今的"噩梦"已经过去,"噩梦"醒来是早晨,大家还得往好日子奔,再也不能瞎折腾了。

第十二回 「佑文」制度下的文化人

第十二回 "佑文"制度下的文化人

宋代实行的是重文轻武的政策,所以文人的地位很高。范仲淹、欧阳修、王安石等人都曾主持过革新变法,有的还当过军事统帅,虽然变法相继失败了,他们在军事上的作为也不算大,还都受过撤职查办的处理,但毕竟都掌过实权,施展过自己的政治抱负。司马光虽然反对过变法,思想也比较守旧,但一部《资治通鉴》足以让他彪炳千秋。《资治通鉴》全书共二百九十四卷,写的是从公元前403年到作者生活年代的一千多年历史。司马光是想通过总结朝代兴衰的经验,来为统治者提供政治借鉴。联系到他是因为跟老王赌气辞官后写成此书的,所以说他主要的目的还是为了借古讽今,为现实服务。作为文化界领袖,不光不以实际行动支持变法,还躲在阴暗角落里编书拿历史说事儿,编累了还写公开信(《与(王)介甫书》)贬损当朝宰相,宰相呢,看了也写公开信(《答司马谏议书》)回骂。不过这却从另一个角度说明北宋的文化环境还是比较宽松的。当然司马光当政时在许多方面,特别是在文化事业方面也做过一些好事。

这一回,我不想多说那些在政坛上得意的文人,因为宋代文人的地位再高也仍然有许多落魄的人,而这其中柳永、苏轼就最具有代表性。这不光因为他俩的文学成就很高,还因为他们一辈子不如意,是世上少有的倒霉蛋儿,偏偏这其中又有很多故事,说起来也挺有意思:

好,我们先来说说北宋开一代词风的柳永柳大师。柳永原名叫三变,福建崇安人,是工部侍郎柳宜的小儿子,他少年时代就进京来参加科举考试,为的是尽早取得功名,以便光宗耀祖。在复习功课准备高考期间,他结识了许多著名的歌伎,由于擅长词曲,他就开始替她

们写歌,挣点儿外快。由于在娱乐界混长了,他也养成了一种放荡不羁的浪子作风。

说起来,柳永是北宋第一个专门写词的作家,他虽然文才出众,但由于所写的东西不是主旋律,因此也就成了边缘化音乐人。他一边进行音乐创作,一边应考,在宋仁宗继位的当年考上了进士。于是就有人在宋仁宗面前举荐他,说他是前无古人的大才子,可皇上却对他很不感冒,认为他根本写不了社论、时评、工作报告一类的东西,所以就在推荐他的文件上写了四个大字:"且去填词。"那意思就是说,你不是爱在娱乐界混吗?专门为"烟花巷陌"的女歌手填词写歌吗?那就发挥你的专长,"且去填词",玩去吧!

宋仁宗批的这四个字,对很想走仕途这座独木桥的柳永打击很大,为啥?在封建年代不走仕途很难做官发财、成为人上人呀。可现在皇帝佬批了"且去填词",他也不敢表示抗议,只好以玩笑的态度幽默它一把,把自己包装为:"奉旨填词柳三变"。带着这个特殊而搞笑的圣旨,他在汴梁、杭州、苏州过着到处流浪的生活,所以说人家柳三变写的"流浪者之歌"比印度人早得多,只是没拍成电影罢了。不过这也从一个侧面说明了宋代的商品经济和市民生活已经很发达,要不柳三变唱着"到处流浪,到处流浪",就只好到开洼野地去找饭门了。

大家知道,唐诗宋词元曲过去都能唱,柳永的词之所以赢得了当时百姓的普遍喜爱,说明柳永创作的东西文字很优美、曲调也很优雅,可谓宋代最流行的歌曲。您要问他谱写的词曲影响有多大?当时就有"凡有井水处,皆能歌柳词"的说法!那意思就是说,只要您口渴去水井打水,都能听到音乐人柳永谱写的流行歌曲,就好像前几年电视广告吹的那样:"车到山前必有路,有路就有丰田车。"这叫一个"牛"!

您说那时候要是时兴走穴,搞大型演出,"奉旨填词"的柳永先生得赚多少钱?要是再来个明星代言,让他熟悉的歌伎、舞女穿着比基尼伴舞配唱外加蹦迪,各地的"柳丝"还不把地球绕上好几圈儿?因为那时候，教坊里的乐工，每次得到新腔，必求柳永来为之填词，京城汴梁的歌厅小姐，对柳永创作的歌曲，更是趋之若鹜。他随便给哪个歌伎写一首词，那个歌伎就能身价倍增。于是能和他床下填词，床上云雨，就成了歌伎们的星语星愿。她们明白如果唱不上词作家柳永写的歌，就白离乡背井地做"京漂了"，更不可能唱红大宋歌坛。

话说回来，正是在到处流浪中，在与教坊歌伎的交往实践中，柳永才对宋词的发展做出了杰出贡献：他是文人中第一个大量创造长调慢词的。啥叫长调慢词？用现在的话说，就是舒缓悠长的歌曲。他在词中不光大量采用土话、俚语，也是第一个将新兴市民阶层的生活写入歌词的人。我这样说，您可能要误会，以为人家柳永写的都是靡靡之音，其实他反映的大多是市民阶层的生活变化。在仁宗亲政的三十年里，政治经济都取得了不小的进步，文化事业发展得也挺快，因此政府部门打击柳永是在"净化文化"，杜绝靡靡之音的名义下进行的。他们认为，柳三变创作的词虽然艺术风格上总在变，可仍然是些"淫歌艳曲"，根本不能用正确的舆论引导人，严重败坏了社会风气，所以非打击不可。说起来宋仁宗也是说嘴打嘴，他以后的几代皇帝偏偏出了不少文艺爱好者，到了徽宗那儿，更是玩文艺把江山都玩丢了。

宋徽宗的三儿子赵楷，玩得就更邪乎了。有一次他偷偷出去参加科举考试，由于文采非常得，竟一举夺得了状元。发榜那天，小赵同学一看瞒不住了，就把实情告诉了他爹。他爹一听，那个高兴劲儿就甭提了。据传说，后来的康熙皇帝也曾偷偷参加过科举，并获得了探花也就是第三名的好成绩，但毕竟跟状元还差两大截，所以赵楷同学便成了中国历史上身份最高的状元。您说，有人家孩子这聪明劲儿，还用得着家长着急吗？说起来这叫一个"玩"，可许人家玩，不许你玩，你柳永总不能要求皇上招您进宫一块儿玩去吧？

更重要的是柳永自称"白衣卿相"，贬低以科举为代表的干部选拔制度和国家教育体系，让执政者非常讨厌，这才是柳永被冷落的真正原因。最后，才华横溢的柳永因穷困潦倒死了。官面上自然没人帮他料理丧事，竟然是几个歌伎凑钱把他抬出去埋了。可没想到，柳永的死讯传出去后，上千个歌伎粉丝来到他的墓前悼念，共同缅怀这位为大宋演艺事业做出杰出贡献的伟大文学家。

说起来，在柳永《乐章集》保存的近二百首词里，有对祖国美丽河山的赞美："对潇潇暮雨洒江天，一番洗清秋"；有对繁华旖旎的城市风光的描绘："东南形胜，三吴都会，钱塘自古繁华"；有失意文人的哀愁："今宵酒醒何处，杨柳岸晓风残月"；也有对真挚爱情相思的咏叹："执手相看泪眼，竟无语凝噎"。这些可都是千古名句。至于柳永那首流传至今的诗作《煮海歌》，更是一篇反映盐民疾苦、揭露统治者剥削和欺压百姓的现实主义杰作。

柳词的产生，可以说是宋词发展史上的一次飞跃，在文学上意义重大。柳永虽然被冷落，但统治者至少对他还是比较容忍的。这说明，宋代统治者实行了较开明的文化政策，宋代文人对前代的文化艺术进行了有效的继承。天下初定，朝廷就下令广泛收集文化典籍，安排专人校刊整理，大力进行图书建设。活字印刷术的发明使书籍大量印行，大大开阔了宋代文人的眼界，使他们所掌握的文化知识，比前人更丰富了。另外，私人出书的现象也就远远超过了前代，"策论盛行于世"说明在宋代思想和言论也是相对自由的。

前面说过，宋代有"不得杀上书言事之人"的文化传统。他们的老祖宗赵匡胤也说过："纵使百名文官贪渎，也比不上一个武将为祸。"但是大文人苏东坡也不"贪渎"，那为嘛是个例外呢？说话从来小心谨慎的苏轼居然还牵扯出了一个"乌台诗案"来，看来在王安石等变法派眼里，苏轼反对变法的言论远比柳永的靡靡之音有害得多。而且是多年的残酷斗争，无情打击，甚至到了北宋末年，老赵家的家底儿都快让人给端了，苏轼的文章仍然被禁止传播，好像老赵家的天下不是让军事侵略者打垮的，倒是让文化人苏大哥给忽悠垮的。想想老赵家

"不得杀上书言事之人"的家法，这实在是个奇怪的事。咱还是从苏轼的身世履历说起吧。

苏轼字子瞻，号东坡居士，是四川眉山人。他父亲苏洵苏老泉，是当时著名的文化人。不过，苏老泉的仕途可远比苏轼坎坷多了。

宋仁宗嘉祐元年，苏洵的文才已经从四川传到了京师，许多名臣纷纷向朝廷推荐他，欧阳修还专门为他写了一篇《荐布衣苏洵状》力挺他，但是，即使这样还是足足拖了两年，朝廷才招试他。直气得苏洵犯起了脾气，声称自己有病，拒不赴试。因为，苏洵明白，即使自己马上启程，赶到开封也得几个月；到了那儿待命还得几个月；诸位考官审阅他的文章，又要一两年；如果有幸过关了，上交相府后再研究研究，还需要一年的时间。这几关都能闯过来，才能得到个一官半职，但等到那时候，他早已老迈年高了。后来虽有宰相韩琦力挺，但终其一生，苏洵也不过做了一任九品的小官。他儿子苏轼、苏辙的升迁就比他顺当多了，过去不是有句话说，打造一个贵族需要几代人的努力吗，可能就是打这儿来的。

本来欧阳修、韩琦力挺苏洵是要朝廷破格使用的，但宰相富弼却认为，提拔干部太快了不好，还是台阶论有利于干部的成长，主张"姑少待之"，翻译成老百姓的话说就是：您着急呀？等着去吧！

等到苏洵死后，韩琦非常后悔，写了"名儒生用完"的诗句来悼念他，但已经于事无补了。不过，苏洵还是以自己的牺牲，为两个儿子苏轼、苏辙的出山，做了有力的铺垫。由于社会对文人建设的导向作用，更由于家庭的熏陶和自身的努力，苏轼年轻时就已经掌握了渊博的文史知识，表现出很高的文学才能，他的先辈比如欧阳修、梅尧臣，甚至王安石都很赏识他，把他当作文艺苗子来重点培养。

自古"风流"和"才子"俩词儿就是佳偶绝配。譬如前边说过的柳永和后世的唐伯虎，都是处处留痕的多情种子。但在这方面，超级文艺大腕苏轼却是个罕见的例外。他一生有据可查的女人只有三个，而

且是顶针续麻，一个指标用完了再用一个，绝对不搞家里红旗不倒，外面彩旗飘飘。至于说到他跟发妻王弗的婚姻，算得上是大宋公务员中的纯情楷模，精神文明建设的标兵。他的那首《江城子·记梦》写的就是这事儿："十年生死两茫茫。不思量，自难忘。千里孤坟，无处话凄凉。纵使相逢应不识，尘满面，鬓如霜。夜来幽梦忽还乡。小轩窗，正梳妆。相顾无言，惟有泪千行。料得年年肠断处，明月夜，短松冈。"睹物思人写得真是太感人了。

说起来，苏轼是仁宗时的进士，生长在号称"百年无事"的北宋中期。这时的北宋经济取得了很大进步，继唐代之后文化也再次出现了大繁荣。同时由于豪强的土地兼并、边备的松弛，官僚机构的庞大低效，使得北宋的社会也是危机四伏，暗流涌动。苏轼少年时，就很关心社会问题，他其实同王安石一样，对北宋积贫积弱的社会现象也非常忧虑。

仁宗末年，苏轼向朝廷上策，提出"厉法禁，抑侥幸，决壅蔽，教战守"等变法主张，并要求"励精图治，督查百官，果断而力行"。可由于他在三十岁前主要过的是书斋生活，除了三更半夜有狐仙扮成美眉来骚扰一下外，社会豪强欺压不到他头上，对社会问题自然没有王安石了解得深刻。故此，苏轼主张的改革，强调"任人"而忽视"法制"。他认为社会上之所以出现腐败现象，只是用人不当，只要组成"好人内阁"，社会不公的问题就会迎刃而解，这一点跟后来的胡适胡博士的主张差不多。

作为一个传统的士大夫，苏东坡始终把孔子关于"仁"的学说融汇于自己的政治理想之中，他认为无论是啥样的改革，目的都应该是为了改良政治，改善民生。比如王安石搞租税、差役、兵役等货币化改革，同时给农民提供小额贷款，苏轼就认为这是政府与民争利。这其中的道理虽然未必都对，但却表现了一种可贵的民本思想。

同时，他还认为，一条法律、一项政策如果不便民、不利民就是恶法,哪怕你王大人是为了朝廷利益,强力推广也不可为。王安石的利国苏轼的利民显现了两人施政态度的不同。苏轼的这种施政理念,在帝制时代是相当难得的。不过人家王宰相完全可以义正词严地质问:你这是为皇上说话,还是为老百姓说话?

所以,神宗年间当王安石实行新法时,他立刻上书反对。考虑到那条不杀文人的祖训,人家只好把他贬到了杭州、密州、徐州、湖州等地。没想到苏轼出外遛了一圈后仍然不长见识。公元1079年又因"作诗仙谤朝廷"被拘留了四个多月,这就是历史上著名的"乌台诗案"。

那么这个案件为啥叫"乌台诗案"呢?《汉书·朱博传》说:"是时,兀御史府吏舍百余区井水皆竭;又其府中列柏树,常有野乌数千栖宿其上,晨去暮来,号曰朝夕乌。"于是,后人就把御史府称为乌府,御史台称为乌台,发生在乌台的诗案自然就叫"乌台诗案"了。至于苏大哥的案底是这样的:神宗元丰二年八月,新党成员、御史中丞李定、舒亶、何正臣等打小报告说,苏轼利用诗歌诽谤新法,与社会上的敌对势力相勾结,攻击朝廷,反对当今皇帝。这对苏轼来说,可是天大的冤枉,实际上,苏轼有着非常深厚的忠君思想。这具体表现在对两个历史人物的评价上,他以自己的学术思想确立了曹操的白脸奸相地位。本来,在宋代以前,挺曹派基本掌握了历史话语权。陈寿等历史学家就不用说了,文论家当中,对曹操文治武功推崇备至的也不乏其人。较有代表性的是南朝梁钟嵘,他称赞"曹公古直,甚有悲凉之句"的话(《诗品》卷下);唐代的元稹更是盛赞曹操"横槊赋诗","尤极于古"(《杜甫墓志》)。可到了宋代,形势大变,毁曹派俨然成为舆论的主流,而其中的精神领袖正是聪明绝顶满肚子不合时宜的苏轼。那么,苏轼为啥会如此憎恨曹操呢?其理论基础就来源于孔子学说中的忠君思想。

在树立曹操的反面典型之后,苏轼还经常把杜甫的"一饭未尝忘君"的话作为自己的座右铭,并用来与朋友、学生共勉,以显示自己已把忠君爱国思想融化在血液里,落实在行动上。

这也从另一个角度说明，舒亶、李定、何正臣等小人，摘录苏轼诗文里的句子，断章取义地攻击苏轼对皇帝不忠，并最终酿成的"乌台诗案"，的确是一种政治陷害。

话说，朝廷在接到舒亶等人的举报以后，立即逮捕了苏轼，并关押在了御史台，也就是乌台监狱。苏轼一进乌台，立马就知道乌鸦是黑的了。在这里，他不但遭到了严刑拷打，也真正体会到了"一饭未尝忘君"是啥滋味了。啥意思？又馊又坏的牢饭是好吃的吗？像苏大哥这样平时养尊处优，并且发明过东坡肘子的美食家，咽不下牢饭的时候，能不老想着皇上吗？当然，最让善良的苏轼揪心的是，他的案子一下子牵连了几十位亲友。一个文弱书生，哪禁得住物质和精神的双重打击？苏轼自认死罪难逃，便在狱中写了一首绝命诗："是处青山可埋骨，他年夜雨独伤神。"一时朝野震动。

社会上的一些议论，不可能不传到王荆公耳朵里。王安石考虑到自己也是文化人，若是滥杀同类，恐怕在文化界影响也不好。况且他平常跟苏轼在诗词上也有唱和，要是唱着唱着就杀人，赶明儿谁还敢跟你玩呀？于是，王安石为了显示自己尊重知识、尊重人才，就来了个顺水推舟。他劝神宗说：咱们大宋不宜诛名士，否则就坏了老祖宗的规矩。宋神宗心说，怎么抓人的是您，放人的也是您呀，好人都让您当了。可宋神宗平时就对他言听计从，所以这次也没多说啥，马上在文件上画了个圈儿，同意从轻发落苏轼。

苏轼在被拘留了四个月后，终于被保释出狱了。就这样，轰动一时的"乌台诗案"就此销案，不过在宋代，这已是很重的处罚了。案子虽然销了，王安石考虑到，作为不安定因素，文化人苏轼继续留在京城影响太大，于是就判他流放黄州(今天的湖北黄冈)去任团练副使了。

公道地说，苏轼的诗中，确实有讥讽时政和变法的内容，对新法推行中出现的弊端也确有夸大的成分，谁让人家苏大哥诗情横溢呢，说着说着就搂不住了不是？可王安石身为宰相，气量也忒小了点儿，他虽政治经验丰富，办事干练，也不该因苏轼错改了他两句诗，错发了几句牢骚，就制造冤狱株连这么多人啊。这叫啥"不杀上书言事者"，整个就一个"文字狱"啊！其实王安石这样做，也不仅仅因为苏轼狂妄，更是因为苏轼名气太大，他对新法说三道四，给新法的推行造成了很大的阻力。王荆公心想，只有狠刹这股抵制变法的歪风邪气，才能将新法推行下去。至于新法在实行中，由于上下官吏的作弊出现的诸多有害现象，王荆公认为，这是前进道路上不可避免的，没啥大惊小怪的。

一朝被蛇咬，十年怕井绳。平时不平则鸣的苏大哥，这回一下子学乖了，不敢再多说一句话，并谢绝一切往来，"平生亲友，无一字见及"。啥意思？就是苏大哥郁闷得连封信都不给亲友写了。幸运的是，黄州地处长江中游险要之地，历史上许多英雄人物纷纷在这里上演了许多军事、政治活剧。

苏大哥这样的大事虽干不了了，可却意外地找到了体验生活的机会。面对滚滚长江，面对青山明月，他有感而发，率性而作，写出了许多传诵千古的好文章，像前、后《赤壁赋》和《念奴娇·赤壁怀古》都是他在黄州流放时写的。在这些诗词作品中，苏轼挥洒自如，内容上有的表达了政治豪情，有的抒发了自己向往自由的意境，为后人贡献了丰富的文化瑰宝，这大概得算是官场失意、文场得意了吧！

山不转水转。到哲宗初年，旧党复辟了，变法失败了，苏轼从黄州被召唤还朝，当上了翰林学士。这时，打小就以砸缸出名的司马光，又要砸烂一切新法，全部推倒重来了。

平反后的苏轼本该像其他被迫害的官员一样，旗帜鲜明地站在为他落实政策的司马光一边，可多年做地方官的经历，使他看到了当朝贵族官僚的土地兼并确实给国家造成了很大的危害，冗兵、冗官、冗费也确实给百姓造成了很大的经济负担，于是他在《与滕达道书》中承认自己过去判断失误，"吾齐新法之初，辄守偏见，至有异同之

论。虽此心耿耿,归于忧国;而所言差谬,少有中理者……回视向之所执,益觉疏矣"。可爱的苏轼苏大哥,此番又站出来反对全部废除新法。他主张对新法要实事求是地"较量利害,参用所长"。同时认为"裁减皇族恩列,刊定任子条式,修完器械,阅习旗鼓"等抑制贵族特权、增强国防力量的措施也应该继续实行。

可外号"司马牛"的司马宰相,却无所不用其极,连变法时期对西夏的熙河之役的胜利成果,他都要全部推倒重来,甭说其他政治、经济措施了。一句话,凡是王安石拥护的,他就反对;凡是王安石反对的,他就要支持。尽管可爱的苏大哥拥护什么、反对什么都出于自己在实践中得出的认识和判断,出于知识分子的独立思考:他既反对为了增加国库收入与民争利,也反对为了上层的福祉大幅度牺牲百姓的利益。这种理念使得他先是被"新党"陷害,后又不见容于复辟后日益腐败的旧党,以致出现了新党、旧党先后对他进行"无情斗争,残酷打击"的奇特现象。于是苏大哥再次被贬到杭州、颍州和定州。就这,人家还骂他不知好歹,是非不分呢!

到他年近花甲时,主张变法的新党又一次执政,这次人家对他跟司马光较劲的事反而又不知情了,于是他又被贬到遥远的广东惠州。

说起来,苏轼不管是得罪新党,还是得罪旧党都是因为诗。他弟弟苏辙和其他至爱亲朋都劝他"痛戒作诗"。说,你知道吗?你倒霉就倒霉在这诗(湿)上了,以后嘛东西你晒干了再出去!苏大哥深感"其言至切",下决心像戒毒一样把诗"戒"掉。他牢记教训,整整五年没再作过诗。

可五年后的一天,他意外地收到朋友孙莘老寄来的一块极品墨。谁都知道,墨就是用来写诗作文的!苏东坡就像一个尽最大努力戒了毒的瘾君子,忽然得到一个大烟泡,这诱惑实在难以忍受!压抑了五年的诗兴在他心底翻腾,诗句像泉水一样拦也拦不住:"诗成一自笑,故疾逢虾蟹。"据说疥疮最怕遇到虾蟹,这回,竟然爬来了虾蟹!奇痒难耐,强忍着不挠太痛苦了!他终于忍不住了,一下子就写了四首,那叫一个美!几天后,他又写了一首《纵笔》诗:"白发萧萧满霜风,小阁藤床寄病容。报道先生春睡美,道人轻打五更钟。"

果不其然,他再次因诗惹祸。《纵笔》诗很快就传到了京都汴梁,一向嫉妒他的宰相章惇一见,笑道:"苏子尚尔快活耶?"马上干部下放的文件就下达了——东坡再次被贬。这次被贬到更远的海南琼州。这时,他已是六十二岁的老人了,没办法,只好又艰难地奔向荒凉的天涯海角了。反正苏大哥什么倒霉的事儿都能踩点儿上,都是诗歌惹的祸。

说起来,苏轼不但在诗、词、文各方面都独步一时、传之千古,在地方官的任上也大有作为:他积极兴修水利,在改进农业耕作等方面,也做了不少好事。比起那些利用新法兜售私货的章惇、吕惠卿之流来说,苏轼反而赢得了老百姓的更多尊敬。在海南期间,苏轼还是没戒掉写诗的毛病。他可能想,我已经被流放到天涯海角了,您还能把我往哪贬?再贬我就出国了,您还给我办护照怎么着!

此间,苏轼不但自己继续写诗作文,还为边远地区培养了一批著名学者、文人,另外他跟当地少数民族相处也很和睦。虽然是地处天涯海角,生活艰苦,但苏轼的生活态度反而更乐观了:"日啖荔枝三百颗,不辞长作岭南人",苏大哥都有点儿不想回京城了。他感觉自己在朝廷"高处不胜寒",实在适应不了官场的生活。说来也怪,这一时期他的创作反而更丰富了。

宋徽宗即位,所谓的变法派蔡京之流又一次当权。这回苏轼倒是遇赦回到了内地,可此时的他早已没有力气去欣赏政治小丑蔡京们的表演了,转年就死在了常州。

有才有德、一辈子认死理儿的苏大哥,可谓一辈子日子不顺,哪一届领导都不待见他,过去曾是文友的领导也一下子成了敌人!比起来,同样有才的北宋大文人范仲淹就比他能适应环境,也比他更像政治家,为了达到政治目的,就是与狼共舞,也在所不辞。

别的不说，就是他那篇被传诵千古的《岳阳楼记》，就很值得推敲。就说在《岳阳楼记》中被范仲淹吹得治下"政通人和，百废俱兴"的滕子京吧，其实根本就不是那么回事儿。说起来，滕子京在巴陵(今湖南岳阳)共干了三件大事：一是耗费民力，大兴土木重修岳阳楼；二是办学，大办教育。抓教育是好事，但过去老滕在湖州时，就以办教育为名耗费"数十万"钱，引发了社会各界的极大反感。这就好比眼下的一些地方争先兴建大学城，把城里的学校鼓捣得像欧洲似的，教育水平却直线下降，其实耗费的还不是纳税人的钱，反过来他们还证明自己是个文化人，不同于那些粗人不重视教育。老滕的第三个政绩是为了防洪修建堰虹堤，可是这个大堤竟然修了二十年都没有修成，看来不过是一个纸上谈兵的政绩工程、面子工程。这也别怪老滕，因为修大堤要比修岳阳楼麻烦多了，投资也大多了，而且还不如整修文化设施能显示政绩。这不是，连聪明绝伦的范仲淹先生，都被他骗了，根本没到巴陵一带去观光考察，就为他写下了一篇流传千古的《岳阳楼记》，让老滕一下子成为了感动中国的十大名人之一，而且一感动就是一千年。

说起来苏轼从宋仁宗嘉祐二年(1057)开始为官，之后历经英宗、神宗、哲宗，最后在宋徽宗建中靖国元年(1101)逝世，也算是五朝元老了。可却远没油滑的老滕同志幸运；但苏大哥又是幸运的，善良的他没有看到北宋王朝山河破碎的惨剧发生就死去了；后人也是幸运的，他因此给后世留下了二千七百多首诗、三百多首词和许多优美的散文。由于北宋王朝是中国统一王朝中最虚弱、最窝囊的一个，所以两宋文学就是在人才最鼎盛的庆历至元丰期间，也没有像西汉赋家和盛唐诗人那样，表现出磅礴大气的气魄来。如果有一个人写出了气势的话，他就是在诗、词、文和书法、绘画上，都能独树一帜的苏轼。他所表现的"大江东去"的恢弘气势，为后世的许多文人墨客所敬仰。

其实苏轼不但为后世文人所敬仰，也是历代老百姓心中的偶像。

民间传说里苏轼既是机智诙谐的，又是经常留下笑柄的——碰到自家小妹、和尚佛印，甚至普通农妇，性情天成、纵横于文、词、诗、书、画诸领域的大文豪，常会落个理屈词穷，自讨没趣的下场。

此外，以会吃而著称的苏东坡，还通过一篇篇美食诗词或文章寻找着人生乐趣："堪笑吴中馋太守，一诗换得两尖团。"(《丁公默送螃蟹诗》)拿一首顶尖的诗，换两只肥美的尖团大螃蟹，也不知苏大才子这笔知识产权买卖做得值不值？此外还有"东坡肉""东坡鱼""东坡羹""龙井虾仁""梅菜扣肉""竹笋焖猪肉"等等苏府私家菜，无一不是他老兄亲手烹饪或亲口调试的。苏大哥要是出一本食品秘籍，准能换来一车大螃蟹。

这样的事儿出在一个高官兼大文豪身上实属罕见。老百姓乐于将他拿来作自己故事的主角，或附会或赞赏或调侃，说明他身上原本就有一种亲民元素，大家绝对不敢跟王安石这样的人搞"三贴近"。老百姓心说，就您成天台上台下地找君临天下的感觉，打出生也没见乐过，谁敢跟您搞零距离呀？回头哪天您突然乐了，还不得吓死个百十来口子。

说到苏轼的书法，最后我们再顺便说说苏、黄、米、蔡宋四家。关于宋四家，苏轼、黄山谷、米元章没什么争议，可最后这个"蔡"是谁却有些争论。有人说是蔡襄，有人说是蔡京。比如苏轼就说过："蔡君襄为近世第一。"可明代的郑板桥却说："蔡京字在苏、米之间，后人恶京，以襄代之，其实襄不如京也。"

前面我们说过，蔡京作为宋代的宰相，误国害民、作恶多端，虽然字写得很不错，但"后人恶京，以襄代之"。那么，蔡襄又是何许人也？蔡襄是北宋著名的政治家、书法家、文学家和科学家。他为官清正，为民造福，在任上建成了"海内第一桥"洛阳桥；他重视农桑，对植物学也很有研究，所著的《茶录》《荔枝谱》都很有科学价值，曾在海内外流传。书法上与苏、黄、米并称，绝对不会让他们降点儿跌份儿。

　　黄山谷就是黄庭坚，米元章就是米芾。黄庭坚是苏轼的弟子，也是宋代的著名诗人，他学习晋代王羲之和唐代张旭的笔意，擅长楷书、行书、草书，且风格雄健挺拔，气势开阔。据说，黄庭坚还是成语"大雅之堂"的发明人。据史料记载，北宋元符三年(1100)，四川名士杨素出资在丹棱城南承建诗书堂。堂内珍藏由黄庭坚手书杜甫两川夔峡诗碑三百余方，黄庭坚为之题名"大雅堂"并作《大雅堂记》。黄庭坚认为：唐代"诗圣"杜甫在四川、湖北一带写的诗，有中国《诗经》"大雅"篇"宏远雅正"的特点，这样的诗文才有资格登"大雅之堂"。米芾米先生曾担任过礼部员外郎，古代习惯上称礼部郎官为"南宫舍人"，所以人们说起米芾又称米芾为"米南宫"。书法上，他汲取王羲之、王献之、苏轼和黄庭坚等人之优点，注重天真自然，风格豪爽，是北宋晚期"后来居上"的大书法家，就书法而言他的影响和成就要比苏轼大得多。米芾还有一个"米痴"的外号，看见好的笔墨纸砚和好的字帖，就是国际名模站在眼前也入不了这位老先生的法眼，在他看来名模跟柳体字的外观也差不多，凸显的都是骨感，而名模摸着硌手，柳体字摸着不硌手，您说米先生喜欢谁？

　　这也难怪，能跟苏轼对脾气的人，很少有在仕途上成功的，也很少能跟社会合拍的，套一句文明话，这叫作性格决定命运。不过说句实话，让这类人当官不光耽误公事，自己也受罪，您还是快回家练自己的大字去吧，甭去触怒权贵给家里惹祸了。

第十三回 金人发飙，二帝被掳

第十三回　金人发飙，二帝被掳

　　大宋王朝被后来的历史学家称为"弱宋"，因为自打它建立之后，就始终如一地遭受外敌的欺负，其中欺负它时间最长的是契丹也就是辽国人。打建政以来，北宋与契丹之间的战争胜率只有八十比一，要是按照这个胜率买彩票，恐怕连裤子都得当了。可有意思的是，最终灭亡北宋王朝的却不是契丹人，也不是与它长期对抗的西夏人，而是女真人。

　　女真族也就是金人，是生活在我国东北地区的少数民族。他们最早生活在黑龙江、松花江和长白山一带。隋唐时期，他们还过着以渔猎为主的生活，被称为"靺鞨族"，而居住在黑龙江下游两岸的则叫黑水靺鞨。唐代时，朝廷在黑龙江下游地区设立了黑水都督府，对"靺鞨族"实施行政管理。五代以后的女真族，就是从黑水靺鞨发展而来的。根据经济发展水平的高低，女真族又分为熟女真和生女真。熟女真就是被辽国从黑龙江、松花江两河流域迁到辽宁地区，过上农耕生活的女真人；生女真则是祖祖辈辈奔走于白山黑水之间靠渔猎为生的女真人，而建立金代的完颜部就属于生女真。

　　公元 10 世纪，也就是大宋立国前后，女真族还在辽国的统治之下。到 11 世纪末，女真族完颜部的阿骨打统一了黑龙江和松花江流域各部落。阿骨打是女真族的一位杰出领袖，为了使女真人摆脱契丹统治者的奴役，他主张"力农积谷，练兵牧马"以扩充生女真的经济实力。为此他联合女真各部发动了抗辽斗争，在吉林境内先后几次打败了强大的辽军。1115 年，阿骨打在今天的黑龙江肇源县西部建立了统一的奴隶制政权，国号"金"，阿骨打就是历史上的金太祖。公元

1123 年,阿骨打病死,他的弟弟金太宗完颜晟(盛)继续进行反击辽国的战争,并与跟辽国有世仇的大宋建立了"海上之盟",合谋夹攻契丹人。1125 年在两国的夹击下,辽国天祚帝被俘,辽国就此灭亡了。没想到,北宋一百多年没啃动的硬骨头,十年间就让金国人碾成牦牛壮骨粉了。法国历史学家勒内·格鲁塞在总结契丹等少数民族快速进入中原,又迅速败亡的原因时说:"这些汉化了的胡人从文明中学会了懦弱和放荡的习性,却丧失了野蛮和粗暴。现在又轮到他们自己被蔑视,并且他们的土地也成为那些还在游牧生活中忍受着饥饿的胡人垂涎的目标。于是,侵略行为又重新开始了。"

按说,北宋王朝的百年祸患被彻底根除,该轮到赵官家幸灾乐祸了,不管怎么说,灭掉辽国,老赵家总算是卖了一把傻力气。可没等赵家皇帝高兴一会儿,金兵这支锐不可当的虎狼之师,回手又来收拾他了,新的"侵略行为又重新开始了"。

公元 1125 年冬天,也就是金国人灭掉辽国的当年,金兵以宋朝君臣背弃"海上之盟"为由,以一天也不耽误的精神分兵两路大举南征。西路大军由粘罕率领,但在太原附近遭到宋朝军民的阻击,行动被延缓;东路斡离不率领的军队则长驱直入,到转年的年初,在几乎无人阻挡的情况下渡过了黄河,转瞬又兵临汴梁城下。这时的大宋王朝已不堪一击,对于咄咄逼人的女真人,没有丝毫的战争准备。眼下金军兵临城下,对北宋的都城汴京形成了合围之势。朝内的一些当权大臣以徽宗不提前退休不足以平金人之怒为由,逼迫赵佶传位给了太子赵桓,是为钦宗。赵佶也就因此做了太上皇。在两宋三百余年的历史中,出现过三位太上皇,第一位就是宋徽宗赵佶。说起来,这又是老赵家创造的一个新纪录吧,起码也是平了前朝老李家三位太上皇的纪录。

赵佶当了太上皇之后,立刻轻装上阵,伙同蔡京、童贯等恶贼,以烧香为名火速逃出汴京。赵桓一看他爹要跑,哭着喊着也要跟着一块儿走。赵桓心说，人家幼儿园阿姨都下班了，你不接我回家，把我留在这儿算是怎么档子事呀？可大臣李纲却坚决不让赵桓跟着他爹逃跑。

说起来李纲这也叫废物利用，怎么着留下宋钦宗赵桓也算有点儿号召力，能聚拢一下军心民力呀！而宋徽宗一行利用儿子这个废物，则是为了挡住金兵，跟敌人周旋，您说老赵家爷们儿心可够狠的，关键时刻老婆孩子谁都敢往外扔。

话说，一路上宋徽宗君臣撒丫子猛跑，不太长的时间就越过长江天堑逃到了江苏镇江。那时候，若是有人给老赵家的皇帝、宰相和其他宠臣报个"铁人三项"——长跑游泳外加跳远，没准样样都能破世界纪录。

就在大宋王朝的当家人扔下自己的江山社稷不管的时候，金兵却遭到了广大贫苦百姓的抵抗，这可真是"位卑未敢忘忧国"呀！此后，在黎民百姓和抗金将士的拥戴下，抵抗派将领李纲得以主持汴京的防务，一时士气旺盛，宋军多次打退围城金兵的进攻。这时，从各地来勤王的多路诸侯，也纷纷抵达京城。一时，宋军汇集了二十多万人。此时的金兵不过才六万人，而且他们又是孤军深入，犯了兵家之大忌，天寒地冻的，后勤补给又跟不上，所以斡离不其实早已有了退兵之意。可他偏偏忍着，他对赵佶、赵桓这爷俩的懦弱本性太了解了，知道只要一吓唬，多混蛋的事儿他们都能干得出来。

正如斡离不所料，宋钦宗跟他爹徽宗一样，不但懦弱，心眼儿也忒好，唯恐数九寒天金兵的后勤补给跟不上，把人家冻个好歹的，显得咱礼仪之邦不够仁义，于是就主动放弃抵抗，向金兵乞降。斡离不看透了老赵家的后辈儿孙，都是些一见血就尿裤子的孬种，于是就趁机大肆敲诈北宋朝廷：黄金五百万两，白银五千万两，牛马万匹，锦缎一百万匹，还要大宋割让太原、中山、河间三镇，并且要以宰相、亲王做人质，才允许和谈。宋钦宗一听，立马就全盘接受了金军的条件。为了进一步表示诚意，他还派自己的弟弟康王赵构出使金营，开展春节

送温暖活动。就这，怕斡离不仍不满意，他还外加上了一项亲情条款：尊金朝皇帝为伯父，用咱老百姓的叫法，就是管人家叫大爷。您说宋钦宗还绕这弯儿干吗？直接管人家叫爹不就得了吗！

李纲竭力反对割地赔款，主张跟金人谈判，拖延时间，只等援军一到就可以举行反攻。过了十天，各路勤王的援军纷纷赶到，汴京城下的宋军达到了二十万人。这时，援军中的姚平仲，在偷袭敌营时失手，投降派趁机造谣说，援军已全军覆没，李纲引火烧身，闯了大祸。李邦彦和张邦昌鼓动宋钦宗，一面派使者到金营赔礼道歉，一面立刻罢免李纲、种师道等抗金将领。他们的倒行逆施，激起了汴京军民的强烈愤慨，几万名情绪激动的军民迅速包围了皇宫，陈东等几个太学生上书强烈要求恢复抗金名将李纲的职务，严惩排挤李纲的卖国贼李邦彦、张邦昌、黄潜善、唐恪等卖国败类。愤怒的军民当场击毙了几十名前来威吓群众的宦官。心说，就你们这些男不男，女不女的人妖还吓唬我们？军民们击毙了宦官后仍然没有离去，皇宫面前一时人声鼎沸。宋钦宗一看众怒难犯，只好把李纲、种师道召进宫，并宣布恢复他们的职务。

李纲、种师道复职以后，重新整顿队伍，广积粮草，准备大反攻。斡离不一看北宋军民抗战的决心挺大，宋朝的各路诸侯也已对金军形成了合围之势，数九寒天，粮草不济，自己的部队也坚持不了多久。于是他也没等办事效率低的北宋君臣把慰劳物品凑齐，就匆忙北撤了。金兵一撤，宋钦宗犹如买彩票中了大奖一样，一下子把皇位保住了，他参宋徽宗也躲过了这一劫，回到了京城。爷俩从此，又手拉手过起了没心没肺的好日子。

要说宋徽宗赵佶的昏庸无道也真够喝一壶的。他在位十八年，可以说是北宋王朝政治上最腐败最黑暗的时期。他重用蔡京、童贯、王黼、李彦、朱勔和梁师成"六贼"，对老百姓横征暴敛，大肆搜刮。前面曾说到过，为了在汴京修建御花园，宋徽宗派了一个从地痞培养起来的高官朱勔，在苏州成立一个"应奉局"，在杭州成立一个"造作局"，这俩局号称"东南小朝廷"，主要业务就是采办奇花异石，"应奉"皇上在文化休闲方面的高消费；为皇上"造作"高级娱乐场所。为了给"花石纲"的运输建立绿色通道，沿路州县官府积存的钱粮被大部分耗尽；商民的船只和大量的劳工被无偿地调用，如此的一平二调直闹得民怨沸腾，社会动荡不已。

不光如此，宋徽宗一边搞摊派，快运奇花异石；一边还大搞基建，大上楼堂管所。他命令蔡京一伙调遣工匠、士兵上万人，耗用大量国库资财，用六年时间为自己修建了十多处御花园和宫殿，致使已经危机四伏的社会矛盾更加激化。有啥办法呢？打小在福堆里长大的赵佶，压根儿就不懂得勤俭节约是嘛事儿，人家孩子就是把国家卖了也敢签字，你管得着吗？

说到宋徽宗穷奢极欲大建楼堂馆所的事儿，其实人家一间可也闲不着。您想，人家后宫嫔妃成群，荒淫无度，不得多来几间房子吗？不光这，他还成了京华头牌歌伎李师师的粉丝，经常溜出宫门，由数名内侍引导，追星一直追到宋代版的"天上人间"，跟心中的偶像来个彻夜狂欢，过过神仙般的日子。后来，他还觉得不够方便，干脆派人挖了一条从皇宫直达青楼的绿色地道。您瞧，人家赵佶这回连乘轿的交通费都省了，走地道就跟李师师相会了。

说起来，这个李师师虽然身处青楼，但她的身影却横跨皇家、黑社会和文化知识界三个不同领域，完成了前无古人后无来者的四角恋爱壮举：因为她不仅是宋徽宗包养的"二奶"，而且也是北宋文化官员、著名词人周邦彦的红颜知己，同时还是梁山好汉浪子燕青的私密相好。李师师女士，虽然不按常规出牌，但是却留下了惊世骇俗的特殊情史，比起那位迷倒温莎公爵的美国寡妇来，更加惊天动地也更加富有创意。话说，有一回，周邦彦正在和李师师耳鬓厮磨、亲密接触，突然接报赵官家驾到，吓得文化人小周急忙躲在了床下。也赶上那天

皇上临幸李师师的过程比较长，这无疑让细皮嫩肉的小周忍受了双倍的煎熬，那个痛苦劲儿可不是闹着玩儿的，真比中美合作所的老虎凳、辣椒水还残酷。

等到皇上临幸完李师师走后，从床底下爬出来的周邦彦，那感觉可以说是五味杂陈，痛苦异常呀。要说人家周邦彦到底是文化人，遭受这样奇耻大辱不是心里骂大街，而是当即填了一首词，名叫《少年游》。这首词是这样写的："并刀如水，吴盐胜雪，纤手破新橙。锦幄初温，兽烟不断，相对坐调笙。低声问：向谁行宿？城上已三更。马滑霜浓，不如休去，直是少人行。"得，又一个羡慕嫉妒恨，而且是打心里恨！

等到宋徽宗再次来到"天上人间"时，李师师竟然情不自禁地唱起了这首《少年游》。人家宋徽宗也是文化人呀，还听不懂这个？心说，少年游，说谁呢？这不是上次咱们俩的生活大写真吗？甭问，那天自己跟李师师亲热时，肯定有人在场，幸亏那时候没有照相机，要不非闹出个皇家艳照门不可。想到这，宋徽宗马上气愤地质问李师师：这词是谁写的？李师师搪塞不过，只得招出是大文人周邦彦写的。宋徽宗一听非常气愤，脸色骤变，回去之后就把周大文化人贬出了京师，流放到不宜"犯罪"的地方去了。说起来，这恐怕也算得上是中国历史上最浪漫的文字狱了吧！

不过，生气归生气，人家赵佶也没忘了跟周邦彦 PK 才艺，开展赛诗活动，而且立刻就写了一首叫《燕山亭》的词："裁剪冰绡，打叠数重，冷淡燕脂匀注。新样靓妆，艳溢香融，羞杀蕊珠宫女。易得凋零，更多少无情风雨。愁苦问院落凄凉，几番春暮？凭寄离恨重重，这双燕，何曾会人言语？天遥地远，万水千山，知他故宫何处？怎不思量？除梦里有时曾去。无据，和梦也有时不做。"

专家说，这首词写出了"肝肠断绝之音"，真的不为过。赵佶的词虽不多，但却道出了一个人的真感情。李师师正是抓住了赵佶的软肋，对他晓之以理，动之以情，在他再次临幸时，又唱了一首周邦彦用

"特快专递"发来的新词《兰陵王》，而且是一边浅吟低唱，一边不断地抹眼泪，并几次哽咽得难以继续。同样是文化人的宋徽宗，似乎也觉得对周邦彦处理得过重，而且自己这样既当运动员又当裁判员的，不利于调整当朝的文化政策。于是，马上又下诏将周邦彦调回，授予大成乐正的官衔，负责皇宫的御用音乐创作和管理工作，既做到了人尽其才，又起到了防范周邦彦再次"流窜"作案的作用，可谓是一石三鸟——因为从来侯门深似海，皇宫更不是可以随便出入的地方。

堂堂皇帝，竟然用如此下作的手段垄断妓馆经营，这也算是"弱宋"皇帝创下的一项皇室丑闻纪录吧。连远在梁山的义军头领宋江都知道当今圣上有这个业余爱好，为了达到梁山义军被招安的目的，他竟然派超级帅哥燕青潜入京都的青楼，走李师师的后门，沿捷径直达上层，在妓院里向大宋皇帝表示效忠。看过小说《水浒传》的人，大概都还记得这个情节，而且也都会大骂宋江是在错误的时间、错误的地点，与错误的人物进行的世界上最离谱的政治交易。

至于说到李师师的归宿，有人说她在徽宗南逃后，没有作为正式家属随驾奔命，为了避免遭人迫害，出家当了道姑；也有人说汴京城破后，她南渡成了流浪歌手，一些人在江浙湖湘一带的歌厅里还听过她的歌呢；还有人说她在江浙重操旧业后，"老大嫁作商人妇"从良了；更有的说金兵破城后，她被张邦昌献给了金军统帅，因不甘受辱吞金簪而死，如果是后一种，李师师倒比她的超级粉丝宋徽宗有气节多了。

说起来，赵佶当皇帝真是一场荒谬的历史误会。当初立赵佶为皇帝时，变法派大臣章惇曾公开表示反对，他说赵佶"端王轻佻！不可以君天下"，那意思就是说这倒霉孩子轻浮、不着调，不配管理天下。章惇的话，当即遭到赵佶他妈向太后的驳斥：你这样说，我还非立赵佶不可，我老赵家自家的事儿，你管得着吗？不久，章惇就为这事儿，下放到了不易犯罪的边远地区去了，而赵佶呢，也果真轻佻了一把，让他老妈大跌了眼镜。

说起来赵佶搞政治虽然不在行，可搞文学却特别擅长。在绘画方面，他擅长花鸟、人物、山水画，工笔画绘得更是笔墨精妙、神形兼备、富丽典雅。据记载，他画花鸟时用生漆点睛，隐出纸面，很有点创新精神。现存传为赵佶的绘画作品风格多样，文学水平很高，较著名的有《芙蓉锦鸡图》和《柳鸦芦雁图》，画得真的很有水平也很传神。赵佶还兼擅书法，他的字风格挺健秀丽，真书学薛曜，草书学黄庭坚，后来又自创了一种"瘦金体"。

赵佶的传世书迹真书《千字文卷》和花鸟画《写生珍禽图》，几年前，从海外回流归国，以二千三百五十万元人民币拍卖成交，创下了中国书画在全球拍卖市场上的最高纪录。可他的画拍卖的价再高，也无法抵偿他的罪孽，别的不说，光是"靖康之难"毁掉的文物就难以胜计，更何况还有无数的百姓生灵！

不过，作为书画大家的赵佶，还是很重视对文物书画的收藏、鉴赏和整理的，这无疑为后来学者研究宋代御府收藏及古代文化艺术，提供了重要资料。说起来，著名的《清明上河图》也跟这位书画皇帝有关系。张择端在完成了这幅歌颂盛世太平的历史长卷后，首先将它呈献给了宋徽宗，因为人家是用画笔表现了当朝的经济建设成就呀。宋徽宗也因此成为此画的第一位收藏者。中国历史上书画大家的宋徽宗对这幅画可以说非常喜爱，还用他著名的"瘦金体"书法亲笔在图上题写了"清明上河图"五个字，并钤上了双龙小印。它是一幅绢本设色长卷，高24.8厘米，长528.7厘米。现存于北京故宫博物馆。画卷描绘的是北宋京城汴河两岸的繁华景象和自然风光。有人统计后说画中有一千六百多个人物，比四大名著中的任何一部都多，是了解12世纪中国城市生活极为重要的形象资料。另外他还用典型引路，迅速扩编了宫廷画院，当时的国家画院可谓人才济济，有李唐、张择端、王希孟、苏汉臣、朱锐等名家大师。甭问，赵佶同志还给这些文学家办了公务员指标,画家们纷纷以自己的艺术专长吃上了皇粮。

可以说,宋徽宗时代是两宋画院中最为繁荣昌盛的时期。因此说,如果赵佶不当皇帝,而是人尽其才任其自由发展,他不但会成为超一流的书画家,还会是一个不错的国家书画院院长或是文物局局长。"王侯将相,宁有种乎",是父传子、家天下的封建血统观念害了国家,害了百姓,也害了赵家的这个超级文化人。这个结果,他老娘是不会想到的。

宋徽宗荒淫无道,横征暴敛,他重用的蔡京等"六贼",当然也个个不是善茬儿。别人不说,仅是蔡京,拜相数年,就有儿子、孙子十人同朝做官,以致十几岁的孩子也利用"任子法"当上了高官,如果再加上他的党羽那就更了不得了。那时候在蔡宰相、童公公家门口,竟然形成了一个出卖官爵的人才市场,您说有六个贼一块儿作孽为害,这大宋的日子还会过得好吗?

不光如此,蔡京等人还假借变法之名滥施淫威,排除异己。他先是和赵佶牵手合作把司马光、程颐、苏轼、苏辙兄弟等一百二十多人打成光祐奸党;后来又搞肃反扩大化,对阻碍他们骄奢淫逸、滥施淫威的大臣,不管是主张变法的还是反对变法的,一律进行残酷斗争、无情打击。最后把三百多大臣的名字刻在文德殿门前的石碑上,颁行全国,史称"元祐党籍碑"——这比后来的清代康熙皇帝、雍正皇帝搞的文字狱都歹毒!

说起来,蔡京跟其他那几个奸贼连同他的兄弟儿子可以说有勾结又有斗争,所以蔡京曾屡罢屡起,四任宰相。太学生陈东上书,称蔡京、童贯等人为"六贼",蔡京更成为六贼之首,当时的社会舆论予以认同。蔡京有八个儿子,大儿子蔡攸任宰相,三儿蔡翛任礼部尚书,六个儿子五个孙子都是学士。蔡京长孙蔡行,官至保和殿大学士;蔡京五子蔡鞗,娶宋徽宗公主茂德普姬为妻,成为驸马。他弟弟蔡卞是王安石的女婿,官至枢密使,擢尚书左丞,封为少保。可《宋史·奸臣传·

蔡京传》中却说：蔡府之人"见利忘义，至于兄弟为参商，父子如秦越"。也就是说，蔡京一家矛盾多多，仇恨远比跟外人要大得多。

蔡京与长子在官场上各立门户，互相倾轧，见了面如同仇敌一般。大儿子蔡攸竟然背着他老爹，说动徽宗，借口老爹有病，逼其离休，实际上是把父亲赶下了台。套一句文词来说，这叫奸佞无死党。

周辉《清波杂志》说了这样的故事：蔡攸作为童贯的副使，率师北伐，向宋徽宗辞行时，竟然向皇上讨要两位宠嫔：阎婕妤和五都知。徽宗向蔡京说起这事儿，蔡京只好说："小子无状（无礼）。"徽宗心里说，你们家这倒霉孩子还真是没正形，逗着玩儿有这么逗的吗？你上前线打仗心理压力大，也不能把我老婆改造成慰安妇呀！

《宋史·奸臣传·蔡京》中记载：宣和六年（1124）蔡京七十八岁，"目昏眊不能事事，悉决于季子绦。凡京所判，皆绦为之，且代京入奏"。啥意思？就是说，蔡京七老八十，老眼昏花，自己不能处理的公务，一切都委托小儿子蔡绦办理。蔡绦每天上朝，皇帝侍从以下官员对他特别客气，有的作揖恭候，有的讲俏皮话逗他开心。好几十个行政科室的官员抱着公文跟在他后面跑，展开流动式办公。要说人家蔡绦可不是光摆谱，也办实事，他"恣为奸利，窃弄威柄"，很快就将他大舅子韩梠升为了户部侍郎。

王明清《挥麈录》讲了这样一个有趣的故事：老年的蔡京要侄子蔡耕道为自己的孙子们找一位好老师。侄子推荐新科状元张觷，蔡京同意了，并选定吉利时辰开学。几天后，张老师对蔡京的孙子们说："我看你们也甭学啥经史子集了，你们只要学好中小学生逃生术就行了。"学生们问他为啥学习逃跑，是不是校园安全没保障？张老师说："你们家的校园安全倒是没问题，但是你们的爷爷、爸爸奸诈而骄横，可以说是祸国殃民，时局很快就会动荡，你们学会小学生逃生术，可以免予一死，其他东西真的不用学了！"孙子们听老师这样说，哭着告诉了爷爷。蔡京听了大吃一惊，要是在以前，张老师肯定要倒大霉，可这回蔡宰相反而置酒答谢老师,并咨询补救措施。张老师告诉他:"事情发展到这个地步,我可不是跟你逗着玩儿。眼下你只有笼络人才,改过自新,死马当作活马治了。不过说句实话,有点儿来不及了。"一番话说得蔡京老贼眼泪哗地就下来了。蔡家子弟的归宿,作为局外人的张老师看得真真的。

这个曾经拥有天大权力、曾经贪污了天大财产的蔡京,曾经陪着那个混账皇帝宋徽宗,直将北宋王朝玩到了亡国,最后的下场,却是谁也无法想象得到的——1126年钦宗即位,将蔡京放逐韶、儋两州(今天的广东、海南),走到潭州(今天湖南长沙)时被活活地饿死了。

顺便说一句,蔡京和他兄弟蔡卞都是当时著名的书法家。但蔡家兄弟祸国殃民,作恶多端,艺术成就也因人而废,后人将之踢出"书法宋四家"之列,取消了职称评定资格,也是可以理解的。

话说回来,金兵第一次南征撤退后不到半年,又卷土重来。这次金国的虎狼之师,很快就渡过了黄河。您要问,这回金兵为何这样麻利呢?这也不光是因为金军用兵神速,闪电战做得好,而是因为宋廷早已经把各地的勤王之师和民兵遣返回了原地,撤除了防守。您要问这好主意是谁出的,就是在金兵围城前刚刚当上宰相的唐恪。作为宰相,唐恪没有提出过任何挽救危局的建议,主要的业绩就是割地赔款外带着撤除天堑防守,所以,金兵几乎是又一次,在无人防守的情况下渡过了黄河。

但金人并不因宋人的节节退让而罢兵休战。公元1127年,金兵攻破开封城,太上皇赵佶与钦宗赵桓双双被金兵俘虏,史称"靖康之耻"。老赵家父子俩被掳至五国城,也就是眼下的黑龙江省依兰县成了超级战俘,并先后客死他乡,这是后话。

公元1127年初,也就是女真人灭掉辽国两年后,金兵再次兵围北宋京城汴梁。上次主持汴京防务、多次打退金兵进攻的李纲又被罢官了,这次守城的将领换了好几个昏聩无能之辈。原来,开封城四周

有一条很宽的护城河,金军在南面填河进攻的时候,负责防务的官员竟然玩忽职守,没有一点儿察觉,等到宋钦宗发现以后,一切已来不及了。虽然宋钦宗撤换了这个官员,但想把他流放都没地儿去了。急得没法的赵桓,又听信妖人郭京的高招,派出七千七百七十七个"神兵"迎战,结果"神兵"跟人家一交手,就被打回原形了,于是金军很快就攻陷了东京汴梁。这样,老赵家父子一下子就从天之骄子变成了超级战俘,让金兵像赶牲口一样赶着往北走了。这会儿,老赵家父子要是说不知道"北"在哪儿,肯定有人用马鞭子告诉他,我马鞭子指的方向就是北。

据说,徽、钦二帝往北走的一个重要落脚点,就在北京西山附近的西落坡村。那里有一处叫大寨的地界。不过,它可不是早先号召各村都学的那个大寨。那个大寨在山西,这个大寨在京西,这里的大寨没有亩产万斤的梯田,也没有七沟八梁一面坡,只有个落难坡。

据西落坡村村头的铭牌记载,这个大寨建于与北宋同时的金代。相传北宋落难的徽、钦二帝就曾囚禁于此。历史上所讲的"坐井观天"的典故,据说就是二人在落难坡的真实写照。落坡村的那块儿铭牌,为我们描述了大寨当年的模样,可对于北宋落难的徽、钦二帝曾囚禁于此的说法,还有待进一步考证。因为,根据史书记载,徽、钦二帝被俘后,坐井观天之地是在塞外的五国城,而不在西落坡村;可也有人说不在五国城,是在眼下的东北辽宁。落难坡用咱老百姓的话说,就是皇上倒霉的地儿,可是如今却你抢我夺,炒作成了非物质文化遗产,恐怕让十五个诺贝尔奖金获得者想半个月,也想不到连皇上倒霉的地儿都能开发出经济效益来!有这本事,不快去申请诺贝尔经济学奖,还等着干吗!

不过,西落坡村地处京西古道,是当时东京汴梁通往塞外的重要通道,在徽、钦二帝强迁途中,很有可能曾走过这地界,在西落坡村有过短暂的停留,也有过回望故乡的经历。他们在这座井里想家虽不大可能,但哭爹喊娘的事倒是少不了! 过去不是有首歌叫《唱得幸福落满坡》吗? 当时,徽、钦二帝的幸福感肯定是没了,他们反倒能学孟姜女哭得山体滑了坡,可就是哭成泥石流也拦不住灭亡之路呀!

话说,老赵家爷俩儿一路被金兵赶着往北走,终于来到塞外五国城,也就是眼下黑龙江依兰县真正的"坐井观天"之地。跟徽、钦二帝一起被强迁到这里的,还有后妃、皇子、亲王、公主、宫女、太医、工匠、厨师、戏子,一共是三千多人。这么说吧,在金兵的俘虏营里连和尚、老道都不缺。金兵们认准了这样一个理儿,只要把宋室的各色人等赶到塞外,肯定会开发出人才的巨大潜能。到了这儿,不管你是啥身份,什么级别,用日本鬼子的话说就是,统统地苦力地干活,不听话的死啦死啦地!

说起来,伐木头在河里搞漂移,工匠反倒比皇子、亲王强;就是组织文艺演出,艺人娼优也比后妃公主们水平高,起码不怵阵不晕场,就是穿着三点式泳装上台也不在乎,有票房就得了! 至于金银绢帛、珍宝玉器、文化典籍、天文仪器、乐器祭品,金军就更不落空了,反正金兵所到之处,有什么是什么,连汤汤水水的也没给老赵家剩下!

就这样,维持了一百六十八年的北宋王朝,就被彻底地颠覆了。也仅仅是一百六十多年,历史就来了一个大轮回。在第一集中,我说过宋太祖曾经掰开揉碎地欺负人家吴越国王钱俶,霸占了人家鱼肥水美、文化发达的好河山,还削去了人家的国号。宋代人赵与时在《宾退录》中就不无幽默地说:"徽宗尝梦吴越钱王引徽宗御衣云:'我好来朝,便终于还我河山。'"真是报应呀!

想当年老赵家的太祖,以军事家的身份欺负人家艺术家李煜,抢了人家天下,还封人家为"违命侯"。这回更野蛮的军事家又来欺负赵氏孤儿艺术青年了。当年赵佶他祖爷爷宋太宗不是说,早年间他妈用扁担挑着他们哥俩逃荒时,正好碰见一个研究《易经》的高人,充满玄机地说"都言皇帝少,皇帝论担挑"吗? 这回预言应验了,玄机破解了,大宋的俩皇帝,真的被人"论担"一起挑到了关外当肉票卖了。而且金太宗还照葫芦画瓢,克隆赵家老祖宗的做法,封活宝贝赵佶为"昏德公"、赵桓为"重昏侯"。您听这俩称号比"违命侯"更损。"重昏侯"就是说,整个一对浑蛋啊!说是浑蛋,其实也有思国之情。赵佶此时所写的诗很像李煜的风格:"中原心耿耿,南调思悠悠。"但是,无论此时感情多么真挚幽深,也无人理睬他了。后来赵佶、赵桓爷俩儿,在东北真的被冻得来了个重度昏迷,病死在冰天雪地的关外了。"卧榻之侧,岂容他人酣睡"是赵家太祖的豪言壮语,如今他的子孙后代却在寒冷的塞外变成了路倒儿,眼一闭、不睁,一辈子过去了,人家"小沈阳"也拦不住啊。

对宋徽宗赵佶的治国能力和执政业绩,完全可以用荒淫无道来评价,对此,后代史学家们保持了高度的一致性!如果说他还有点作用的话,那就是他成全了同时期的另一王朝——金国的迅速强大。金国最强盛时,疆域非常辽阔,东到黄海和渤海,西达青海贵德,北境达到外兴安岭,南边则把淮河以北地区都纳入了自己的势力范围。当时,大金全国人口已达七千万人,俨然成了一个入主中原、延揽神州的泱泱大国了。不过北方的狼,只要一跑到南边来,立刻就成了包软蛋,故此,大金的幸福生活也没有维持多久,因为,等待他们的是比大宋王朝更早、更快的亡国之痛。

第十四回　泥马渡康王以后

第十四回 泥马渡康王以后

金兵南下，黄河、淮河两河流域地区相继沦陷，从北宋王朝的顷刻瓦解，到南宋王朝的建立，这些发生在靖康和建炎年间的历史事件，也就是四五年的事儿。可就是这短短的几年，对老百姓来说，可谓是生灵涂炭、家破人亡呀！

话说公元 1127 年 4 月，金军统帅粘罕和斡离不，从开封撤退以前，册立宋代版的汪精卫——张邦昌为楚帝，让他在金的卵翼下统治黄河以南地区。可金兵撤离，宋廷的旧臣自然不会拥戴大汉奸张邦昌，于是，一个月后就把徽宗的第九子赵构抬了出来。于是赵构在应天府，也就是今天的河南商丘即位，当上了皇帝。他就是宋高宗，年号改称为建炎。后来他又迁都临安，也就是今天的浙江杭州，所以历史上称其为南宋。南宋存在了一百五十多年，大体上在同一时期的王朝有西夏、吐蕃、大理、金、蒙古、西辽、高昌回鹘、喀啦汗等。当然在这一百五十多年当中，主要与南宋进行军事对峙的是金和蒙古。

咱再回头说南宋的建立，您可能要问了，你前面不是说，"靖康之难"，金兵把徽钦二帝连同后妃、皇子、公主、亲王、机要大臣甚至宫廷乐工、厨师都一勺烩了吗？怎么又出来了个宋高宗赵构呢？原来赵构是徽宗第九子，他在即位前，被封为康王。

靖康元年，也就是 1126 年，金军第一次兵围汴梁时，他曾以亲王的身份代表他哥宋钦宗到金营开展送温暖活动，给爬冰卧雪的虎狼之师送去了很多防寒物资。可金人对赵构却不够温暖，让他在金营中做了一段人质，后来经大宋朝廷多方斡旋，让金国人误以为赵构是冒牌货，于是就把他放了回来。金军第二次兵围开封之前，宋钦宗又派他去河北一带组织部队来解救京城，因此"靖康之难"发生时，他恰好不在汴梁，侥幸脱逃。

可就这么一个侥幸躲过这场劫难而成为皇室唯一幸存的人，小说《说岳全传》却为他编造了一个"泥马渡康王"的神奇传说。说是康王赵构脱逃后，被金兵一路狂追，一直跑到黄河边儿。赵构像丧家犬一样地来到一座破庙前，吓得浑身筛糠。没想到，庙里的泥马突然显灵了，一定要帮助康王渡过河，而且是劳务费、过河费、人寿险、意外险全部免单，为的就是让他尽快建立南宋王朝，将来好打过黄河去，打回老家去，来个"重振山河待后生"。其实封建文人们就是想抬高赵构，把他当皇帝说成是君权神授、上天的意思，所以泥马才能显灵帮忙。您说这不是胡说八道吗？泥菩萨过河还自身难保呢，泥马过河除了堵塞河道，还会有嘛用啊！其实历史上倒有赵构被金兵追杀，一度在海上漂泊的事儿，民间传说的"泥马渡康王"，大概指的就是这件事。什么泥马显灵、神仙保佑啊，当时赵构让人家追得连跳海的心都有，要多寒碜有多寒碜。只是由于当时金军不习惯水战，战船太小，风浪太大，才没追上赵构让他跟他父兄一样当俘虏。这是后话，下面会细说。

前面说过，由于当时的政治形势发生了剧烈变化，民族矛盾的上升，缓和了百姓对无能政府的愤怒，上层统治者之间的和战之争，代替了自王安石变法后延续了四十多年的新旧党争。一句话，大家都把注意力转移到了抗战图存上来了。赵构即位当上皇帝后，为了站稳脚跟，顺应民意，起用著名抗金将领李纲为相。李纲因在金军第一次南下兵围汴梁时，组织军民守城御敌，在南宋官员和老百姓中人气很高；另外赵构抬出李纲，也是为了跟金人谈判时，增加讨价还价的砝码。

当时黄河两岸人民纷纷拿起刀枪，反抗女真贵族的残暴统治，于是，李纲就想把这些抗金力量组织起来收复黄河河东、河北的失地。他任命宗泽为开封留守,让他把开封作为基地,谋划收复河朔地区。宗泽到达开封以后,一面沿黄河南岸修筑防御工事,一面招募军队,加紧操练。他还和王彦领导的"八字军"以及其他义军积极联系,密谋过河去攻打金兵,岳飞当时就在王彦的"八字军"军中。小说《说岳全传》中,描写宗泽对岳飞的赏识与提拔,应该就在这个时候。

李纲和宗泽的反攻计划,可把赵构他们吓坏了。赵构心说,你这不是捋老虎须子,影响老虎午睡吗?咱现在的日子怎么过,可得跟老虎商量啊!于是,李纲当宰相还没过试用期就被赵构炒了鱿鱼。赵构炒李纲的鱿鱼,是为了防止友邦惊诧,当然李纲推荐的一些抗金派人物也跟着被罢免了,像什么河北宣抚使司、河东经制使司等抗战机构也被取消了。虽然宗泽还留在开封府任上,可他的渡河反击的计划,赵构一律不批准。他几次呼吁赵构去开封或是西迁关中,以鼓舞抗金军民的士气,赵构也坚决不同意。宗泽劝他,要是你皇上还没见着敌人就撒丫子,谁还为你朝廷卖命呀?事是这么个事儿,可赵构他可得敢呢?就这,他心里还骂宗泽呢:你可太损了,本来关外林子里就关着俩皇帝,你恁着把我也送进去,凑个伐木小分队啊!

经这么一吓唬,宋高宗和黄潜善、汪伯彦一伙反倒下了决心,啥江山社稷、黎民苍生的,全顾不上了,立马往江南奔逃。宗泽虽一心想收复黄河以北的大好河山,可碰到这样的昏君,真是英雄没有用武之地。到南宋立国的第二年,悲愤中的宗泽染上了重病,弥留之际他连呼三声"过河",然后就壮烈地死去了。

抗金派人物死的死,免的免;汪伯彦、黄潜善等人组织的投降派政府,马上从河南归德逃到了扬州。到了这儿,赵构不但不再打算收复河东、河北的失地,连整个黄河流域也打算来个土地置换了。赵构的软骨头精神,虽然不能鼓励宋朝抗战军民,可对金兵却产生了高效的激励作用。1127年赵构刚到扬州,转年金兵就南下逼到了城下,于

是赵构、汪伯彦等君臣马不停蹄,再接再厉继续猛跑。这次虽然没有泥马来帮忙,他们却迅速越过天堑长江,逃到了镇江,紧跟着又溃逃到了杭州、南京。看来后边要有虎狼之师追着,赵构君臣的奔跑速度,创造马拉松世界纪录绝对有保证。

话说,赵构一边逃,一边还给金军统帅金兀术写信乞降,自愿削去封号,奉献大宋江山,可人家四太子金兀术就是不领情,继续"宜将剩勇追穷寇"。建炎三年,南下的金兵在江淮之间遭到了当地水寨民兵的层层阻击,可官军却没能利用有利的地形,堵截住金军的主力。赵构只得又从南京到镇江、到杭州、到越州、到宁波,一路狂逃,直至把南宋小朝廷都装进了几只大楼船,在温州、台州附近进入大海的怀抱,才算放心。您见过皮包公司,可您见过皮包政府吗?它就是赵构发明的。

由于北人不善水战,再加上在大海里遇上了大风,真是人不帮忙天帮忙啊,金兀术纵然有万人铁骑,在大海里遇到台风也只能喂鲨鱼了。没办法,四太子只好罢战收兵——也该让人家宋朝君臣喘口气了,否则人家的运动量立刻就到了极限了。

1130年初,金兀术率领金兵,在大肆掳掠了杭州城后北撤,与当时守卫镇江的韩世忠不期而遇。金兵被韩世忠的军队诱进南京东北边的黄天荡里,韩夫人梁红玉擂鼓指挥伏兵轮番向金军攻击,金兵大败。为了突破重围逃回北方,金兀术表示愿意退还抢掠的财物,被韩世忠严词拒绝。金军在被围困了四十八天之后,利用老鹳河故道,凿开一条连接长江的大渠,狼狈脱逃。韩世忠以八千人大败号称十万的塞外铁骑,打破了金军不可战胜的神话,极大地鼓舞了南宋军民,同时也给岌岌可危的南宋政权带来口活气。此刻的南宋小朝廷太需要一场胜利来安定人心、稳定政权了。这一段故事,叫作"梁红玉击鼓战金山"。爱听戏听书的人,对这段故事都会有所了解。

至于说到金山，就是今天的江苏镇江金山寺。眼下的金山寺早已不是一个江中小岛了，白娘子要救许仙，也用不着发功下雨，水漫金山了，开着车就可以把许仙接走了；金兀术要是再打败仗，也用不着挖通旧河道，直接从陆地就可以逃跑了。不过这种生态环境的变化，却是非常令人担忧的。

话说回来，金人在一次次南侵过程中，屡屡遭到南宋军民的顽强抵抗，金国的统治者开始明白，虽然宋朝君主懦弱无能，可金国要在短期内占领江南也不是件容易事。于是，金国就采取了"以和议佐征战，以逆僭诱叛党"的策略。根据这一策略，金国皇帝册立原大宋济南知府刘豫为伪齐的皇帝，并把中原和陕西地区都划给了伪齐国，让大汉奸刘豫做自己的代理人。这样，伪齐国也就成了金宋两国的军事缓冲地带。

有了这个缓冲地带，越过黄河、越过长江，疲于奔命的南宋小朝廷，从此也安定了下来。绍兴元年，也就是 1131 年，宋高宗正式定都于临安，临安也就是今天的杭州。南宋君臣为杭州取名临安，似乎表明他们只是把这里当作临时首都，真正的都城在北方，在汴京，自己还有北伐、打回老家的雄心壮志。

的确，从绍兴三年，也就是 1133 年，南宋政府把从江州到江陵的防务划归岳飞负责，江州以下和淮南诸路则由刘光世、韩世忠以及张俊负责，他们凭临长江天堑艰苦抗战。南宋的军事、政治局势渐有起色，这也让南宋军民看到了"中兴的希望"。说起来，老赵家的儿孙虽然文化学历很高，但却偏偏颈椎突出、政绩不突出，遇到事没一个能直起腰来的。人家自己的亲爹亲娘亲哥，在关外受罪都不着急，别人管得着吗？于是赵构就像他那没心没肺的爹和哥一样，等超级马拉松大赛刚一结束，自己的喘气声和战乱声刚一停歇，就开始了骄奢淫逸、花天酒地的生活。什么"北伐"啊，什么"中兴"啊，"迎二圣还朝"啊，都让赵构、黄潜善、汪伯彦、秦桧等君臣，当酒菜就着酒一块儿喝

了。还是南宋诗人林升描绘得准确,分析得透彻:"山外青山楼外楼,西湖歌舞几时休。暖风熏得游人醉,直把杭州作汴州。"

我们以前说过"弱宋"不是一个尚武的国家,赵构更不是中兴之主,虽然在位初期,因为战事紧张,他起用过主战派李纲、宗泽、岳飞等人,可大部分时间都在重用主和派的黄潜善、汪伯彦、秦桧之流,他始终实行的都是绥靖苟安的不抵抗政策。他最怕是抗金将领力量强大后,把他顺手给拾掇了,于是就来个量中华之物力,结舆国之欢心。

绍兴十年,南宋军队在刘锜率领下,以少胜多取得了顺昌大捷。顺昌就是今天的安徽阜阳。顺昌大捷后,形势对金人十分不利,他们本打算把伪齐的旧地还给南宋,但还是瘦人拉硬屎,提出条件让南宋称臣纳贡。虽然南宋在战场上取得了战略主动,可赵构却怎么也硬不起来,授意丞相秦桧主动与金人议和,引来朝野上下一片反对之声,可赵构、秦桧却一意孤行。绍兴十一年,也就是公元1141年,南宋朝廷配合金人,主动解除了抗金将领韩世忠、张俊、岳飞的兵权;同年11月,宋、金双方达成共识,12月末,岳飞与儿子岳云、部将张宪一起以"莫须有"的罪名被害。转年3月,宋金两国,完成了《绍兴和议》的全部换约手续。

南宋军民对在抗金斗争不断取得胜利的情况下签订这样的屈辱和约十分愤慨,可赵构、秦桧一伙却大肆庆祝"胜利"。《绍兴和议》在南宋军民的一片痛哭和痛骂声中实施了。《和议》规定:南宋向金国称臣,南宋皇帝由金国册封,而且还要承诺"世世子孙谨守臣节",每年向金国交纳白银二十五万两、绢二十五万匹。按说南宋在经济上比金国强大得多,但一个朝代真正的强大,不能只看经济,经济再强大,没有强大的军队保护,也只是别人眼里的肥羊。问题是,当时的南宋政府是主动将自己送到金人手里,成为一只鲜美的小肥羊,让人家任意宰割,完事儿还替人家埋单的。《绍兴和议》的签订,以宋廷称臣纳贡为代价,收回了一部分实际上由金国控制的故国领土,宋、金之间东以淮河,西以大散关为界。大散关就在眼下的陕西宝鸡境内,中间的唐、邓二州,则依然归属金国。

和议公布后,虽然舆论哗然,可人家宋高宗不在乎这个,就算你讽刺我偏安一隅,关起门来做儿皇帝,可我照样可以作威作福,骄奢淫逸。至于向外国人上贡的东西由谁出?自然得是老百姓了。您说《澶渊之盟》订立以后,北宋向辽国交纳"岁币";《绍兴和议》订立了,南宋又向金国交纳"岁币",真是有嘛爹就有嘛儿子。本来应付南宋庞大的官僚体系和军队支出,老百姓的负担就够重了,您说这样一来老百姓还不被敲骨吸髓了吗?可宋高宗相信,只要强迫百姓,充分发挥其侍候两国君主的双向职能,就有潜力可挖,各项赔款指标就一定能够完成。但客观地说,《绍兴和议》使宋、金之间也确实维持了近二十年的和平,为南宋赢得了一定的休养生息时间。这期间双方虽然偶有冲突,但冲突的规模都不算大。

宋高宗赵构原本有一个亲生儿子,可幼年就夭折了。此后赵构因为战乱失去了生育能力,接班人问题实在没法解决了,只好立赵匡胤的七世孙赵慎为太子。说起宋高宗赵构在盛年主动禅位,确实是个谜。对于一位活了八十多岁的封建帝王来说,五十来岁恰好正值盛年,也是执政的黄金期,那么他为啥选择退位呢?

我们前边说过,宋代开国皇帝赵匡胤将皇位传给了弟弟赵匡义,因此他的嫡系子孙一直没有人做过皇帝,对此,朝野之间可以说是议论不断。特别是宋室南渡以后,社会舆论更是认为宋室如今的结果,完全是由于天命所至,老赵家遭了报应,可人家赵匡胤赵大哥并没有失德,失德的是赵老二及其后代。甚至还有民间传闻说,金军的统帅金兀术长得很像赵匡胤,是赵匡胤托他来索取天下的。

这样的传言虽然过于离奇,可偏偏越是大兵压境、局势危急之时传言越盛行。满朝文武大臣则因为赵匡义的子孙不少是尿包软蛋,也就越来越倾向尽快让赵匡胤的后裔来担负护国重任的主张。这样,坐

了三十五年皇位的赵构，在各方压力下，不得已宣布禅位于太子赵慎了。赵慎就是宋孝宗。孝宗做了二十七年皇帝后，在内忧外患中又将皇位传与宋光宗赵惇，自己也做起了太上皇。这样，孝宗就成为了宋代历史上第三位太上皇。

算起来宋孝宗做了六年太上皇，而高宗却做了二十六年太上皇，是历史上在此位上坐得最长的太上皇。不知道这是不是世界纪录，起码在中国四千年文明史中得算最高纪录了。这些都是后话。

话说《绍兴和议》签订二十年后，金国海陵王完颜亮撕毁协议，再度南侵，但是在行军途中完颜亮被乱兵所杀，金军的南下征战被迫停止。1163年南宋孝宗即位后，曾一度重用抗战派人物并出兵北伐，但南宋在符离集（今天的安徽宿县）战败，战后双方又签订了《隆兴和议》。这个和议规定："正皇帝之称，为叔侄之国，岁币减十万之数，地界如绍兴之时。"

到了宋宁宗时代，宰相韩侂胄又拼命主战，并于1206年实施了"开僖北伐"，结果不久，北伐又失败了。韩侂胄因此成为妄启战端的罪魁祸首。说起来大家把这小子定为"祸首"倒是一点儿都不冤。韩侂胄虽为名臣韩琦之后，却是靠裙带风当上宰相的。不知你是否摸出了这样一条规律，但凡靠裙带风当上官的人，行为都非常乖戾。《庆元党禁》一书中，曾记录了韩侂胄的一个小幽默。说是有一次，他请人到南园喝酒，路过一个山庄时，韩侂胄指着竹篱茅舍说："乡村田野，炊烟村姑，可惜缺少鸡鸣狗吠之声，这自然环境不够和谐呀。"不一会儿，韩侂胄听到小树丛中有狗叫声。连忙派人去察看，原来是一个叫赵师怿的小官儿，自愿钻到树丛里学狗叫，赢得了韩宰相的欢欣。韩侂胄看到赵师怿满脸都是血道子，不禁哈哈大笑，心里那叫一个舒坦。等这个饭局结束之后，韩宰相立刻将这个"学犬吠山庄"的赵师怿提拔重用，进入了当朝的决策层。您想，靠这类鸡鸣狗盗之徒，为自己出谋献策，韩侂胄北伐要是能打胜仗，不就见鬼了吗！

"开禧北伐"失败以后的 1208 年，南宋政府与金人订立了《嘉定和议》。此后，宋、金两国再没有发生大规模的战争，一直和谐相处，直至被他们的共同敌人蒙古人所消灭。

当然对于北宋和南宋的和、战问题，后代的历史学家也有自己的观点，比如清代的著名文人赵翼在《廿二史札记》中就说过："宋之为国，始终以和议而存，以不和议而亡。""澶渊盟，而后两国享无事之福者，且百年；元昊跳梁，虽韩琦、范仲淹名臣犹不能制，亦终以岁币饵之，而中国始安枕。当北宋强盛时已如是，况南渡乎？"那意思就是说，宋代立国，始终是以和议而获得生存，因废除和议引来战乱。北宋《澶渊之盟》签订后，宋、辽两国百年没有大的战事。西夏国王李元昊捣乱，像韩琦、范仲淹这样的名臣都对付不了他，最后还是每年给人家送礼上贡了事。北宋强盛时期都如此，何况南渡后的宋代小朝廷呢！

近年来的史学家，更把赵翼的这个观点具体化，认为《澶渊之盟》乃至《绍兴和议》得以签订，实在是不得已而为之的事。他们认为主要理由是：(一)国家财力困难，支持不了庞大的军费开支；(二)军事力量不强，用流民群盗补充国军，将骄兵懒，军纪废弛，不足以战；(三)文武不和，不可与图大业。史学家们列举的这些现象，在南宋初年确实是存在的，因而在南宋立国后，宋军屡屡败给金人，这恐怕不是某个人的军事才能问题。

笔者认为，假如清代文人赵翼和当代某些史学家观点成立的话，那也是北宋以来基本国策留下的后患，正是"以文抑武"的政策造成了"军事力量不强"和"文武不和"的局面。南宋小朝廷的官员既多且滥，工资待遇还特别高；实行募兵制的南宋军队，就像职业化的中国男足，虽然屡屡打败仗却能拿上百万元的年薪。故此，南宋虽比北宋的疆域小得多，但军费和行政费用却反而更高，这对国力不能不造成极大的消耗。套现在的一句广告词"好日子咱得算着过"，可南宋小朝

廷"好日子"算的是什么?算每次战事之后赔多少钱;算战败了给自己
降几辈儿,才能让敌人满意了不再打他,让自己过几天舒心的"好日
子"。老赵家生生地把当时世界的一流经济强国,拖到了经济崩溃的
边缘。这样的腐败政权,这样没心没肺、啥时候都不知道愁的君臣,最
后也只有靠订立屈辱的条约来苟延残喘,靠割肉补疮来争取自己的
生存空间了。

第十五回　岳飞是这样被杀的

第十五回 岳飞是这样被杀的

南宋立国之后，岳飞、吴玠、刘锜、张俊、刘光世、韩世忠和杨沂中等将领，曾联手击溃金兵的多次进犯，并取得了一些战役的胜利，南宋军民也似乎看到了"王朝中兴"的希望。可就在这时，南宋最杰出的抗金将领岳飞，却以"莫须有"的罪名被杀害了。

《宋史·岳飞传》中说："狱之将上也，韩世忠不平，诣桧诘其实。桧曰：飞子云与张宪书虽不明，其事体莫须有。世忠曰：莫须有三字何以服天下？"

像岳飞这样的人物，绝不是任何人想诬陷就诬陷得了的。岳飞的案子确实是查无实据，其实不管是什么罪名，没有赵构点头是绝对不会杀头的，也就是说，谋杀岳飞的元凶是宋高宗，而不是秦桧。

所谓"莫须有"，原是宋代的口头语，历史学家对它的解释大约有四种。第一种解释是"可能有、或许有"，第二种解释为"难道没有吗"？再一种解释是"莫，须有"，也就是"不，应该有"；最后一种解释是"不须有"。

为什么处死岳飞这样的忠臣不需要罪名呢？秦桧这里表示的意思是，杀他是皇上的愿望，不需要什么理由，只要走个过场就可以了。这表现了秦桧以赵构为后台的一种霸道。用老百姓的话就是"借横"，同时又非常含蓄，让硬汉子韩世忠碰了一个软钉子，但却较明确地被告知：你也不要像岳飞那样走太远——当初用你们是为了求得新朝廷的偏安，而你们高唱的"直捣黄龙，迎回徽钦二帝"的口号却让当今圣上非常担心。这同时也暗示出，秦桧之所以敢对岳飞动手，完全是皇上授意的。

要知道,赵构的命令是最高机密,任何泄露者都会遭到横祸,因此秦桧只能暗示韩世忠,并告诫他不要多管闲事。作为当朝两个位高权重的大臣,在特殊的语境下也只能这样说,这就像早先牲口市两个生意人谈价一样,在袄袖子里动动手指头就把事儿说清楚了,但它却暗示出非常隐秘的事实。所以,作为了解朝廷潜规则的韩世忠,虽然非常恼怒但却也无可奈何。

正因为此,韩世忠可以愤怒地质问:"莫须有三字何以服天下?"却没敢说:"莫须有三字何以说服我?"要知晓一种扑朔迷离的说法,一定要把它放到特定的政治环境中去理解。

总而言之,两宋杀大臣极少,以上四种理由无论怎样解释,都不足以擅杀大将,更何况杀的还是岳飞这样的抗金名将、国之栋梁?"莫须有"的罪名完全可以把岳飞一案挂起来,留待运动后期处理。何况在上面说过的几支抗金大军中,岳家军军力最强,纪律最严明,战功最显赫,是金人南征不可逾越的铜墙铁壁。岳飞本人因累累战功加官至太尉、少保,是正一品的官员,在武将中军阶最高,位居三公之列。国家有难了,赵构对他还是很倚重的。

公元1140年,岳飞在郾城打败金兀术的主力,黄河以北的百姓看到了"王师北定中原"的希望,立刻活跃起来,准备配合岳飞北伐。可赵构却想抓住这难得的机遇来跟金人议和,求得苟安。岳飞反对议和,赵构便用十二道金牌将其召回,不久就将他杀害了。

南宋王朝,为什么在这关键时刻,杀害这样一位担负着中兴大任的军事统帅,自毁长城呢?那么,谁又是杀害岳飞的元凶呢?传统的说法是秦桧,说他与金人勾结,为卖国求荣才残害忠良的;也有人说是秦桧和赵构合谋,说是岳飞阻碍了他们实行卖国投降的政策。这样的理由太简单,似乎也不大合情理。说起来,岳飞的被杀其实是有着非常深刻的政治原因的。这正是我们这里讲的主题:被文官所仇视,被武官所嫉妒,犯皇家之禁忌是岳飞被杀的真正原因。

先说，被文官所仇视，准确地说，岳飞是被宋代以来的重文轻武，以文抑武的制度所害。我们以前说过，大宋的开国皇帝赵匡胤就是军人出身，是靠兵变夺取政权的，深知军队造反的厉害，所以才制定了以文治武的管理制度。在军事上，他宁愿牺牲军事效能，也要限制武将的权力，并严格限制他们才能的发挥。这样一个对宋朝的富国强兵极为不利的国策，竟然被其后代变成了一种观念和制度。宋代设立枢密院，成为国家的最高军事机构，但是知枢密院事的主官甚至边关统帅，都由文官来担任。

南宋沿袭旧制，仍然由文官指挥军队，并且对每支部队的规模、编制，都有一定的限制。但南宋刚一立国战端即开，南宋政府一直面对着强敌压境，这个时候，国家当然最需要军人们去流血、去拼命，去保江山，于是军人的声音也逐渐由弱变强，或者说，有了自己的话语权，对于军人，您总不能还没卸磨就杀驴吧。

自北宋以来，北方的广大地区多被少数民族占领，如今天甘肃一带的天然牧场，就被西夏占领；南宋偏安一隅，地域更加狭小，而在内地养马又会与农业争地，所以极度缺马的宋军，也就无法建立起一支强大的骑兵。他们只擅守城，不擅骑兵野战，而这偏偏是金人的强项，连骁勇的契丹人都流传着这么一句话：女真不满万，满万则天下无敌。所以几万甚至十几万金兵，一路打过淮河和黄河，真的是所向无敌，但他们南下时却偏偏遇到了汉人的真正英雄——岳飞。

岳飞并没有使用冷兵器时代对付游牧民族的最好武器——弓弩，而是大胆创新了一个更有效的战法：大斧队、砍马腿。这是一种需要非凡勇气的战法，只有那些具有铁的意志的军队才能够做到这一点，于是岳家军就破了金兀术的三千铁甲重装骑兵。而且在以后的野外征战中，岳家军也是屡次击败金军，成为南宋最有战斗力的部队。于是，更加骁勇的女真人，就又流传着这样一句话：撼山易，撼岳家军难。

岳飞,字鹏举,河南汤阴人。北宋末年他曾从军伐辽,后来又参加了抗金斗争,曾在王彦和宗泽帐前听令。他武艺高强,能力挽三四百斤的硬弓,而且马上功夫也十分了得,是从兵卒中成长起来的军事将领。岳家军刚成立时不过征兵万人,但在镇压杨么、钟相起义后,吸纳了大批起义军入伍,军力大大增强,总兵力增至十万人。这样,岳飞很年轻就成了一个战区的主帅。军队兵强马壮,又有一代新人在成长,本是件好事,但却引起了朝廷和文人的深度不安。

宋廷立即诏令岳家军以"三十将领为额",试图想以军官的数量限制岳家军的扩张。可岳家军不断打胜仗,随之队伍也在不断扩大,他们也不报请中央人事部门批准,就随意增加编制,不久就把将领增加到了八十多个,大大突破了朝廷的编制限额。不光如此,军队作战,还需要征粮、筹款、派夫等后勤供应,因此,便需要占有固定的防地,这个防地还要享有管理行政和财政的权力。岳家军因为军队庞大,所管辖的州县比起其他部队自然要多出好几倍。作为军人的岳飞不明白这其中的利害,他可能认为,反正岳家军也是自收自支,于是就随便增加军事干部的指标。那时候要是有个豪爽的天津百姓提醒他一下就好了:这似(是)钱的事吗!你弄那么多的人干吗?这不明摆着让人家说越权谋反吗?我看你是离倒霉不远了。

宋高宗这小子知道,军人大多头脑简单好对付,给驴加一鞭,磨盘子自转。所以一方面对武人多加粮草,勉励他们给自己卖命;另一方面,又默许文官集团实施削弱武将兵权恢复传统体制的措施,因为军人地位的逐渐凸显,是执政的文官集团最不愿意看到的。文人们隐忍着,是等待着时机的到来,盼望重新实施老祖宗提出的"夺其权、制其钱粮、收其精兵"的策略。当然这样的策略,不光是针对岳飞的,而是针对整个军人集团的。

宋金两国的《绍兴和议》签订后,以秦桧为首的文官集团,立即着手解除张俊、韩世忠、岳飞三人的兵权,撤销了专为对金作战而设立的几个宣抚司,将三支部队的指挥权直接归属枢密院。赵构和秦桧,不顾抗战的"十年之功毁于一旦",连下十二道金牌,让岳家军班师回朝。在抗战中军力日益扩大,又总是特立独行的岳家军,显然已严重偏离了宋廷的正统制度轨道。没有谁能阻止悲剧的发生,因为在秦桧的背后,是一个王朝重文轻武既定国策的有利支持,容不得岳飞等军人做大。赵构和秦桧这样做,其实是杀鸡给猴看的,岳飞之所以被杀,正应了老百姓的一句话:出头的椽子头先烂。

岳飞的军功日益显赫、岳家军的日益强大,不光被文官所仇视,同时也被军中战友们所嫉妒。虽然在他死后韩世忠曾找秦桧拔闯,引出了"莫须有"的话头儿,可他活着却没少遭受同行们的嫉妒。主战派重要人物张浚因勤王有功,受到高宗赵构的信任,迁知枢密院事,负责指挥全国的抗金行动。这个张浚不是那个从前线归来的张俊,那个张俊是英俊的俊,这个张浚是疏浚的浚。话说,张浚知枢密院事只是正二品,而受他指挥的岳飞因军功赫赫已被皇帝拜为太尉,官居一品,这样,将帅之间的关系就不好处理了。

绍兴七年,岳飞曾计划合诸将之兵北伐,本来赵构也同意了,并下诏,将王德、郦琼两支部队交由岳飞统一指挥。但张浚不想让岳家军势力扩充太大,两人因此发生了激烈冲突。岳飞当日便上奏章,申请辞职,回家为母服丧。张浚也立即上奏,说岳飞这是要挟皇帝,实际上是想兼并其他部队,拥兵自重。赵构最怕的就是军人专权,这样一来,不但岳飞合诸将北伐的想法没实现,张浚还往岳家军派了个监军,来监视他。这引起了岳家军众将领的强烈不满,主将张宪称病不理军务,其他将领也如法炮制,岳家军一时无人主事,军中谣言四起。军人之间的意气用事窝里斗,无疑为秦桧打击武人集团找到了一个突破口。

要说赵构和秦桧绝对都是聪明人,他们知道要想打击岳飞,堡

垒是最容易从内部攻破的,突破口也最容易从自家人里找,要诬告岳飞谋反,军人是绝好的合作伙伴。由于岳飞的军功很大,他们陷害岳飞的目的总也达不到,缺的就是给天下一个合适的理由。于是,他们就让那个从前线撤回来的军人张俊,收买张宪的部将王俊,诬告岳飞鼓动部下谋反。说到这儿,您可听明白,这个从前线回来的张俊,可不是上回说的张浚。上回说的张浚是个文人;而这个张俊的"俊"是英俊的"俊",那个"浚"是疏浚河道的"浚",完全是两个人。

话说回来,有了这样的罪名,秦桧就把岳飞、岳云、张宪和牛皋一块儿投入了监狱,一时舆论哗然。聪明的秦桧也知道不拿出点真东西朝廷上下肯定不服,于是他就派自己的亲信万俟卨当专案组组长,来审理此案,让他多方罗织罪名,从严从快解决岳飞的问题。这样,到绍兴十一年,也就是公元 1141 年阴历年底,岳飞、岳云和岳家军的重要将领张宪就一齐被杀害了。您说赵构、秦桧他们够多损,连年都不让人家过。他们也怕留岳飞他们过年,大臣们利用拜年聚众闹事儿——这样从速解决了,你们也就死心了。不过有一点,连算破天的秦桧都没想到,跪在岳坟前的四个人因此也就凑齐了,那就是他与他老婆王氏,还有就是万俟卨和从前线归来出卖战友的军人张俊。

另外岳飞的被杀,与他专门爱管皇上的家务事也有着直接的关系。加上南宋皇帝赵构生性多疑,岳飞实际上犯了皇家的多种禁忌:

岳飞替大宋第一家庭代管的第一件家务事,是仗着自己功高,干涉高宗的接班人问题。原来高宗赵构原有一亲生之子叫赵旉,但很小就死了。后来因为战乱的惊吓,赵构这个三军统帅得了不孕不育症,因此他的接班人问题朝野上下都很关心,可就是没有眼下遍布各地的送子医院来帮忙。

话说，宋太祖死后，太宗兄终弟及，此后各代皇帝均为赵匡义一脉。没想到"靖康之变"时，金兵按照朝廷皇室的玉牒，将太宗在开封的子孙来了个一网打尽，赵构因为在外地招兵买马而侥幸漏网，因此捡了个超级大洋落儿。现在赵旉一死，太宗这一支算是没有把根儿留住，万般无奈，赵构只得从太祖的后裔中，选了比自己低一辈的赵伯琮进宫由张婕好抚养，小赵同志也准备在"资善堂"里等着接班。以后吴皇后得宠，非闹着再选一子由自己抚养，将来让二子来个差额选举、竞争上岗，也好体现公平。就这样，每天回到后宫，赵构都让这件家务事闹得头痛万分。虽然高宗自个儿比较欣赏赵伯琮，可你也不能皇上不急太监急呀，特别是武将干预这事，就更让人以为是别有用心了。可岳飞不懂这个，见了面就劝宋高宗早下决心，早作定夺。高宗听了非常恼火。这个问题当朝宰相赵鼎在《忠正德文集》里有记载。据说赵鼎当时听说此事后，为岳飞捏了一把汗，因为这是为臣子者最忌讳的，不需要证实其谋反罪名就可以处死。于是他"召飞随军运使薛弼谕之曰：'大将总兵在外，岂可干预朝廷大事！宁不避嫌？飞武人，不知为此，殆幕中村秀才教之。公归语幕中，毋令作此态，非终始之理。'弼深以为然"。大致的意思是说，他招来岳飞的部下薛弼告诉他，大将在外统兵，一定要懂得避嫌，本来皇上和文臣们就顾忌岳飞军力过大难以制驭，他千万不可干预朝廷大事，岳飞是个粗人，都是他军中那些民间文人教他胡来。你回去以后一定要告诉他，别自找不痛快，否则就离倒霉不远了。薛弼答应回去劝他了，但结果还是没劝过来。

　　岳飞替大宋第一家庭代管的另一件家务事，就是干涉皇帝家里如何赡养老人的问题。

　　老岳没事就高喊爱国口号"迎徽钦二圣还朝"，这让赵构心里很不是滋味。说不让"二圣还朝"吧，显然不符合自己常挂在嘴边的孝悌忠义的理念；可真要把他们迎回来，甭说俩，就是一个，也够自己

喝一壶的！有这样的危险吗？当然有了！对此，赵构心里明镜似的，于是就采取拖延战术，就是后来签订了《绍兴和议》，金人也只放还了宋徽宗的棺木和赵构的生母，他哥钦宗还是没被迎回来。赵构是如何跟金人谈的，只有天知道。不过，赵构却落了个一举两得：既显示了自己的孝悌之心，又消除了"夺门之变"的隐患。您说，他这机灵劲儿都长这儿了。

话说，有一天明代四大画家之一的文征明到杭州西湖旅游，偶然在湖边发现了一篇碑文，刻的是宋高宗写岳飞的御札，他当即写了一首《满江红》词来评价这件事儿，其中有这样的句子："拂拭残碑，勒飞字，依稀堪读。慨当初，倚飞何重，后来何酷。果是功成身合死，可怜事去言难赎。最无辜。堪恨更堪怜，风波狱。岂不念，中原蹙。岂不惜，徽钦辱。但徽钦既返，此身何属？千古休夸南渡错，当时自怕中原复。笑区区一桧亦何能？逢其欲。"这首词很好地回答了这个问题。《宋史》为尊者讳，将一切责任全推给秦桧，后人也大多认同了这个说法，实在是颠倒了主次。杀岳飞的，真正的主谋是宋高宗赵构，他怕把徽钦二帝迎回来，自己就没地方搁了。当年秦桧要杀岳飞时，他的一个下属良心发现，说，我不想杀岳飞并不是同情他，而是觉得现在杀岳飞是自毁长城。逼得秦桧只得据实相告：上意如此。

岳飞替别人代管的第三件家务事，就是包揽皇族的还迁问题。人家赵构就愿意偏安东南做儿皇帝，就是愿意向金人称臣纳贡认干爹你管得着吗？可岳飞却仗着自己兵多将广，成天嚷嚷着要打回黄河去，打回老家去。《绍兴和议》签字生效后，赵构下令全国军民打着小旗儿、上街游行，热烈庆祝，可岳飞却偏偏不让领导高兴，反说：今日之事可忧而不可贺，更不应该论功行赏，让敌人耻笑。这无疑是戳了皇上的肺管子，您想，赵构能不恨吗？

在北伐的旗帜下，岳家军越来越强大，岳家军的称号让赵构坐卧不安，吃嘛儿嘛儿都不香。赵构最担心的是，岳飞在收复汴京后会有反心。对于南宋来说，南北朝的历史并不久远，比如东晋后期的刘裕，就是北伐收复长安和洛阳后，顺便把皇上拾掇了，建立了自己的王朝。北伐不论结果如何，对赵构来说都很为难。败了，手中最后的一点儿老本就赔光了，连和谈的资本都没有了；胜了，统军的将领很可能会用它来捞取政治资本，取代自己，所以岳飞对北伐越热心，赵构心里越嘀咕。

岳飞的被杀与他个人的性格因素也有关。他与朝廷里的文官特别是以秦桧为首的主和派，关系非常紧张；由于自己战功高、行政级别也高，跟他的顶头上司、知枢密院事的张浚关系处理得也不好；就是对高宗皇帝，他也是动不动就以辞职回家相威胁，而且是越到战事紧张时，他越爱摔乌纱帽。所有这些都埋下了他被杀的祸根。

北宋及至南宋，一贯推行重文抑武的基本国策，帝王们敢于放手同士大夫"共治天下"，却形成了鄙视、猜忌和排挤武臣的积习，这也是岳飞被杀的重要原因之一。下面援引的欧阳修弹劾狄青的案例，就是有力的佐证：

这段公案在《宋史》和《续资治通鉴》中都有记载，历史笔记《啸亭杂录》中的一篇短文"宋武臣"则叙述得更为详细：

"有宋一代，武臣寥寥，惟狄武襄立功广南，稍有生色，仁宗置诸枢府甚为驾驭得宜。乃欧阳公露章劾之，至恐其有他心，岂人臣为国爱惜人才之道？狄公终以忧愤而卒。其后贼桧（秦桧）得以诬陷武穆（岳飞）者，亦袭欧阳故智也。"

狄武襄是何许人也？他就是鼎鼎大名的北宋大将狄青。狄青是行伍出身，善骑射。宝元初年，任延州指使，临战，披头散发，戴铜面具，所向披靡，屡立战功。副宰相范仲淹发现狄青是个难得的将才，就将他由士兵一直晋升为大将。史书上说他："治军严明，与士卒共甘苦，故出战常有功。"于是宋仁宗就任命他为枢密使，进入了国家的最高军事机关。

对于一直受强敌欺负的北宋来说，狄青确是国家迫切需要的军事人才，可欧阳修却怎么也看不惯他。欧阳修弹劾狄青的主要理由：一是不同意"出自行伍"的狄青"遂掌"枢密使；二是说，虽然狄青任职三四年没有什么过错，可他太了解军队，也太能凝聚军心了，让这样一个人来负责军机大事，对国家来说实在是太危险了！他的意思是说，只有让不懂军事的文人来掌管军队，大宋的江山社稷才能得以保全。这种强词夺理的说法实在是太荒谬了！

令欧阳修想不到的是，他连着打了几次报告，皇帝也没有批示照办，可他却锲而不舍，不把狄青贬出京城誓不罢休。可能是那句"为国家消未萌之患"的话，击中了赵宋王朝的软肋，所以隔了不到一个月，朝廷就将狄青下放到了陈州。过了一年，狄大将军就因忧愤而死于任所，其中的诱因不言自明。

无论是为人，还是行文，欧阳修都有非常光彩的一面，但在狄青这个问题上还是应该受到诘责的：大宋立国以来，一直有强敌压境，且总是被动挨打，欧阳先生竟如此忽视国防，无端地将治军严明、战功卓著的狄大将军赶出国家军事中枢，使他无辜遭受致命一击，可谓自毁长城。《啸亭杂录》一书把欧阳修与秦桧相提并论，固然有些过分，但这也说明两宋文人集团谋求士大夫与天子"共治天下"的权力诉求是多么的强烈！这也正是狄青被罢黜后忧愤而死和岳飞以莫须有罪名被冤杀的相同文化背景和政治原因。

说起来明末抗清英雄袁崇焕的被杀，几乎也是岳飞事件的克隆。袁崇焕作为大明王朝的中流砥柱，其作用绝不低于岳飞。崇焕守宁远，两次击退兵力强盛的清军，努尔哈赤都被他在宁远城下炮击身亡，狠狠打击了清军的气焰。有了这些资本，袁崇焕性格更加狂傲不羁，夸下了五年平辽的大海口；为了保障袁家军征讨关外的物资供应，他逼着群僚在皇帝面前当场举手表态，闹得大部分同僚都很不痛快；在用人调兵方面他不许任何人过问；在战事紧张时擅杀边关大将毛文龙,自折羽翼。再加上他碰到了敏感多疑的崇祯和能量极大的阉党,袁崇焕被冤杀是很自然的事。比岳飞更悲惨的是,他被凌迟处死时百姓一边痛骂其卖国贼一边争食其肉,死后多年还背着内奸叛贼的骂名。

至少岳飞死后比袁崇焕幸运多了。他在当朝就被平反昭雪了,而且在当时的大宋王朝"天下闻者,无不垂涕,下至三尺之童,皆怨秦桧"。一首《满江红》的词更是流芳百世,"怒发冲冠,凭栏处,潇潇雨歇……待从头,收拾旧河山,朝天阙"写得多么豪放,几百年来不知鼓舞了多少不甘屈辱的中华儿女。

但有不少专家说《满江红》实际上是明代人所作;有人更明确,说是明代弘治年间的大将王越或是他的幕府文人代笔。这是很有可能的。因为明代在二百多年中,始终没有平定元代人的后裔——北元政权。诗中的许多描写,更像明人与蒙古鞑靼、瓦剌部,也就是北元的战争场面。《满江红》词中所要"踏破"的"贺兰山阙"在西北,正是明人与北元战斗的必经之路,岳飞要踏平的"黄龙府"却在东北,他要实现自己的理想没必要绕这么远的道儿,从东往西地瞎折腾。明代人假托抗金英雄岳飞写首诗词,以鼓舞抗战军民的斗志,是完全可以理解的。还有一点需要说明,位于杭州西湖西北角的岳王庙和秦桧、王氏、万俟卨、张俊的跪像,也同样铸造、竖立于明代。这说明,面对强敌北元,明代人非常需要岳飞这个英雄典型,岳飞不够完美他们也要帮助他完美,代写诗词、代写日记都不怕找不到有能力的人。

我们说明岳飞被杀的原因,指明《满江红》词的出处,并不会抹杀岳飞的历史功绩;岳飞的性格弱点,也不能成为赵构们杀害他的理由。如果不是赵、秦两人合谋杀害了他,在绍兴十年前后,岳飞是有可能打过黄河去的。赵构杀死了岳飞,杀死的并不仅仅是一个英雄,敲断的是整个王朝的脊梁。岳飞的悲剧主要在于他生在了一个非常不尚武的国家,只能接受别人的长期攻击和凌辱。

　　具体到历史上的宋金战争,别的不说,单是金国四太子完颜兀术对建康的残酷杀戮,就反衬出岳飞抗击金军的正义性。据史料记载:金兵被岳飞赶出建康后,岳家军竟然从城里找出了八万多具尸骨,这还不包括被掳掠到关外当奴隶的兵民。所以,岳飞在民族危难时刻,挺身而出,保卫先进文明,"尽忠报国",无论如何是应该肯定的。岳飞是当得起"爱国英雄和杰出军事家"的称号的。

第十六回　好日子把骨头过酥了

第十六回 好日子把骨头过酥了

上一回咱们说过,近年来,有些史学家提出一个观点:认为南宋政府之所以在对外战争中屡屡败北,并每每在战败后订立屈辱条约,是因为南宋时期国家财力困难,支持不了庞大的军费开支。说明白点儿,打仗就是烧钱呀。实际上宋金对峙时期,南方的宋国在经济总量上不仅超过了北方的金国,而且还远远地走在了世界的前面。那时候,大宋王朝的 GDP 说一个字,那叫"牛"!说俩字,那叫"最牛"!说它是当时地球上第一经济强国也不算瞎忽悠。

那时候,无论是美利坚合众国和大英帝国还是德国的经济战车和小日本的核心竞争力,都还不知道在哪找辙呢!没一个能跟咱中国比!这么说吧,到南宋中后期,其人口数量虽然仅占世界的百分之十五左右,可经济总量却占到了全球的百分之七十五。剩下那百分之二十五干啥用?让世界上三分之二的、处于水深火热的受苦人瓜分去吧!

说起那时候,南宋经济高速发展的原因,大概有三个:一是当时南方的战乱比较少。南宋初年,朝廷臣民偏安一隅,金军虽然也曾几次过江侵扰,但基本没有站住脚儿,很快就北撤了;以后金军虽多次南征,但都没能力再打过长江去。二是由于当时的北方战乱不止,由此引起民族关系紧张,老百姓不愿意在女真贵族的残暴统治下生活,纷纷南逃。南宋建立后不过二十年,南方的人口就增加了一千多万人,而这些南下人员又大多掌握先进的农业耕作技术,促进了生产发展。三是南宋政府为了救亡图存和政权稳定,也开始注重发展生产,增强国力。在南宋开国的六十年间,政府曾先后采取了一系列政策措施,鼓励农民开荒,扩大耕地面积,从而使大批南下劳动力迅速实现

了下岗再就业。另外宋代还是中国唯一不实行抑商政策的封建王朝，内贸外贸的共同进步也大大促进了国家的经济发展。

南宋虽然比北宋的国土减少了将近一半，但农田最肥沃、农业生产最发达的江、淮、湖、广地区却都在自己境内。在这样的基础上，南宋政府的有关部门，狠抓农田水利建设，使许多废弃的设施得以修复——《宋史·食货志》中说："南渡后，水利之田，富于中原，故水利大兴。"同时，政府还鼓励农民大量修建圩田，推广优良品种。圩田，就是用土堤围起来，防止外水侵入的田地。这样的稻田，在建康，也就是今天的南京附近，以及安徽的芜湖、宣城等地，往往是纵横千顷，一望无际。套一句文明话这叫：集约经济，规模经营，努力增加粮食生产！

此外，涂田、沙田、梯田也得到大量开辟。随着农田面积的不断扩大，水稻在南宋的种植面积已经非常普遍，加上农民的精耕细作，今天的江苏、浙江、江西、四川等地都成了水稻的高产区，于是当时就有了"苏湖熟，天下足"的谚语。当然，南宋小朝廷的天下本来也没多大，苏湖一带粮食熟了，可不天下也就足了！

在粮食生产大发展的同时，南宋时期的江浙地区还广泛种植了桑、茶、棉花、甘蔗等经济作物。经济作物的大力推广，使南宋的商业性农业也发展起来。

中国是最早养蚕和织丝绸的国家，而且在一定时期内，它也是唯一养蚕和生产丝绸的国家。关于远古时代的养蚕，我们也许可以追溯到上万年，我们不想把养蚕的历史追溯得太远，只想告诉大家，在北宋时期，南方的丝织业就已远远超过了北方。据《宋会要辑稿》记载：北宋时全国租税和丝织品的统计数字，长江中下游各占二分之一；而其中两浙路，也就是江南地区又占了全国的四分之一左右。由于资金的大量注入，消费的需求和技术力量的南移，以及气候的原因，使得太湖地区的丝织业以从来没有过的速度发展起来。

说起来，棉花在我国的海南黎族和云南大理白族种植得最早。特别是黎族的纺染织绣技艺，更是有着悠久的历史。《尚书·禹贡》就有"岛夷卉服，厥篚织贝"之说，可见早在三千年前的春秋战国时期，黎族妇女就已学会种植"吉贝"(棉花)，并用于纺织，这比中原地区早了上千年。慢慢地，棉花在福建和两广地区也有了种植；五代十国时期则推广到了湖南；到南宋时期棉花在江浙地区更得到了大面积推广，由于这里人文荟萃，纺织技术自然得到很快的提升。正是在这样的基础上，不久的元代便出现了棉纺专家黄道婆。

甘蔗是制糖的原料，南宋时代在福建、浙江、广东、四川的一些州县，已经广为种植。茶树的栽培在南宋时期也有很大发展，由于气候适宜，南宋产茶的面积比北宋要大得多。所有这一切，无疑也为南宋手工业和商业的发展，提供了坚实的基础。用曾经流行的一句话来说，就是：无农不稳，无工不用，无商不富。可问题是，南宋小朝廷这三样都有了，手工业发展了，经商致富了，可天下却仍然不稳，您说愁人不！

说到手工业方面，南宋在纺织、造船、制瓷、印刷和火器制造等许多方面，都比北宋有了更快的发展。南宋初年，政府仅在两湖、江浙、川广地区，每年就征收绸绢三百多万匹，说明南宋的丝织业已相当发达。同时，棉纺业也作为江南地区新兴手工业技术而兴起，南宋在今天的杭州、苏州和成都等地都设有锦院。"锦院"用现在的话说，就是纺织厂。这些纺织厂大多拥有织机几百台，工匠几千人，具备了相当的生产规模，棉布生产的数量自然也是相当可观的。宋代的锦院内部分工精细，生产的品种很多，其中以成都锦院的花色最为突出，而且保证不掺化纤，也没有蒙特胶，绝对是绿色全棉产品。用眼下的电视广告词来说，那就是："穿江浙棉袄，温暖全世界。"

至于南宋的制瓷业，更是有了长足的进展。南宋政府在杭州的凤凰山、乌龟山下均设有官窑。浙江龙泉一带成为当时全国最大的窑场，它所烧成的青瓷，釉色厚润如玉，以粉青釉和梅子青釉闻名于国内外。龙泉窑场的另一品种，统称为"哥窑"。哥窑是釉中带有冰裂纹的黑胎

青瓷,可与首都临安"官窑"的产品质量一争高下。当时以景德镇为中心的青瓷生产规模较大,而江西的吉州窑和福建的建窑,则以生产黑釉瓷器为主。由于各地窑场的规模一般都比较大,分工精细,技术进步,产量也比较大,使得瓷器成为南宋对外贸易的主要出口产品。在浙江、福建、广东等沿海地区,甚至出现了主要生产外销产品的大、小窑场。算起来这些制瓷业的窑主,还真称得上是对外开放搞活的排头兵;那些大小窑场自然也算得上外向型经济的加工厂了,而且是百分之百的中国制造外加中国创造。因此,当时南太平洋、中东、非洲、欧洲等地区的外国人,都喊着号儿地一块儿来大宋国"碰瓷",不过这个碰瓷,可不是找茬儿讹人,而是为了拓展国际贸易。搞贸易,买瓷器,不碰瓷听听声音响动,怎么保证产品质量呀?说句行话,这叫产品检验。

说到文化产业的发展,南宋的造纸业和印刷业都已经很兴盛。南宋时期,无论是纸的品种和质量,比之北宋都有了很大的进步。四川成都、浙江杭州、江苏临安、安徽徽州和福建建阳,都是当时纸的著名产地。江浙生产的纸质厚而色白,四川生产的纸质细而重,安徽生产的纸轻而薄,建阳生产的是自然竹纸,当时印书所用的纸张一般都具有了薄、软、细、韧的特点;至于印刷钞票的纸张,那质量就更高了。

自打北宋的毕昇发明活字印刷术以来,一些经济文化和造纸业比较发达的地区,先后配套出现了一批雕版印刷中心,在刻印风格上各有自己的特点。南宋时期,印刷业可以说是个朝阳产业,政府官员和民间书坊都在从事印刷活动,各种印本广泛流传。首都临安国子监所出版的图书号称为"蓝本",印刷水平已经远远走在了世界的前列。

南宋立国在南方,交通运输多用船只,因而也有效地促进了造船业的发展。广州、温州、明州(也就是今天的浙江宁波)都是当时的造船中心。但史书上有"海舟以福建为上"的记载,那时福建的泉州、福州、漳州和兴化,都有大型民营造船场,造船技术也最先进。当时这些造船场,已能制造大型海船了。

记得上回说过，建炎三年，也就是公元1126年，南下的金兵对赵构一路狂追，南宋君臣把整个小朝廷都装进了几只楼船。其实，那只是一种夸张的说法，您想啊，人家好赖也是一个王朝啊，就是逃跑也得上点儿档次呀！就在火烧眉毛要命的关口，南宋政府还是从各地拉来了三百多只大海船，以支持他们提升逃跑的稳定性。据南宋人周去非在《领外代答》一书中说，当时的海轮，舵长数丈，每船可容纳几百人，能积存一年的粮食，如果是这样规模的三百只大船，支撑一个庞大的海上流亡政府，也真够南宋君臣乐和一阵子，金兀术着急一阵子了。所以当年，游牧出身的金兀术跟大海较了很大的劲儿，也没能消灭南宋小朝廷，自己还差点儿成了大号咸菜缸的主要内容。啥"泥马渡康王"呀，完全是先进的生产技术帮了腐败王朝的忙，要不怎么说"蓝领白领同样靓丽"呢！

　　说到这，我想您听明白了，中国的四大发明有一半出自宋代，并且全部得到了实际利用。火药、指南针、印刷术、纸币，还有垂线纺织、瓷器工艺以及航海、造船、医药、农技、工艺制造等等，也都达到了高度、创新的发展。

　　上回说到过，北方游牧出身的金兀术跟大海较了很大的劲儿，也没能消灭南宋小朝廷，幸亏人家金国四太子有肚量，要不，不让海水駒死，也得掉海里淹死。当然这也从一个侧面说明，南宋初年就已具有了世界超一流的造船技术和生产能力。当然，战争过后平时的运输对船只的依赖性更大，南宋政府每年通过海路，从广东、福建运输大量的粮食，来供应首都临安的市民消费，另外来往于江上的船只，也为江边各大城市的生产、生活消费，提供了超一流的交通工具。

　　北宋，特别是南宋时期，由于耕种土地的减少与丝绸之路的阻断，被迫转向了海外贸易，并进而发展成为国家经济发展的主导模式。同时，农业、造船业和手工业的快速发展，也促进了宋代对外贸易的发展，并最终取得了商业经济的大繁荣，还出现了资本主义生产关系的萌芽。

　　由于北宋的通商口岸大部分在南方，只有一个密州在北方，所以南

宋建立以后,其海外贸易基本没有受到影响,后来还有了较大发展。那时的大宋王朝有二十多处贸易港口,分布在东南沿海四路——京东路、两浙路、福建路、广南路,并在七个城市:广州、杭州、温州、泉州、密州、秀州(今天的浙江嘉兴)、明州(今天的浙江宁波)设立了市舶司,管理跟世界四十多个国家往来的贸易。当时的广州和泉州成为最大的贸易港。临安地处江南,而中国南方又拥有广阔的长江流域、发达的运河网,还拥有南方和东南的海岸线,因此引发了首都临安繁忙的经贸活动。

中国的巨型帆船驶往日本、印度、马来西亚、南印度和孟加拉沿海,也驶往非洲、欧洲及中东地区。宋代发明的指南针,使航海技术跨入了海洋时代,远洋的商船有六层桅杆、四层甲板、十二张大帆,可以装载一千多人,令世界各国的君主臣民见了无不羡慕嫉妒,至于恨不恨就不知道了。

舶至中国港口的货物都极其珍贵:孟加拉的犀角、印度和非洲的象牙、珊瑚、玛瑙、珍珠、水晶、珍稀木料、香料、樟脑、丁香、豆蔻等等。输出的货物则有蚕丝和织锦、陶器和瓷器;另外也出口原材料,如金、银、铅、锡和朝廷再三禁止的铜钱等。

一句话,基本由国家控制的大规模内河贸易和海外贸易,使政府获得了大量税款,从北宋时期的五六十万贯,发展到了南宋初年的二百万贯,约占全国财政收入的百分之六,对国家经济发展发挥了重要作用。套一句行话,这叫贸易顺差。据此,不但让大宋国的产品走出了中国,走向了全世界,还为国家创造了大量的财富。还有一点需要说明,宋代的市舶司的外贸收入主要是上缴给国库的,不像后来的清代海关关税主要上缴内务府、专供皇上一家子享受幸福生活。别人要是享受外贸经济发展带来的好处,那就是里通外国,不赠送你个特务称号,也给你个洋奴的帽子戴戴,这可不是逗你玩!为了保障皇室的幸福生活万年长,大清政府拼命地垄断海外贸易,并千方百计地做到"利出一孔",也就是说,只在广州开一个口子,名曰粤海关。因为这样做不但便于垄断经营、独占利益，还可以让老百姓免受外国香风臭气的腐蚀，说起来，人家皇亲贵戚那叫一个"厚道"。但市井百姓却看得明白，他们把粤海关戏称为"天子南库"。啥意思？就是说广东海关，就等于皇上放在南边的大钱库，想嘛时候用就嘛时候用，想用多少就用多少，谁敢说一句不行，老虎凳辣椒水的伺候！

不管是与前代还是与后代相比，宋代对本国商人的政策都非常宽松。比如在汉代，商人要穿特定颜色的衣服，还不能坐有盖子的马车，下雨淋死你他不管；到了唐代，《唐律》仍然规定"禁工商不得乘马"，做买卖也只能在"官市"里进行；到了宋代，这些规定都废除了，尽管宋代的统治思想仍然是儒教，但从增加国家税收的角度出发，政府并没有以儒家对工商业的歧视态度，来指导商品经济发展。宋代工商业者的政治和经济地位有了显著提高，商人子弟不但可以考科举当官，还可以发展成为文化圣人。朱熹就很得意地回忆说，他的外祖父当年就是一个开酒店、做零售的商人，"其邸肆生业几有郡城之半，因号半州"，真是太有钱了！同时，政府对集市贸易的控制也完全放开了，老百姓可以在家门口做买卖："自大街及诸坊巷，大小铺席，连门俱是"，还不用担心有关部门把铺面给您清理整顿了。

到这儿，您可能明白了，南宋政权跟其他王朝主要以农牧业为税源不同，它的税收重点早已转移到了第三产业上来了。说起来，这是具有超前意识的市场观念，而且在制度管理上远远走在了世界的前边，那叫一个牛！只是在南宋以后，无论政治还是经济的制度建设都出现了大倒退，特别是那些来自草原和森林的酋长入主中原后，更是来了个横不论，使刚刚出现的市场规则和市场伦理都彻底夭折了。

南宋经济的发展，当然也使得它的商品交换手段出现了突破性发展。南宋初年最通行的货币依然是铜钱、白银。由于南宋市民社会发达，皇族的需求旺盛，外来商品进口的也很多，再加上大量的战争消耗和赔偿，南宋的铜钱、白银外流非常多，造成了国家硬通货的极度短缺。

前面说过，早在北宋初年，四川地区就出现了世界上最早的纸币"交子"。宋仁宗天圣元年也就是公元 1023 年，北宋政府成立了"交子务"，专门负责全国的纸币发行，交子由此成为世界上最早的官方纸币。北宋末年即 1126 年，发行的纸币达到了七千万贯，造成世界上第一次由于滥印纸币而引发的通货膨胀。这样的第一，虽然引起了百姓不满和社会经济混乱，可远比阿 Q 第一个被杀头值得吹一吹。

话说回来，由于南宋的贸易发达，铜钱已供不应求，纸币迅速代替铜钱，成为重要的交换手段。可由于战争的巨大赔偿和政府冗官、冗兵、冗费的巨大支出，逼得南宋政府只得用扩大发行纸币来弥补亏空。这样南宋的纸币就有了"交子""会子""关子"等多个品种，来保证南宋君臣在国土缩小一半的情况下，消费水平不下降。

纸币中旧有的"交子"仍在四川地区使用，叫作"川引"。南宋政府后来发行的新纸币叫"会子"。"会子"分三种，最主要的是"东南会子"，由政府在临安设立"行在会子务"，通行于东南各路；其次是"两淮会子"，主要在两淮地区流行；另外还有"湖北会子"，先是流通于湖北地区，后来流通领域逐渐扩大，也叫作"直便会子"。南宋纸币的大量发行，造成了货币贬值、物价暴涨，严重加剧了南宋百姓的经济负担。

说到"关子"，是在南宋晚期发行的。前不久，还在安徽出土了南宋晚期用来印刷"关子"的钞票模板。不，应该说是"发现"更准确！因为这套"关子钞版"十几年前突然神秘失踪了，警方是在几个蟊贼卖"关子"时，将他们一举抓获的。所以以后有话您就直说，千万别再跟我们"卖关子"了。

南宋农业、商业、手工业、内外贸易的发展及纸币的大量发行，有力地说明中国的经济中心已从北方转移到了南方。而南宋的都城临安，也就是今天的杭州，顺理成章地发展成了繁华的大都市。杭州最繁荣时，人口曾经达到过一百二十万人，一跃成为当时世界上最大的国际化城市之一。人口一多，城市的住房就成了问题，据说那时候也出现了廉租房,但不是官办的而是民间办的。宋代的大词人辛弃疾早年到京城应试时,为了省钱,就住在一座叫作悯忠寺的庙宇里。这也就是说,那时候的庙宇不光进去不收门票,还为穷人提供廉租房和简单的吃食;庙里的住持呢,自然也不叫 CEO 了。

那么,古人怎样平抑大城市的房价呢?原来,古代买房都是先"立契",所谓立契相当于现在的签订购房合同。房契立好后,各有关部门要在上面盖章,否则就无效。

在房契盖章前,还有一套手续叫作"遍问亲邻"。早在宋太祖时期就有明文规定,北南宋后来都跟着执行。这条规定是这样说的:凡典卖、倚当物业,先问房亲;房亲不买,次问四邻;四邻不买,他人才可交易。这也就是说,卖方在卖房之前,先要得到族亲和乡邻的首肯,而且这种首肯还不是口头的,正规的做法是"依账取问",具体的做法就是拿着一个小本子"问账";把族亲和乡邻的名次列在上面,同时,还要把打算出售房子的大小以及价格标上,然后按照所列名单依次征询意见,被问的人不管想买不想买的都要在上面盖章,这种"问账"名单要密密麻麻写上好几张。如果大家不盖章你就把房子卖了,族亲和乡邻就会到官府里去告你。

这一点有点儿像眼下欧美的房产业主,他们要改造自己的住房别墅,也得先到街坊四邻那儿去"问账",征求人家的同意,否则就不能动工拆建。同时,还因此制定了专门的法律"相邻法"。这不,前些日子,我们这里有位贪官的儿子在外国买了座超级豪宅,完了还嫌不够档次,多次要求提升豪宅的高度和外观水平,并在院子里设置两大瀑布。邻居们知道了都不同意,为这事还闹到了法院。这位衙内心里不服呀:我们提高豪宅装修水平是为了维护国家形象,你们干什么拦着呀?什么法不法的!这是在你们的地盘,要是在我们的地盘,别说设置两大瀑布,就是安装导弹发射器你也拦不住呀!

咱还回头说杭州。杭州早在春秋时期就已经开发,隋炀帝开凿大运河后,它成了大运河南端的起点,起到了兴盛航运和货物集散的作

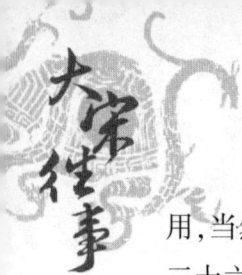

用，当然也就奠定了其重要的政治、经济地位。临安城周围原来只有三十六里，五代时的吴越国已扩充为七十多里，南宋就是在这个规模基础上，把它建为都城的。临安城的特点，就是水路非常发达：它北面大运河、太湖，与华北相通，东可以凭借钱塘江出海，到达浙江、福建和广东沿海。另外城内水路也很发达，桥梁纵横交通方便。在历史典籍中，杭州能够查得出名称的桥梁，就有三百五十多座。那时候您要在杭州生活，走的桥肯定比走的路多。

临安城夹在江湖之间，呈狭长而不规则的形状，所以从气魄上讲，它远远比不上规划方正、规模宏大的唐代都城长安，也比不上北宋都城开封。南宋的城市也早已没有了唐代以前军事要塞的痕迹，商业的繁盛，使临安更加接近现代的城市。南宋时的临安城东西狭窄，宫城在城南凤凰山东边的万松岭下，周围计有九里长，南宋政府的行政衙门也都集中在宫城北门的六部街。

从临安和宁门到城北关桥的十五里长街叫作"御街"。御街是城市的商业集中区，用眼下最时髦的话讲，就是CBD中央商务区。临安的CBD中央商务区，商业建筑密集，楼宇往往有三五层高，因为房价奇高，所以其中不少是只租不售。御街两旁的商业店铺，每天熙熙攘攘，人员往来不断，除非兵临城下，临安已不再实行宵禁。这时的临安和平江府等城市，还出现了热闹的夜市，商品交易昼夜不断。像什么温州漆器铺、青白瓷器铺、扇铺、布铺、药铺、米行、绸缎庄、珠宝店，当然更少不了饭店、食品店。不过在御街搞经营，大概没有人敢使用地沟油、毒大米和卖染色的馒头；孙二娘的人肉包子店，大概也甭想在这地界儿实现连锁经营。

我这可不是逗你玩儿，说起来，宋代商业空前繁荣，食品市场自然也很活跃，当然也就不可避免地带来一些问题：一些不法分子使用"鸡塞沙，鹅羊吹气，卖盐杂以灰"等伎俩牟取暴利。为了加强对食品质量问题的监督和管理，宋代规定从业者必须加入行会，而行会则必须对食品安全负责。商铺、手工业者和其他服务行业的相关人员必须加入行会组织，并按行业登记入册，否则就不能从事该行业的经营。各个行会，还要对生产经营的商品质量进行把关；行会的首领虽然不是公务员，但负责评定物价，监察不法行为，那作用可比眼下的食品监督局管用多了。

除了由行会进行监督把关外，宋代还继承了唐律的相关规定，对销售有毒有害物品的不法商贩给予严惩。《宋刑统》中规定："脯肉有毒曾经病人，有余者速焚之，违者杖九十；若故与人食，并出卖令人病，徒一年；以故致死者，绞。"一句话，对于销售有毒有害食品的严打重罚，决不手软。

不过那时候的皇亲贵戚、官僚政客们干食品销售的倒是不多，他们在御街上主要是开设长生店。啥叫长生店呢？就是当铺。他们可以在御街良好的治安环境下，放心地利用典当业，来盘剥城市贫民和穷苦的农民，卖孩子哭瞎眼的钱他们都敢花，城市综合执法部门也不会来找他们的麻烦。

与此同时，御街周围的娱乐业也很发达，据专家考证，当时的临安城，总共有四百多个行业，绝大多数是消费性的。别的不说，仅是赵构在都城一带的御花园就有四十多处，为把临安建成全国花园式最宜居城市做出了杰出贡献。皇上讲究，臣民的娱乐生活也很丰富，光说书演唱、玩杂技的勾栏瓦舍就有二十多个。西湖里的游船长达二十多丈，可容纳一百多人，满眼的湖光山色，满船的娱乐设施，特别适合朝臣们开会议事，临走时发纪念品，一招呼御街都给您备齐了，而且绝对保障是绿色生态食品，或是全棉真丝品牌产品，欢迎您下次光临，拜拜！

意大利人马可·波罗在著名的《马可·波罗游记》一书中盛赞，杭州是"世界上最美丽的城市"，是西方人眼中的"天城"。同期的南方著名水乡城市平江府，也就是今天的苏州，跟临安的城市布局基本相似。苏州在春秋时期就是吴国的经济中心，秦汉六朝时便有了"江东第一都会"的美誉。唐代时江南地区的经济地位更加重要，宋代在苏

州建立了平江府,作为浙江西道的治所,此时的苏州已是重要的工商业大都会了,丝绸业特别发达。1035 年,范仲淹在此建立文庙、创办府学,此后,苏州长期文风鼎盛,文人雅士辈出。至于那句老百姓挂在嘴边上的"上有天堂、下有苏杭"的俗语,就是从宋代开始流传的,可见当时的苏杭一带商业是何等的繁荣,生活是多么的奢华。1130 年 2 月,金兵南下时,虽然曾在苏州屠城并对城市建筑毁坏得比较严重,但战后不久就得到了恢复。1275 年,蒙古铁骑占领苏州,改平江府为平江路,战后经济恢复得也很不错。

更让马可·波罗羡慕的还有宋代中国城市的排水系统,这其中最典型的就是江西的赣州。据史料记载,在宋代之前,赣州城也是常年遭受水患,因为赣水就在它身边。在公元 1068 年到 1077 年这段时间,一个叫刘彝的官员担任了赣州知州,规划并修建了赣州城区的街道。同时根据街道布局和地形特点,采取分区排水的原则,建成了两个排水干道。因为两条沟的走向形似篆体的"福""寿"二字,所以赣州的排水干道就叫福寿沟。

说起来,这条福寿沟确实给赣州的百姓带来了福分。排水专家说,现代社会如果下水道的坡度不够,一般都要用抽水机,而福寿沟却完全利用城市地形的高差,采用自然流向的办法,使城市的雨水自然排入江中。套一句眼下的时髦词儿,这叫绿色低碳排放法。

不过,每逢雨季,江水上涨超过出水口,往往会使江水倒灌入城,形成内涝。于是,刘彝又根据水力学原理,在出水口处,"造水窗十二,视水消长而后闭之,水患顿息"。这个水窗的原理很简单,每当江水水位低于水窗时,即借下水道水力将水窗冲开排水。可当江水水位高于水窗时,又会借江水的冲击力将水窗从外边紧闭,以防倒灌。同时,为了保证水窗内沟渠畅通和具备足够的冲力,刘彝采取了改变断面,加大坡度等方法。这样就确保水窗内能形成强大的水流,足以将泥沙排入江中。

到今天,这条全长 12.6 公里的福寿沟,仍承担着赣州近十万旧城区居民家庭的排污功能。有专家评价，以现在赣州旧城区域的雨水和污水处理量，即使再增加三四倍流量也不会发生内涝。比起眼下全国有百分之六十的城市极度缺水，又有百分之六十的城市一下雨就严重内涝来说，古人未雨绸缪的排水设计，真的让当代的城市管理者很没面子。

您说他们没面子吧，他们还挺会给自己找台阶，说啥"排涝防汛设施不能以极端天气来检验，而是要通过科学的标准和办法来检验，我们的排水管道设计符合国家规范"。如果城市防汛"防"的不是暴雨，而是言情剧中的毛毛雨，那么国家花这么多钱修排水设施干啥？弄辆洒水车不就得了！一下雨就造成内涝，还敢怪老天爷下的雨不符合"国家规范"？您那排水管道按三年一遇涝灾来设计，花的却是三十年一遇的钱，老天爷不查您，您偷着乐去吧。您想，要是老天爷问您，为什么一个工程抄起来几十亿、几百亿地花，却连防治三年淹一回的标准都达不到？因为有时候您能让老百姓一年就泡三回，要是赶上雨下得大点，死人的事也是难免发生的。发生了，您还不让人说，谁说，您敢抓谁，有这精力您通通下水道多好。

说起来，大宋王朝的科学技术、经济水平、城市建设乃至政治制度设计在当时的世界上都是遥遥领先的。特别是"士大夫与天子共治天下"的先进理念，更是开辟了民主政治的初级模式，以至于当代美国人罗兹·墨菲，把宋代定性为"中国的黄金时代"，是"一个前所未见的发展、创新和文化繁盛期"。据说那时的"贩夫走卒也穿丝绸的鞋子"，宋代一个普通士兵的生活水平比欧洲国王还要高。英国历史学家汤因比，对大宋王朝就更是心向往之，他说："如果让我选择，我愿意生活在中国的宋代。"但据我看，他们纯粹是站着说话不腰疼，就是真有一条时空隧道可以自由来往，汤因比先生也未必会回到大宋王朝去。他要是回去了，让专抓"花石纲"工程的朱勔大队长来个强拆加强迁，立马就会明白，他的欧洲前辈所写"生命诚可贵，爱情价更高，若为自由故，两者皆可抛"的诗句，是多么的有道理。

说起来，南宋是一个政治军事相当腐败，而经济文化相对繁荣的朝代。公道地说，宋金的几次和议后，确实换来了国家社会安定和都市经济繁荣，这一点在南宋中期的宁宗年间表现得特别典型。社会上的奢靡之风不但在王孙贵族和士大夫的上层社会肆意蔓延，而且还波及中下层读书人和普通市民，上面所说的那些成就完全磨掉了国家的尚武精神。特别是南宋的各代皇帝和王公贵族，从开国那天起就放弃了老祖宗赖以起家的中原。他们不思北地，偏安江南，极力避战，使国家长期处于风雨飘摇之中，老百姓其实并没过上多久的太平日子。虽然，南宋政府下诏书文件，不许将"临安"叫京城，必须叫"行在"；连皇宫也都没有正式的名称，意在说明这里只是战时的陪都，临时的"行在"，以此表明南宋统治者志在北伐，天天想着打回老家去。

可您看看"临安"城楼台庭阁的奇技淫工，争奇斗艳；看看官员们频繁出入"天上人间"等高级娱乐场所的骄奢淫逸、奢靡无度，您不得不佩服南宋诗人林升在诗中描述的是那样精确："山外青山楼外楼，西湖歌舞几时休？暖风熏得游人醉，直把杭州作汴州。"它那儿都"把杭州作汴州"了，北方沦陷的家园和百姓，对赵构和他的子孙们自然也就失去了吸引力；临安城里的文臣武将们更把民族英烈"还我河山"的豪言壮语，变成了空洞的政治口号。至于给城市和皇宫取啥名字，根本没啥实际意义，拿这事儿炒作不过是为了应付舆论罢了。沉醉于灯红酒绿的南宋君臣，听到北边的大金打个喷嚏，就犹如听到了一声炸雷；还没等人家下战书，他这降表早就写好了，说起来这叫一个立马可就、才思敏捷，没这样的办事效率，养那么多饱学的儒生干吗？

南宋君臣香软的"西湖歌舞"，只有等到北方一个更强大的民族铁骑踏来之时，才真正停止了。真等到强敌来侵，临安城里又没有英法美等国租界可以躲避，汤因比和罗兹·墨菲先生要是现往欧美国家迁户口，就只好等辛德勒先生来解救了。不过，您能不能被列入"辛德勒名单"，我可没法保证。

第十七回　两宋——国家不幸诗家幸

第十七回　两宋——国家不幸诗家幸

话说随着黄河、淮河两河流域的沦陷及北宋政权的灭亡，女真贵族对北方百姓的经济压榨和民族压迫更加严重，许多北方农民，因不堪忍受这种残暴统治，在南宋政权建立后，纷纷南逃。与此同时，北方的一些文化人，也纷纷随着宋政权的南移来到南方，过起了离乡背井的生活。

南宋初期，金兵仍然不断挥兵南下，掀起战乱，威胁南方人民的生命安全。文人中的有识之士，发出了抗战救亡、自强图存的呼声，但是以赵构和秦桧为首的南宋当权者，只希望通过对金人的媾和，来换取东南半壁的短暂苟安。面对严重外患，宋代的文人们大多表现出强烈的爱国情感。他们痛惜国家江河沦陷，呵斥投降派的卖国勾当，指责南宋朝廷的懦弱无能，同情百姓被铁骑践踏的苦难。套句现代词儿：南宋的文人普遍具有"忧患意识"。陆游、杨万里、范成大和尤袤等中兴四大诗人的诗，张元幹、张孝祥、辛弃疾等人的词，陈亮、叶适等人的散文，共同唱出了爱国主义的主旋律，希望借自己的笔推动全民抗战。甚至连婉约派词人李清照和刻板的江西派诗人陈与义也改变了诗风，写出了富有爱国激情的诗篇。这就是国家不幸诗家幸的道理，也只有在风雨飘摇的年代，才会产生如此众多的爱国诗人和词人。

这种气象，有点儿像抗日八年的陪都重庆，只是不知道那时候有没有"国防文学"和"抗日民族战争中的大众文学"两个口号之争。反正文化人凑到一块儿不斗点儿嘴也不大可能，更何况又碰到了国难家仇这样的大主题，不斗嘴哪能显示自己的才能呢？

先说说南下的著名女词人李清照。李清照是山东章丘人士，号易

安居士，所以后人又称她李易安。李清照的父亲李格菲曾受教于苏轼，母亲王氏也知书能文。清照跟太学生赵明诚结婚后，曾携手校勘古书，鉴赏金石字画；还共同写诗填词，是一对典型的文化型夫妻。

李清照不但才气过人，记忆力也是出奇的好。无论什么学问典故，她都能随口报出是在哪本书的第几页第几行；每次跟赵明诚打赌比赛，几乎都是以赵同志的失败告终。这一点很像中国的体育项目，绝对的阴盛阳衰。

赵明诚是个金石学家，写诗作文跟他老婆根本没法比。小赵因为公务关系，他曾跟老婆两地分居过一阵儿。此间，重阳节到了，李清照就写了首词寄给赵明诚。作品表面上是抒发深秋季节的孤独寂寞，实则表达对丈夫的思念之情。抒情写意那叫一个精彩！赵明诚看了这首词感动是感动，可心里也酸溜溜的，憋着劲要把老婆的作品比下去。您说这文化人活着有多累！

话说，他熬了三天三夜写了五十首词，打算以量取胜，混淆视听。转天，他拿着自个儿写的五十首词跟老婆的作品混在一起给朋友看。人家看了半天说，别的都不咋样，只有一首《醉花阴》词写得超级的好，其中"帘卷西风，人比黄花瘦"比喻人之憔悴，暗示相思至深，大大地令人叫绝。赵明诚一听这话，顿时哑巴吃炒面——闷口了，因为那首最好的词正是他老婆写的，自己写的那五十首词完全是婆媳妇打幡儿——凑热闹儿。

的确，李清照诗、词、散文的水平都不低，但最擅长的还是词。少女时代，她写过一本《词论》，从柳永、欧阳修、苏轼到黄庭坚，逐一进行了点评，认为他们写的词有的不谐音律，有的缺少情致和韵味儿。虽然有点儿年少轻狂，但她也确实是一个少有的才女。刚才说的那首词，是她早年写的，描写的都是多愁善感的少女、少妇生活："东篱把酒黄昏后，有暗香盈袖。莫道不销魂，帘卷西风，人比黄花瘦。"确实写得有情致，有韵味，情感也丰富。当然，赵明诚在看过美过之后，心里也明白，比黄花还瘦的人，庄稼地里和厨房的活儿肯定都干不了。

靖康之变，李清照经历了国破、家亡、夫死的多重苦难，珍藏多年的金石书画也丢失不少，这对她是一个很大的打击。前几年曾有过一部叫《李清照》的电影，把她和赵明诚都刻画成了抗金主将，甚至让赵明诚到朝堂上和投降派张汝舟进行大辩论。其实赵明诚不过是个太学生，张汝舟充其量是个京城小混混儿，所以他俩无论是主战还是主和，都不会弄到朝堂上去矫情，因为大宋朝廷不是西方议会，谁都可以随意参观旁听。

不过这个张汝舟，跟李清照确实有些瓜葛。原来，李清照南渡后，宫中王太医想以低价收买老赵家幸存的金石书画，被李清照拒绝，于是这个王太医就买通小军需官张汝舟，要他接近李清照，来个骗婚。当时李清照四十九岁了，姿色上对张汝舟已没啥吸引力了。可王太医却告诉张汝舟，你只要娶了她，就可以得到赵家留下的无价之宝。此时，张汝舟正为侵吞大量军饷，躲不过审计风暴而犯愁，听说有这样的好买卖，等于就是捞了棵救命的稻草。于是他就冒充赵明诚的同学，向李清照发射定向情感炮弹。极度苦闷又没社会经验的李清照很快就中了坏人的圈套。张汝舟达到目的后，很快便暴露了市侩嘴脸——为了把东西全部骗到手，不但对李清照使用家暴，还想进一步谋害她。李清照后悔自己"忍以桑榆之晚景，配兹驵侩之下才"。她不怕坐牢，不怕离婚，很快就向政府告发了利用职权、贪污公款的坏人张汝舟。这样，他们只持续了几个月的婚姻宣告结束了。可依照宋律，妻子告发丈夫即使属实，也要坐牢两到三年。结果张汝舟虽因贪污公款被撤职查办了，但李清照也进了大牢，多亏亲友搭救，九天后才被保释出狱。您说这宋代的法律有多混账！难怪以后贪污犯的老婆，都不愿意大义灭亲配合司法部门办案呢，因为她们怕把自己也搭上。不过二奶小三告发情夫倒是不受这条法律的约束，于是她们便成了反腐倡廉的生力军。

宋代记载李清照改嫁事实的有六人，即李心传、胡仔、王灼、洪适、赵彦卫和陈振孙。他们都是李清照同时代的人，有的还是赵、李两家的亲戚世交。他们记载的事实是可靠的。其中李心传的《建炎以来系年要目》是南宋的可靠史料，它仿照司马光的《资治通鉴》的治史方法，不但年、月、日明确，连张汝舟何时定罪、刑遣都有记载。此事恐怕不假。

明清及近代著名学者卢见曾、朱彝尊、谢无量、唐圭璋都曾撰文为李清照改嫁辩诬。老先生们用心良苦，却没必要费这么大劲为李清照遮掩。《宋史·礼乐志》皆记有宗室女、宗室妇改嫁的事。范仲淹、贾似道、宋度宗的老妈，岳飞的老婆都曾改过嫁。前边咱们还说过，宋真宗赵恒的皇后刘娥，不光是二婚头，还是卖唱女出身，最后竟然当上了皇后。因为在唐宋以前，妇女改嫁是挺平常的事，连皇帝女儿皇上的妈都有离婚再嫁的记录，只要看着对眼，皇帝也会将寡妇或二婚头娶进门，连软弱的赵恒都能这样做。可见那时候人们并不把这事看得有多重。只是到了南宋程朱理学产生后，由于朱老夫子到处鼓吹"饿死事小，失节事大"，才把这事儿给整大了。

赵构他爹先把国家给搅和乱了，然后赵构一伙又把国家给卖了，整个给人家大金国来了个一条龙服务。"生当作人杰，死亦为鬼雄。至今思项羽，不肯过江东。"这是李清照对南宋皇帝朝臣的绝妙讽刺，讽刺他们宁死也"不肯过江东"，缩起脖子当儿皇帝，寻求苟安。国家战乱不止，你让一个四处逃难的弱女子咋办？为生活所迫改嫁他人又算得了什么？如果有错就是看人看走了眼，请听一个品位高雅的女词人的心灵呼喊："忍以桑榆之晚景，配兹驵侩之下才。"

大诗人陆游跟李清照不一样，他不属于南下干部，本来就是江南人。他出生在越州山阴，也就是眼下的浙江绍兴一个有文化传统的家庭，自身的文化素质也相当高。人们熟悉陆游多是因为那首《钗头凤》词。陆游的同时代人陈鹄及周密的《齐东野语》对《钗头凤》的故事都有记载:说陆游初娶唐琬,因不为母亲所喜被迫离婚。绍兴二十五年,也就是1155年,陆游与唐琬相遇于沈园,此时唐琬已改嫁,陆游也已另娶。回忆往事,陆游无限伤感,就在沈园的墙上题写了《钗头凤》一词,其中最沉痛的是:"东风恶,欢情薄,一怀愁绪,几年离索。错!错!错!"据说,唐琬读了这首词,不久就伤感而死。这件事,对陆游的打击也很大,以至于在以后的许多年里都难以忘怀。

可也有人说,《钗头凤》是陆游在陕西做幕僚的任上,出入青楼时对风尘之女的记录,与他的婚姻离异无关。曾慥在《类说》一书中说:陕西凤州歌女"有三出,谓歌、柳、手也"。《钗头凤》一词,也正是以"红酥手,黄藤酒,满城春色宫墙柳"开头。可也有人说,这首词是诗人悔恨自己政治上失意之作,无论是:"错!错!错!"还是:"莫!莫!莫!"都与爱情与婚姻无关。

古代文人出入歌厅青楼是很平常的事,法律上也不禁止,陆游自然也难以免俗。但陆游毕竟是个对国事看得很重的人,他虽有怀念前妻的诗两首,但典籍中却没有《钗头凤》的记载;至于写诗怀念风尘女子,对陆游来说似乎更不大可能。因此,后一种说法,即此词是诗人悔恨自己官场失意之作,似更合理一些。

这当然要从陆游的童年时代说起。陆游出生后两年,正值北宋王朝灭亡,几乎还不懂事就跟着父母逃难,"儿时万死逃胡兵"。这样的经历,让陆游感受太深刻了。所以陆游的忧国忧民思想是从小在实践中培养起来的,他一生都在关心着国家和黎民的存亡安危。

二十九岁时,陆游到京城应进士考,本来考了个第一,可不幸排在了宰相秦桧孙子的前面,再加上作为一介书生,却总爱呼吁北伐复国,犯了越级议论国事的错误,于是有关部门决定对他的成绩按零分处理,以便为高干子女的破格录取建立绿色通道。所幸三年后,秦宰相死了,他才得以到福建做了个小官。宋孝宗即位后抗战派占了上风,他又进一步被落实政策,恢复了进士名誉。趁皇上召见之机,他提

出了许多有关振兴政治、军事的建议，并积极帮助抗金名将张浚北伐。可不久北伐失败，陆游便因"鼓唱是非，力说张浚用兵"的罪名，被遣送回老家了。

陆游被遣送回老家十多年后，直到他四十六岁，才又回到南宋政坛，到四川担任了夔州通判。两年后，四川宣抚使王炎邀请他到军中担任参谋工作，于是他就从夔州到了南郑。这里地处川陕交界，离宋金边界大散关不远。从小就梦想投笔从戎的陆游，终于在小白杨树下穿上了绿军装，爱国豪情一下子被点燃了。他积极为王炎献策，时刻准备杀敌报国，所以这时陆游的诗歌，内容丰富而又充满豪情。可南宋小朝廷却唯恐他们惹怒了金人，马上把王炎调离了川陕前线，陆游也改任成都宣抚使参议官。"渭水岐山不出兵，却携琴剑锦官城"，陆大哥甭提有多郁闷了。

朋友范成大怕他闷出病来，就将他招进幕府。老范也是诗人，他们之间是"同志加兄弟"的文字之交，因此陆大哥一喝酒就跟范长官拍肩膀论哥们儿，喝多了，连长官撒尿和泥的事都往外端；长官写的诗有好他说好，有歹他说歹，根本不懂在公众场合总结范氏诗歌的艺术水平和深刻意义。时间长了，范成大倒是没说啥，可周围的人看不惯，都出来替领导说话了，讽刺他借酒浇愁，颓放不羁。陆游根本不在乎这个，索性给自己取了个"放翁"的号，所以陆游又叫陆放翁。

五十四岁时，陆游离开四川，到福建、江西、浙江等地去做官。在江西任上，诗人重感情的老毛病又犯了，他越级拨义仓粮食赈济灾民，被上级以"擅权"之罪撤职下放，以观后效。由于错误严重，八年之后，他才被起用为严州知府，后来又改任军器少监，可由于他总是念念不忘北伐抗金，所以当权者对他越来越讨厌。但人家毕竟比他玩得高，知道以爱国的罪名"得弄"（处置）他，很难平息舆论，于是就给他安了个"嘲咏风月"、传唱黄色歌曲的罪名——用生活作风整人最容易，所以陆游没等人家发话，就自己回家抱孩子去了。

到宋光宗元年也就是公元 1190 年,陆游六十六岁了,从此他"身杂老农间",过起了宁静简朴的乡村生活。在乡村,他有时干点儿农活,有时骑着驴带着药囊,给乡亲们去看看病当赤脚医生,他在诗中写道:"乘除尚喜身强健,六十登山不用扶。"到了七八十岁,还在读《资治通鉴》这样的大部头。他自题的书斋联是:"万卷古今消永日,一窗昏晓送流年。"他最大的人生遗憾就是"学剑四十年,虏血未染锷","死前恨不见中原"。

　　陆游八十五岁时辞世,像南宋的许多文人一样,他一生不得志,心中总是充满了忧患,充满了愤恨,充满了遗憾,但他"纷纷谤誉何劳问,莫厌相逢笑口开",发扬了不怕离婚、不怕诬陷、不怕罢官的"三不怕"精神,归隐之后更是出离了愤怒,战胜了自我。大多文人命短,可他的人生却比较漫长,他的养生密码非常值得各路专家来破译,破译成功了肯定能赚大钱让李一、张悟本们喝西北风去。

　　要说人家这八十五岁活得还真有价值,为后人留下了近万首爱国诗篇,而且艺术成就很高。

　　历史上那些文化人,比如李白、杜甫、柳永和苏轼一大帮人,都爱找怀才不遇的感觉,有的人还想在战场上杀敌立功。可,是英雄是狗熊他们谁都没有试过,人家辛弃疾却是真刀真枪地在战场上练过,所以梁启超先生称辛弃疾为历史上最有政治作为的文人。

　　辛弃疾跟李清照是老乡,也是山东人。不过他出生时,北方已被金国占领,山河破碎、雨打飘零的童年生活,给他留下了极深的印象。公元 1161 年,金主完颜亮南征,济南农民耿京聚众二十万人截击金军,辛弃疾也率领两千多人参加。金主完颜亮南侵失败以后,辛弃疾建议耿京与南宋王朝联系,共商统一大计。于是,耿京就派辛弃疾到建康去见宋高宗,辛弃疾受到了朝廷的奖赏。他从南宋北归时,叛徒张安国已将耿京杀害,并劫持部分义军准备降金。辛弃疾当即率五十骑直入张安国的五万人大营,以迅雷不及掩耳之势将张安国捆在马上,送往了屠宰场,并且率上万士兵渡过淮河,奔赴南宋,表现了少有的英雄气概。

辛弃疾投奔南宋的第二年,张浚北伐失败,南宋小朝廷又开始弥漫在一种求和苟安的气氛当中。辛弃疾接连写了《美芹十论》和《九议》,以一个军事专家的身份,对投降派和速胜派都进行了批评。他提出充分了解敌情,长期积蓄国力,既不能因一时的失败丧失信心,又不能盲目乐观期盼速胜,然后寻求适当战机北伐的策略。可由于他是北归反正人士,历史不清白,所以南宋朝廷对他只能限制使用。故此,他的北伐复国良策即使实用性再强,也只会让人家客客气气地扔进纸篓。这些辛弃疾自然看不见,他得到的信息是:"却将万字平戎策,换得东家种树书。"反正无论是扔了,还是换成科普读物,辛大哥认为都是把急用的好东西放错了地方。

辛弃疾南归之后不久,宋金对峙的局面渐趋稳定。当权者任命他为地方官,只是想利用他的军事才能来弹压地方,防止民变和兵变,根本不会起用他去北伐复国。可辛弃疾远离故土,是带着北方百姓的热望南归的,看到南宋当权者醉生梦死的生活,看到地方官吏对老百姓的疯狂盘剥,他总是替乡亲们难过。这样的王师,这样的中央军,太让人失望了。真应了抗日战争后的民谣所说:"想中央,盼中央;中央来了更糟殃。"

可人家当权者也难呀,不知道哪天来自北方的狼就蹿到眼前了,不醉生梦死也得愁死;人家地方官吏是厉害点儿,可不厉害,给大金国那几十万两白银、几十万匹绸缎的指标谁扛着?别看人家为大金国效力,人家对你这个南归人士,还不放心呢!你没事就写诗填词,讽刺小朝廷是"斜阳正是烟柳断肠处"的"剩水残山"。您当人家听不出来?所以在南宋统治集团中,辛弃疾实际处于一种不被信任、孤独危险的地位,这也就形成了他的词豪壮而苍凉,雄奇而沉郁的风格。

果然,淳熙八年,辛弃疾因言官弹劾,被下放到江西上饶的带湖劳动改造去了。辛弃疾用"人生在勤,当以力田为先"之义,干脆就给自己取了个"稼轩"的号,这等于是跟当权者叫板:说是咱打小就是耕读人家出身,想用下放劳动来吓唬我,没门儿!后来,他还干脆就把他的词集叫《稼轩长短句》,您说这知识分子的拧劲有多大!

辛弃疾表面上好像过起了农家的生活,可是他立志北伐、报效国家的愿望,却始终没有磨灭。公元13世纪初,北方草原的蒙古人开始崛起,对金国构成了很大威胁。宋宁宗时的宰相韩侂胄,因为是靠裙带风上去的,所以就总想借对外用兵来提高自己的声望。于是他就开始起用抗战派人士准备北伐,在这样的背景下,辛弃疾奉调出任浙东安抚使和镇江知府。

辛弃疾驻防长江南岸边的镇江府时,一面派人到金国侦察军事布防情况,一面在江南招募士兵加紧训练。这时,他离开北方故土已四十三年了,他北望对岸的扬州,写下了一首《永遇乐》词。他想起历史上的诸多英雄,想起了青年时代征战厮杀,"金戈铁马,气吞万里如虎"的气势,盼望着在北伐的征战中,为国家再立新功。

可没想到,尚未出师,韩侂胄就先把他罢免了。对于辛弃疾提出的一些实用性很强的北伐策略,韩侂胄一概置之不理,似乎他自己已经胜券在握了。结果开僖二年,北伐战争一发动就迅速失败,韩侂胄偷鸡不成反丢了把米,说起来这类总把自己当大人物的小丑也是活该。可一些别有用心的人却把韩侂胄妄启兵端的责任,全加在了辛弃疾的身上,这对他无疑是一个很大的打击。这样在开僖北伐失败的第二年,一个文武兼备、又有实战经验的旷世英才,就在忧愤中悲惨地死去了。

辛弃疾可以说是词史上承前启后的大宗师,正如王国维先生在诗评《人间词话》中所言:"词至李后主而眼界始大,感慨遂深。若论诗品人品,当首推南宋词人辛弃疾(稼轩),百无聊赖以诗鸣",人家辛大哥的本色是驰骋疆场的大将军,他不过是百无聊赖中以诗词来抒发

自己爱国忧民之心罢了。后人说，稼轩词"大声鞺鞳，小声铿鍧，横绝六合，扫空万古，自有苍生以来所无"。辛大哥当得起这个评价。

　　苏轼、李清照、陆游、辛弃疾等人的创作，有力地刺激了宋代文化，特别是宋代诗、词的发展，使宋词达到了与唐诗双峰并峙的水平。对异族侵略者的仇恨和对南宋当权者卖国的愤慨，形成了宋代文人的"忧患意识"，这不仅表现在诗词题材的拓展上，也反映到诗词的内容中来。不可抑制的"忧患意识"，使得宋代文人总爱在诗、词和散文中直抒胸臆，大发议论，这正是宋代文化的主要特点。

第十八回　党同伐异　小报流行

第十八回 党同伐异 小报流行

宋代建立以后，由于积极贯彻"重文轻武"的基本国策，使得官僚机构重叠、兵员冗滥，百姓生活非常艰难，国家长期遭受外敌欺辱。宋太祖开创的蓬勃向上的社会气象，很快就消失了。

为了改变国家的这种衰败景象而进行的多次改革均失败了，范仲淹以改革冗官滥政为目的的"庆历新政"失败了，王安石推行的涉及政治、军事、经济的全面改革也失败了。几次大的改革，对社会弊端没有改变多少，却使国家陷入了一场旷日持久的党争之中。南宋立国，由于当时的政治形势发生了剧烈的变化，民族矛盾的上升，使上层统治者之间的和战之争，代替了自王安石变法以来的新旧党争；而邸报与小报的活跃，则使和战之争更加激烈，同时也让邸报上了平面媒体。一股股汹涌的潜流在邸报与小报版面中涌动，更加剧了社会的动荡。

无论是对新旧党争，还是对和战之争，都不能简单地排队画线。有时候支持变法的未必是好人，比如被人称为"六贼"之首的蔡京就旗帜鲜明地说自己是变法派；有时候反对新法的未必是坏人，比如大文人苏轼和范纯仁等品德高尚之人。和战之争也是这样，有时候主战的未必是好人，比如奸相韩侂胄；有时候根据国力民心和军事形势，主张和议、主张保守的未必就没有道理，未必就都是落后分子。在现代民族国家里，保守并不是一个贬义词，激进也并不见得就是一个褒义词。

由于封建时代缺乏必要的政治文明，没有一个政治协商和妥协的机制，所以在宋代，无论是新旧党争，还是和战之争，都越来越多地

变成了党同伐异的政治倾轧——凡是敌人拥护的我们就要反对，凡是敌人反对的我们就要拥护。一朝天子一朝臣，新的朝臣上台必然彻底打垮旧的朝臣。正是在这政策反反复复和无情的政治倾轧之中，国家的政治经济才一次次受到重创，国脉民力才一次次受到严重消耗，这对于国家的发展和百姓的生活绝对是一件坏事。

要论起宋代的新旧党争，还应该追溯到"庆历新政"时代。"新政"实施的考察干部，淘汰冗员，精兵简政的《按察法》，着实让高官显宦和他们的子女好一阵子吃不下饭、睡不着觉了！本来人家过去高薪酬加灰色收入地拿着多滋润，可按《按察法》就得下岗再就业，人家能不恨你吗？"新政"的反对派，想在男女关系问题上找到突破口，可惜白搭了工夫，于是就攻击范仲淹、欧阳修、蔡襄等人结党营私，阴谋夺权。这可是见血封喉的狠招儿，连宋仁宗对范仲淹、欧阳修他们都产生了疑惧，于是欧阳修就写了著名的政论文《朋党论》，予以反击。

王安石变法的目的，当然是为了全面整顿北宋日渐腐朽的政治、经济、军事，以挽救危亡的国家。但由于封建体制下的改革，从来不承认政治利益的多元性，所以主持新法的当政者认为，只有狠狠打击持不同政见者，才能树立新法的权威。怎样树立权威呢？就是向老祖宗商鞅、武则天去取经。这就是鼓励告密者，让他们"升官发财坐汽车，起码娶上俩老婆"，过上幸福生活。同时发挥他们的能量，在社会上造成人人自危的乱局。当然告密也成了新旧党争的有力武器。于是把亲戚朋友甚至情人配偶的书信、日记上交；开会引诱别人说错话，搜罗文人墨客的诗词文章，然后通过小报告，汇总到王安石王荆公那里，以便让他老人家及时掌握社情民意。至于变法派吕惠卿搞的个人向政府自报财产的"手实法"，在封建体制下，只有靠别人告密才能实行，就更令人匪夷所思了。

这实际上是开了一个危险的先例：因为告密者在出卖别人隐私

248

的同时，其实也出卖了自己的尊严。知道对方隐私的，不是亲朋故旧就是情人密友，连最亲近的人都敢出卖的人，其人格会变得很卑微，其道德会沦丧得非常可怕。树立这样不讲信义、不讲忠诚的典型，建立这样的导向坐标，只会使社会道德沦丧，社会风气败坏，社会矛盾激化。稍微有点见识的人都明白：靠告密只会有利于暂时的统治，新法也只会取得暂时的成功，而对良好社会风俗的破坏，则会造成国将不国人人自危的可怕局面。

果然，到王安石实行变法的第十五年个头，宋神宗逝世，尚不满十岁的哲宗继位，朝政掌握在他祖母宣仁太后手中。她起用守旧派首脑司马光为宰相，全部废除了新法。不久，宣仁太后死了，哲宗亲政，重新起用变法派章惇等人，继续推行新法，过去废除的东西又一律恢复，过去得到重用的保守派又被全部撤职。这种政策上要么就是全面肯定，要么就是全面否定的做法；人事安排上一会儿全上来，一会儿全下去的运动方式，使国家大伤元气，它对国家上层建筑和经济基础的损害，足以将推行新法带来的成效抵消掉。

在整个新旧党争中，只有少数几个人能够保持客观的态度和清醒的头脑，苏轼和范纯仁就是其中的佼佼者，拥护什么、反对什么都根据自己的认识来判断。有时候苏轼的认识未必透彻，判断也未必准确，但也绝不随波逐流，决不放弃自己的独立思考，即使变法派和保守派不约而同地对他进行残酷斗争、无情打击，他也能以国事为重，客观地评价新法，突出自己的主张。这种可贵的独立人格，是应该得到人们充分尊重的。

说起新旧党争，当文化无赖蔡京当了宰相后，更走向了极端。他以变法派的面目出现，把反对他的朝臣不分青红皂白，统统地列为元祐奸党，死了的削去官衔，活着的一律流放。并把司马光、文彦博、苏轼等总共三百零九人，刻在文德殿门前的石碑上，史称"元祐党籍碑"。他还命令把其手书石刻党籍碑传之全国，做到"家喻户晓，人人

皆知"。持续四十多年的新旧党争,撞响了北宋王朝的丧钟,不久发生的"靖康之难"就是新旧党争恶化的必然成果。

"靖康之难"后,大宋君臣被押到了金国都城会宁府参加献俘仪式,他们大概已没心思传达党籍碑精神了;大冷天的,金国统治者让他们光着膀子,去金主庙行"牵羊礼",他们大概也不会抗议这有辱天朝威仪了。

前面说过南宋立国,由于当时的政治形势发生了很大变化,民族矛盾的上升暂时缓和了社会对政府滥政和官员腐败的愤怒,上层统治者之间的和战之争,代替了自王安石变法以来的新旧党争。大家都把注意力转移到了保家卫国、抗战图存上来了。

可南宋持续百年的和战之争,结果是先后订立了"绍兴""隆兴"和"嘉定"三个和议。南宋的重臣个个是大学问家,要是把三次和议写成论文,没准会获得政治学、经济学两个诺贝尔奖。您想,光算清三个和议赔了人家多少国土、多少钱物就得搭多少工夫,费多大脑子?

本来和与战是两军对垒中经常碰到的事。什么时候战,什么时候和完全取决于是否有利于保存和壮大自己。赵构如果为了国家和百姓的休养生息,为后来的南宋挥师北伐积聚人心、创造物质条件,暂时主和也并没有错。他爹他哥对民心的巨大伤害,对国力的巨大伤耗,确实需要一定的时间来恢复;老祖宗制定的先南后北的策略,给后世带来的严重外患,也不是一两天可以解决的;一个极度重文却不尚武的朝廷,又养了一代又一代五分加绵羊的孩子,胎里带的软骨病,也不是一两天可以治好的。谁让出身武夫的祖宗,却偏偏愿意让子孙上大学;把自己过去丢失的东西,让后代替自己找补回来呢!

我认为南宋统治者,在外敌面前之所以硬不起来,主要不是经济问题,不是没本钱打大仗,主要是因为上面说过的那些宋代积弊,造成军人的地位低下、不被信任,文人地位虽高却总是清谈误国,致使文武不和,将帅不和;在荒年,甚至平时,把流民、溃卒和盗贼都招募到军队里,致使军队素质下降,军纪废弛;再加上南宋疆域狭小,无处养马,组织不起来强大的骑兵军团,所有这些都造成了南宋军事力量的极度薄弱,在宋金的交战中屡屡败北是不奇怪的。

问题是南宋立国后,在岳飞、吴玠、张俊和韩世忠等将领的努力下,联手打击金兵进犯,并取得了一些战役性胜利后,特别是绍兴十年《绍兴和议》前,刘锜率领八字军以少胜多取得了顺昌之战的胜利后,战争形势对王朝非常有利的情况下,南宋统治者仍然硬不起来。

话说,当时在北京的宋使洪皓派人给朝廷送回密报说:"顺昌之捷,金人震恐丧魄,燕之重宝珍器,悉徙而北,意欲捐燕以南弃之。"啥意思?就是说顺昌大捷金兀术大败,金人就要卷铺盖卷往北逃跑了。一句话,南宋的抗战出现了少有的大好形势。

可赵构偏偏在这时解除了韩世忠、张浚等大将的兵权,并自毁长城,以"莫须有"的罪名将岳飞杀害了,紧接着就于绍兴十一年即公元1142年,南宋与金人订立了一个屈辱的《绍兴和议》。随着和议的签订,赵构迎回了他爹的灵柩和老妈的活人,但却为此付出了巨大的代价:宋、金两国重新划界,东以淮水中流、西以大散关为界,割让河南境内唐、邓二州和陕甘一带商州和秦州约一半的土地。每年还要向金国奉送贡银二十五万两、绢二十五万匹。每逢金主的生日和春节,大宋都得遣使称贺,并送去丰厚的年货和真诚的问候。人家金主的年货,可不是一袋米、两桶油就打发了。除了吃的,你还得准备贡银、绸缎,外加文物珠宝。当然为了感谢赵构的孝心,金主也有回报,给南宋历代君主,都评了世袭儿皇帝的职称。

《绍兴和议》后,双方其实都已无力再战。南宋这边窝囊;金国那头也是内讧不断,比如金国海陵王完颜亮曾撕毁协议,再度南侵,但是在行军途中就被叛军杀死了,进攻被迫停止。以后大金国只好靠军事讹诈来发展经济,谁敢不给他东西,他就跟人家"耍杂巴地",搞战争恫吓。这样宋、金之间，得以维持了近二十年的和平，维持统治期间虽然偶有冲突，但战争规模都不大。

1163年南宋孝宗即位后极想有所作为。他一度重用抗战派人物张浚，并出兵北伐，但南宋军队在符离(安徽宿县)被金军打败了。战后双方又签订了《隆兴和议》。这个和议规定："正皇帝之称，为叔侄之国，岁币减十万之数，地界如绍兴之时。"可见金国，也怕再起战端，他们国内纷争不断，饥荒严重，国力也快撑不住了。

宋宁宗时，右宰相陈自强公开索贿，地方官给他送公文时，都要注明"某物若干并献"，否则别管多急的文件，就是边关战报，他也给你扔一边去；而以外戚身份当上宰相的韩侂胄又积极主战，试图以兴师北伐洗刷自己靠裙带风当上宰相的耻辱，达到独揽朝政的目的。开禧二年(1206)四月，南宋仓促出兵，不久北伐就失败了，韩侂胄顷刻间成为妄启兵端的祸首。礼部侍郎史弥远献计，借韩侂胄项上的人头向金国乞和。为了讨好金人，他还建议为死去的秦桧平反昭雪，恢复王爵，恢复过去好听的谥号。

秦桧刚死时，高宗为他题写的碑文是："决策元功，精忠全德"，追封为申王，谥号是"忠献"。韩侂胄起兵前，秦桧的谥号便改为了"谬丑"。这回韩侂胄战败了，史弥远又全都翻过来了，这小子知道人家秦桧是他们卖国者的先驱，大金国认他这个汉奸品牌，于是南宋很快就与金人订立了屈辱的《嘉定和议》。您说小朝廷君臣为求得苟安，多么无耻；而秦桧的谥号竟成了和战两派的晴雨表。可此后，不管晴雨表怎样升降，宋、金两国再也无力发动大的战争，直至另一个强敌打来。

在上层进行和战之争的同时，下层文人当然也不会置身事外。绍兴八年，赵构要向金拜表称臣，李纲上书无效，枢密院编修胡铨上书请斩秦桧，张元幹各为他们写了一首《贺新郎》，以诗词为武器表示声援；辛弃疾则写了《美芹十论》和《九议》，来为朝廷北伐出谋献策，因此可以说诗词文是主战派发表自己见解的另一种形式。受辛弃疾的影响，陈亮、刘过、刘克庄等词人无不以自己的爱国诗词表达救国主张，但结果却是："却将万字平戎策，换得东家种树书"——栽两棵树，老几位哪儿凉快哪儿待着吧！

最后特别值得一提的是，中国最早的报纸——邸报，虽始于汉代，但是宋代才是我国新闻传播活动长足发展、走向繁荣的朝代。其中，宋代的邸报在唐代"进奏院"旧制的基础上，发展为中国古代最早的由中央政府统一编印发行的官报，用一句现代行话来说就是机关报。宋代的报纸，除了"邸报"，还有"朝报""边报"等等。"邸报""朝报""边报"都是政府的公报，内容是由官方发布的政治新闻，而北宋初年设置的都进奏院，则是中国最早的为中央政府服务的官方新闻机构，类似于现在一些国家的通讯社。

由于两宋始终处在外敌的打击下，所以百姓非常关注战局的变化和朝廷主战派和主和派的斗争情况，而官方新闻机构出版的报纸"邸报"又不能准确地报道战事，总是登载一些大而无物的清谈文章——清谈误国，也是两宋被动挨打的主要原因之一，于是宋代小报应运而生。宋代小报正是在北宋末年国家内忧外患的背景下产生、在危机四伏的南宋时期繁荣发展，并成为中国古代新闻传播事业发展历程中的重要媒介。

说明白点儿，北宋末年开始兴起的小报是中国最早的民办报纸，或者说是一种地下"小报"。邸报和小报产生背景的不同、传播性质的不同，二者相互联系又有区别的传播内容、从业人员，共同构成了宋代繁荣的新闻传播活动的主体。"小报"报道的内容正是"邸报"没有或者根本不准备发表的"朝廷之差除，台谏百官之奏章"。它刊载的消息不完全可靠，但也并不都是谣传；有的小道消息还逐渐得到了确证，它起到的作用和功能很像眼下的网络。

"小报"在大量刊印主战派奏章的同时，也渐被各派利用为排除异己、进行党争的工具。宋王朝对"小报"以"撰造浮言""肆毁时政""动摇众情"等罪名多次查禁,但却屡禁不止。其实,"杨家将""岳家军"的故事,在成为话本小说的过程中,也多少受到了"小报"的影响,它们其实是朝廷上和战之争的民间版。至于南宋那些无耻的君臣,就只能成为"小报"鞭挞的对象了,因为老百姓的爱憎是非常鲜明的。

第十九回 瓦舍与勾栏——大宋的茶馆文化

第十九回 瓦舍与勾栏——大宋的茶馆文化

　　说到宋代民间文学,特像眼下的茶馆文化,它是跟当时商品经济的发展密切相连的。前面咱们说过,当时北宋的汴京和南宋的临安以及建康(南京)、平江府(苏州)等大城市,人口都在不断增加,地域规模也达到了相当水平。比如北宋的都城汴梁,当时是全国最大的工商城市,各类店铺有六千多家,人口已达到百万以上。南宋的都城临安(杭州),内贸和外贸更是非常发达,临安城里当时总共有四百多个行业,绝大多数是消费性的,人口最多时,曾达到一百二多万人,是当时世界上数一数二的国际化大都市。

　　有人说,劳动创造文学艺术,可文学艺术有时也是闲出来的,因为不光创作者需要有闲工夫,欣赏者也得有闲工夫。随着两宋商业的发达,市民阶层逐渐扩大,人们对文娱生活的要求更加迫切了。虽然在宋代以前,也曾有说唱艺人下乡演出,但市民阶层与农民相比,毕竟闲暇工夫更多了,人群的聚集功能也增大了,于是丰富多彩的"瓦舍伎艺"也就在宋代应运而生了。啥叫"瓦舍"?就是大型综合游艺场所,又叫"瓦肆""瓦子"。"瓦舍"里有专门演出各种戏曲、杂技、说话的戏院,叫作"勾栏"。瓦舍勾栏的出现,说明多种民间艺术已开始在固定场所演出,形成了文化产业,只是不知道那时候是否成立了文化企业集团或是文化托拉斯。

　　据《东京梦华录》记载:在当时的北宋都城汴梁,"街南桑家瓦子,近北则中瓦,次里瓦,其中大小勾栏五十余座。内中瓦子莲花棚、牡丹棚、里瓦子夜叉棚,象棚最大,可容纳数千人"。在这些瓦子里有演小曲的、有演杂剧的、有玩影戏的、有玩傀儡戏的,还有说唱诸宫调的。

可谓十样杂耍，样样齐全。

南宋都城临安的瓦子勾栏更多，瓦子演出的技艺有五十多种。城里有南瓦、北瓦、大瓦、中瓦、蒲桥瓦等，城郊接合部还有二十多个瓦子。其中北瓦最大，里面有二十多座勾栏，有两座勾栏是专说史书的，还有一家叫小张四郎的勾栏，是以艺人的名字命名的。至于那些无名的或过路的艺人，根本就进不了勾栏，只能在广场上耍把式卖艺。早先这叫"打野呵"，后来又叫"撂地儿""雨来散"。啥意思？就是在空场上撂地儿就唱。为嘛又叫"雨来散"呢，这您还不明白呀？唱着唱着大雨来了，您还不赶快散了，还在那儿听他"白话"呀？

提到"相扑"，人们都以为是日本的国粹，其实它跟茶道一样也是中国传过去的。早先叫"角抵"或"争交"，到宋代才有了"相扑"之名，而且女子相扑在当时的东京汴梁堪称一绝。

当时的女子相扑多安排在男子表演前边，主办方的目的很明显，就是为了靠它聚敛人气。"赛关索""嚣三娘""黑四姐"……这些香艳而粗犷的艺名非常吸引人，再加上这种有力度的胴体秀想不叫座都难。

话说嘉祐年的正月十五，宋仁宗带着后妃到宣德门广场与民同乐，无意中发现了火爆的女子相扑。"女飐"们的胴体秀一下子牵动了皇上的龙头，当即指示赐银绢予以奖励。但这却激怒了司马光大人，他认为皇上对这种很"黄"很"暴力"的"裸戏"不仅不取缔，还跟后妃一起观赏，实在有伤风化。于是他就递上一道《论上元令妇人相扑状》折，对皇帝的"不检点"行为提出严肃批评。仁宗心说，都说正月十五上元日是中国的情人节、狂欢节，我作为天子与民同乐有嘛不对？可这位司马光就是抓住不放，强烈要求有关部门开展一次集中"扫黄"，并加强对整个娱乐市场的管理。这样，风行一时的女子相扑就渐渐销声匿迹了，最后连男子相扑也受到了牵连，不得不看着日本人发展成了国粹。这事真是比窦娥还冤哪！

两宋时代，瓦舍里最兴盛的就是说话和戏剧。啥叫"说话"呢？说话，就是讲故事，相当于眼下的评书。古代人把说故事叫作说话，这个词儿，在隋唐时代就已出现，后来人们又把讲历史故事叫作说古话，把说小故事叫作说小话，眼下我们不是也把说逗乐的故事，叫作说笑话吗？至于吹牛说瞎话，就不包括在"说话"里面了。

说话，这个词儿虽然在隋唐时代才开始出现，可是讲故事这种事儿却是古已有之了。鲁迅先生在讲到小说的起源时，曾有个精辟的论述："人在劳动时，既用歌吟咏以自娱，借它忘却劳苦了，则到休息时，亦必须要寻一种事情以消遣闲暇。这种事情，就是彼此谈论故事，而这谈论故事就是小说的起源。"到了宋代，"说话"已从乡村的"彼此谈论故事"发展到了去城里卖艺吃饭，成就了勾栏瓦舍里的一个专门职业。眼下在这一行混的人都成了艺术家；电视里晃来晃去，被称为老师的也是这些人，真正的教书先生反而靠边站了。

早先，说话人讲故事，只是根据传说，口口相授，没啥文字记录。后来随着说话人的增多和说话题材的逐渐扩大，为了便于讲述和传授，就产生了用文字记录的本子。它是专供说话人用的，所以称为"话本"，那意思就像眼下的话剧、电影、电视剧的剧本一样。

话本小说在唐代就已出现，到宋代渐趋成熟，不同于以前的文人笔记小说，可以说是一种地道的民间文学。南宋时还出现了作家组织叫"书会"，不过那时候的书会可没有行政级别，写字就等于耍手艺，要是来几个省级、厅级作家写啥羊羔体、宫廷文学，估计两天就得饿死。比如，京城临安的作协则叫"雄辩社"。书会里的先生也叫才人，专门负责编写剧本和话本。前店后厂，薄利多销，一出炉甭等放凉了，就

拿到勾栏里去献演了，那叫一个快。

至于"说话人"讲述的内容，那可是多种多样的。刚才说过，南宋都城临安的商业很发达，总共有四百多个行业，人员成分十分复杂，他们当中有行商坐贾，手工艺工人以及为人家站柜台刷盘子的打工仔，当然也有贵族公子哥。但是说话人的话本，主要是满足城市下层百姓的喜好，贵族到瓦舍勾栏里听书看戏，安全保卫不好做不说，坐长了里面的味儿您也受不了。所以为了使下层听众易于理解和接受，话本必须选择贴近听众的形式，描写的生活最好也跟百姓保持零距离，套一句时兴话儿，这叫：讲述老百姓自己的故事。

瓦舍里的说话人，所说的故事情节脉络清楚、爱憎分明，像什么意识流、无标点小说，千万别在这地界儿显摆，回头您在那儿说半天话一个标点没有，自己不憋死听众也得气死。

瓦舍里的"说话"，包括讲经、合生、小说、讲史等四家。所谓"讲经"顾名思义就是用市民听得懂的语言，讲述佛经故事；"合生"呢，大概跟现代相声近似，故事性不强，但形式灵活；其中最重要的是"讲史"和"小说"。据《武林旧事》记载，南宋时，在都城临安专门讲史的有乔万卷、许贡士、张解元、陈进士等二十多人，专门讲小说的有蔡和、朱修、李公佐、张小四郎等五十多人。

这里的"小说"，其实专指短篇小说。原名叫"银字"，最早还有乐器伴奏，有说唱文学的痕迹，慢慢就形成了短篇小说的形式。因为它是从现实中取材，形式短小精悍，内容新鲜活泼，所以市民阶层很喜欢。现存的宋元话本小说，包括《京本通俗小说》的全部、《清平山堂话本》的大部和"三言"中的一小部分，约有四十多篇左右。

《碾玉观音》和《闹樊楼多情周胜仙》是两个成就较高的宋元小说话本。《碾玉观音》中的璩秀秀是裱褙铺璩公的女儿，被咸安郡王买去做养娘。在郡王府秀秀爱上了碾玉匠崔宁,双双逃到潭州安家立业。后来因郡王府的郭排军告密,两人被抓回,秀秀被处死,可她的鬼魂仍跑到建康府跟崔宁同居。最后,嫉恶如仇的秀秀鬼魂,惩处了那个郭排军,就像小品《不差钱》里所说的那样,"我就是做鬼也忘不了你"。

小说通过对咸安郡王的刻画,揭露了封建统治者的凶残本性,斥责了官吏的贪赃枉法,表现了秀秀为爱情而斗争的执着,对下层百姓所遭受的痛苦和迫害,表示了深切同情。咸安郡王似乎就是名将韩世忠,他抗金有功,但生活上却不够检点,虽然大将纳妾在南宋是很普通的事儿,可韩元帅做得也太不靠谱了。他在妻子梁氏死后,为了解除郁闷,经常去部将家蹭饭,白吃白喝不说,还公然向人家的妻女索取性贿赂。部将呼延通就因为咽不下这口气,被逼自杀了。因为那时候这事儿也不能拿到网上去晒,所以就编进故事里来讽刺,至于点击率有多少,就没法考证了。

《闹樊楼多情周胜仙》中的潮女周胜仙,在东京汴梁的金明池,遇上了男青年范二郎,便以跟卖水人吵架为由,把自己的出身履历详细地介绍了一番,公开表示了对帅哥范二郎的爱慕之情。两人定情以后,她父亲却嫌范二郎家门第太低,不同意他们结婚。可小周姑娘就是不肯屈服,为了追求范二郎她死过两回,甚至做了鬼还要和情人去相会。最后周胜仙在五道将军的帮助下,将范二郎解救出狱,致使有情人终成眷属。

其他的小说作品,比较精彩的还有《至诚张主管》,写一个白发老员外的小夫人,为了自己的"性"福,突破封建礼教束缚,主动追求员外铺子里的主管经理张胜,但至诚的张主管却在老娘的阻拦下,拒绝了来自财色两方面的巨大诱惑。

看来历史的经验值得注意,今后老板要为自己家的企业寻找CEO,一定要加上防止后院着火这一条。张主管要不是有老娘进行

道德把关,他这个CEO就真的变成集团董事长了。CEO变成董事长工作卖力不说,工资也可以不涨,不过得先把老董事长的老婆赔上!

宋代瓦舍里的说话人,在讲述故事时,使用的都是市民阶层熟悉的口语,话本也是根据口语风格创作的白话作品。它们利用人物的行为、对话乃至细节和心理描写来表达人物的个性,塑造出了性格鲜明的人物形象:璩秀秀和周胜仙对爱情的态度,老员外、小夫人追求幸福的选择,其实都表现了宋代新兴市民阶层跟农民不同的价值取向和是非标准。

比如话本《乐小舍拼生觅偶》写一个叫乐和的男青年,长期追求美女顺娘,很长时间都没有得手。一天乐小舍听说顺娘要去钱塘江观大潮,于是就尾随而来。他来到江边一看,只见人头攒动,人声鼎沸。突然,排山倒海的大潮打来,正在江边观潮的顺娘,一下子成了失足女青年。乐和一看千年等一回的机会终于来了,立刻奋不顾身地跳下江去救人。

乐和本来就不会游泳,所以跳下水后,立刻就牺牲了自我。后来在渔民伯伯的帮助下,两人才同时被救起,捞上来一看,他们已紧紧地拥抱在一起,再也不能分离了。顺娘她爹心想:都说人定胜天,看来大自然的力量还真不能把他们分开,这事儿不同意也得同意了。乐和他爹心里更明白,自己这傻儿子,实际上是以自己的冒险精神,解析了一道世界性难题:亲爹和情人一块儿掉进江里,他会先救谁?答案很简单:他会毫不犹豫地把亲爹扔一边,去救情人。

不用解释,讲史就是讲述历史故事。讲史与前面说的小说的主要区别,一是题材单一,光讲前朝历史;一是篇幅较长,都是长篇小说。您想啊,那时候的演艺界人士也不傻呀!遇到一个好题材,得研究研究,如何抻长了,熨平了,拴扣子,抖包袱,勾住老少爷们、大妈小媳妇,好多赚点票房啊!就像眼下电视剧里的爹娘,养个孩子长大,一查血型准不对,为了闹清这事儿一整就是三十多集,完了还能整出三对爹娘来。要不那会儿的演出场所叫勾栏呢?勾栏,勾栏,就是勾住人多听书看戏,勾不住就在门口拦着,不给钱甭打算走!

至于现存的宋元讲史话本,有《新编五代史平话》《全相平话五种》《大宋宣和遗事》和《大唐三藏取经诗话》等等。

《新编五代史平话》说的是宋代以前,梁、唐、晋、汉、周五代的兴亡故事,表现了寻常百姓在长期战乱中的非人生活。话本对"满城尽带黄金甲"的黄巢和后周的开国皇帝郭威的发迹,描写得都比较生动细致,是进军奥斯卡拿大奖的电影原始版本。

《全相平话五种》包括《武王伐纣平话》《七国春秋平话》《秦并六国平话》《前汉书平话》和《三国志平话》。对于这些平话,不过多地解释。它们大多遵循的是"七实三虚"的原则:根据正史,外加一些民间传说演义而成。这些平话刻画出了历代帝王的不同嘴脸,比如:纣王的荒淫无道,秦始皇的凶狠残暴,刘邦的无赖薄情,曹操的虚伪奸诈等等。这倒有点儿像眼下的全民讲史,讲史的话本呢,就是这些以历史故事为题材的小说。讲史者的水平自然比不上电视讲坛上的各路专家,没有播出提成,也不搞签名售书,很难快速打造出身价百万、千万的文化巨星来,也就是哄着下层百姓找找乐子。

《全相平话五种》中成就最高的,当然是《三国志平话》,它已具备了长篇小说《三国演义》中的主要情节和基本倾向。《三国志平话》里最可爱的形象是张飞,他勇敢、正直,对恶势力毫不妥协:常侍官段珪要向刘备勒索三十万贯金珠,他挥拳把段珪打得唇破齿落;定州太守无端辱骂刘备,他就杀了定州太守;督邮逼迫刘备横征暴敛,张飞就鞭打督邮致死,事后还上太行山参加了游击队。可见民间版的"三国"

是把张飞当作农民起义英雄来描写的。在宋元时代的话本里张飞成了勇敢、直爽的典型,后来《水浒传》里的李逵、《说岳全传》里的牛皋、《隋唐演义》里的程咬金,都是在他的影响下刻画出来的,或者说他们都是张飞式的草根英雄。

民间版"三国"中的诸葛亮与《三国演义》中的诸葛亮也很不一样,平话里把他说成是一个出身低微的庄农。俗话说"三个臭皮匠,凑成诸葛亮",那时候的说书人,就是把老百姓所能想到的智慧都加在他身上,不要版权,不收稿费,为的就是找个乐子,玩嘛! 不像文人笔下的诸葛亮,不到二十岁就成了正高职称的专家,虽说是一个未出茅庐的宅男,却天下事无所不知,别人成天上网都不如他获取的信息多。正像鲁迅先生批评《三国演义》时所说的那样:"状诸葛之多智而近妖。"啥意思? 就是说,为了塑造诸葛亮全知全能的形象,都把他包装成来无踪去无影的妖道了!

《大宋宣和遗事》已有了晁盖智取生辰纲、杨志卖刀、宋江私放晁盖和怒杀阎婆惜等主要情节,末尾还说到张叔夜招降梁山好汉,"后遣宋江收方腊有功,封节度使"的事。虽然所叙述的故事,情节还比较简单,起义英雄也还只有三十六人,但梁山泊的故事已具雏形,展示了《水浒传》的原始风貌,是现传水浒故事的最早话本。

《大唐三藏取经诗话》又叫《大唐三藏法师取经记》。全书叙述的是高僧玄奘与白衣秀士猴行者,克服重重困难,终于到达天竺,也就是印度,取回真经的故事。《大唐三藏取经诗话》,已有了明代吴承恩小说《西游记》的大致轮廓。

瓦舍勾栏里演出的戏曲,主要有杂剧和讲唱戏。

杂剧又称滑稽戏。内容针对当时社会现象,以滑稽讽刺为主,形式上偏重于念诵和对白,很像现在的相声。到了南宋时才有歌舞或故事表演,在民间广泛流行;发展到元代时达到了顶峰。

讲唱戏有鼓子词和诸宫调。鼓子词是一种叙事体的讲唱文学，有歌唱有道白，只是没有舞蹈。诸宫调流行于金人统治下的北方，是用曲调来讲唱长篇故事。新中国成立后，在山西侯马的金代墓葬中，发现一座戏台的模型，戏台上有五个涂色的砖俑角色排成一列，正在作场。说明诸宫调的演唱在金代还是比较流行的。现在流传的完整的诸宫调，有董解元的刻本《西厢记诸宫调》。

从北宋末到南宋时期，在我国南方还流行着一种南曲戏文。它产生于浙江温州一带，所以又叫"温州杂剧"。根据留存下来的南戏本子来看，这些东西绝大多数属于民间文学，也有文人根据民间传说加工创作的。这种南戏就是运用民间的歌谣，再吸收鼓子词和诸宫调发展起来的。比北方流传的杂剧更加生动活泼，能自由地展现人物的思想感情。这在一定程度上反映了南方城市经济繁荣和城市人民生活的丰富和多样化。

南戏由于来自民间，是一种平民艺术，艺人们很多都着眼于谴责负心郎的题材，因此在都市的市民阶层中，产生很大的轰动效应。元代人叶子奇在《草木子》一书说："俳优戏文始于王魁，永嘉人作之。"明代的大文人徐渭在《南词叙录》一书说："南戏始于宋光宗朝，永嘉人所作《赵贞女》《王魁》二种实首之。"祝允明在《猥谈》一书中更明确地说："南戏出于宣和之后，南渡之际，谓之温州杂剧。"以上资料足以证明《王魁》与《赵贞女蔡二郎》二剧，确是早期的温州南戏。稍后在杭州等地陆续出现的一些主题相仿的剧目，有《陈叔文三负心》《张协状元》《李勉负心》《王魁负桂英》《欢喜冤家》《莺燕争春》共六个剧目，无一不是以谴责负心郎为主题的，已具有了明显的道德批判精神，表现了寻常百姓的好恶标准。

以谴责负心郎为主题的南戏，故事情节更加丰满了，角色也增多了，标志着南宋时代我国戏曲艺术进入了一个比较成熟的阶段。在南

宋和金人对峙的时代,南方的南戏和北方的杂剧并行发展,为后来元曲的繁荣奠定了坚实的基础。它留下的一些故事逐渐演变成了戏曲《秦香莲》和《铡美案》,至于陈世美的原型,前边已说过另有其人,不过王魁和蔡二郎的形象也都有陈世美的影子。一个传之久远的艺术形象,往往是老百姓历经百年创造和锤炼的结果,在这方面,宋代的民间文学艺术表现得特别突出。

第二十回 两宋科技 领跑全球

第二十回 两宋科技 领跑全球

中国古代有四大发明：指南针、造纸、火药和印刷术。极为可贵的是，它们有的是在两宋时期发明的，有的是在这个时代得到了实际应用和发扬光大的。两宋时代是一个呼唤和需要科技创新，又给予其极大支持的时代。

您可能知道，中国在远古时代就懂得了磁石指南的原理，但是将指南针用于航海事业，却是在宋代。北宋学者沈括，被英国著名学者李约瑟称为"中国整个科学史中最卓越的人物"。他在撰写的《梦溪笔谈》中记载，当时以"看风水"为业的"方家"，已经普遍使用磁石磨针锋，用来指南找北。

北宋末年朱彧在他所写的《萍州可谈》中，记述了自己于 11 世纪末年在广州的见闻：当时中国海舶上的舟师，已经普遍使用这种先进的"识地理"工具。他们在海上航行，"舟师识地理，昼则观日，夜则观星，隐晦则观指南针"。在同一时期，出师高丽的徐兢，在他所写的《宣和奉使高丽图经》中，也提到海船舟师熟练使用指南针的事。据沈括的《梦溪笔谈》介绍，指南针的使用方法有多种，有的把磁针浮于水上，有的放在指甲或碗唇上，最为创新的一种办法则是"缕悬"——也就是取新纩中的独茧缕，用芥子般大小的蜡缀于针腰，于无风处悬之，则针便会指南。根据这些记载，可以断言，至晚在 11 世纪后半期，中国的航海家们就已把指南针应用于航海业了。指南针用于航海，对于此后海上交通事业的发展、中外经济文化的交流，都起到了极为重要的作用。

大家都知道造纸术是东汉人蔡伦发明的，当然也有人说，造纸术

早在蔡伦之前的西汉就发明了，宦官蔡伦不过是总结了前人的经验，加以技术提升和规范罢了。不管如何，到南宋，造纸业已有了很快的发展，应用范围也很广。当时纸的种类很多，印书的纸一般都达到了薄、软、轻、细的水平，至于用来印钞票的纸，那水平就更高了。要不然用儿次就揉烂了，那时候验钞机也没跟着配套出炉，银号不干等着赔钱败家吗？关于造纸的话头，我们在前面也已经做了较为详细的介绍，在这就不多说了。

不知您是否了解，火药的发明其实来源于道士的炼丹术，它也是中国古代四大发明之一，为全世界所公认和推崇。东汉末年有个叫魏伯阳的人，写了一部叫《周易参同契》，专门讲炼丹术。书中提到炼丹所用的一些矿物，其中就有硫黄。东晋时候，有一个著名的医学家、炼丹家葛洪，写了一部完整的炼丹著作——《抱朴子》。从他的著作中，我们知道他所用的炼丹原料中，就有硫黄和硝石。隋末唐初，著名的医学家和药物学家孙思邈，也搞过炼丹。他写了一部叫《丹经》的书，书里面提到一种"内伏硫黄法"，就是用硫黄二两，硝石二两，熟木炭三斤来炒，这实际上就是黑火药的配方。经过一次又一次爆炸起火，经过一次又一次冒险试验，终于有人找到了恰当的比例，进一步把硝石、硫黄和木炭这三样东西合在一起，配制成了火药。古代炼丹家的本意是为了发明使人长生不老的丹药，可他们万万没有想到却把它们炼成了杀人的火药，这真是一个非常滑稽的事情。

说起来，火药用在军事上，最晚也在公元九、十世纪之交。据史书记载，公元904年，唐代末年，杨行密的军队围攻豫章（今天的江西南昌）时，部将郑璠"以所部发机飞火，烧龙沙门，率壮士突火先登入城，焦灼被体"。所谓"飞火"，就是"火炮、火箭之类"的东西。"火炮"是把火药制成球状，把引线点燃后，用抛石机抛出去。"火箭"则是把火药球缚于箭镞之下，将引线点燃后用弓箭射出去。

宋太祖开宝二年也就是969年，冯继升等向北宋政府献上火药箭法,并经试验成功。十年后,北宋攻打南唐时,就把火箭、火炮一齐用上了,着实在冷兵器时代热了一把。后来北宋政府在首都设置了"广备攻城作",其中即有专管制造火药的部门。宋仁宗时曾公亮等编成《武经总要》一书,介绍了火箭、火药鞭箭、火球和霹雳火球等火器的名称,并详细开具了三种火药方子,其中黑火药的硝和硫的比例为3:1,这已经与近代的火药制作方法相类似了。那时甚至还出现了"木老鸦"和"混江龙"等类似水雷的东西。

北宋末年,金人围攻汴梁,李纲担当首都的防御总指挥。金兵进攻时,他下令发射"霹雳炮",曾一度把敌人打退。南宋绍兴三十一年也就是1161年,金主完颜亮企图在采石矶渡长江,南宋军队也曾使用"霹雳炮"把金兵击退。所谓"霹雳炮"就是用纸管、石灰和火药做成的火器,在当时还是很有威力的。

本来宋人在冷兵器时代掌握了热武器,可以在对外战争中取得军事领先地位的,可金人在和北宋交战的过程中,很快就把宋人制造的火药、火器的方法偷去了。由于那时候也没有订立热武器不扩散条约,所以大宋王朝的垄断地位很快就被打破了。

1126年冬,金人围攻开封,就曾使用飞火炮击中开封城的楼橹,并使用火箭把开封城东南的敌楼烧毁。1221年,金兵攻打南宋的蕲州,也就是今天的湖北蕲春,用抛石机发射了一种叫作"铁火炮"的火器,它形似瓠,口小身粗,使用生铁铸成,厚度达到二寸。1232年,蒙古围攻开封时,金哀宗命令士兵从城里发射了一种叫作"震天雷"的铁火炮,轰炸蒙古的军队。史书记载:震天雷是"以铁罐盛药,以火点之,其声如雷,闻百里外。铁甲皆透,人与牛皮迸破无遗"。金人在对热武器的使用上可以说是后来者居上了。

在南宋、金、蒙古三方长期交战的过程中,管形火器也逐步出现了。1132年陈规守德安(今天的湖北安陆)时,曾发明了一种叫作"火枪"的管状火器。其法是把火药装在巨竹之内,临阵交锋时将其点燃,

用以焚烧敌方的人员物资。同一年,金哀宗的军队在开封和归德抗拒蒙古兵时,也曾使用过"火枪"。其制造方法是:"以敕黄纸十六重为筒,长二尺许,实以柳灰、铁滓、磁末、硫黄、砒霜之属。以绳系枪端。军士各悬小铁罐藏火,临阵烧之,焰出枪前丈余,药尽而筒不损。"

1259年在寿春,也就是今天的安徽寿县,南宋军民创造出了一种叫作"突火枪"的管形火器:其法以巨竹为筒,筒中装上火药,然后再安上"子窠",火药点燃后即将"子窠"发射出去,射程达一百五步。这种管形火器和"子窠",其实就是后来枪支子弹的前身。

管形火器的出现,标志着火器制造史上一个划时代的进步。因为此前用抛石机投射燃烧性或爆炸性的火药,就像眼下的不定向导弹,不但不能准确,还可能伤及发射者;使用管形火器之后,这一弊病在很大程度上可以避免了。

火药先是从海上传到阿拉伯国家的。蒙古人学会使用和制造火药武器后,西征时,火药、火器的制造方法又从陆路传到西方各国。13世纪末,西亚各国所著兵书中多有"契丹火轮""契丹花""契丹火箭"等名称,都是指中国人发明的火药与火器。西亚各国人在学会制造火药火器的方法后,又不断加以改进,以后又把改进后的制造方法传回南宋和蒙古。《宋史·兵志》记载,南宋于1273年曾颁布制造"回回炮"的方法图样,并把它发给沿边州郡,有人据此加以技术改进,因此他们制造的火炮,水平已远远超过"回回炮"了。

刻版印刷术自从唐代后期出现以来,对于文化的传播、普及和提高,发挥着越来越重要的作用。公元10世纪时,后唐政权的国子监曾经刻印过《贞观志要》和儒家的《九经》。后蜀政权也刻印过《九经》和《昭明文选》。在上面所说的书籍之外,吴蜀地区的人专为出卖而刻版印刷的书籍,"色类绝多"。到北宋初年,佛教经典五千多卷也在成都付印。宋太宗时新编成的《太平广记》等书,也都是刻版印刷后,颁行到各州郡的。

宋仁宗庆历年间，当时的高级蓝领毕昇发明了活字印刷术。据《梦溪笔谈》介绍，毕昇发明的办法是：用胶泥刻字，使字画凸出，每个字均为独立的一颗，用火烧使之坚硬。然后在旁边放一块铁板，上面敷上松脂、蜡和纸灰制成的药品，需要印刷时便把活字镶入铁板，用火烤之，待药溶化、凝固之后，就可以印刷了。

毕昇的这个发明，比起过去的刻版印刷来，既节省了印刷材料成本，又提高了工作效率，后来元代人发明的木活字及稍后所使用的铜活字，都是在毕昇的泥活字的启发下创制出来的。不过那时候，毕昇不懂得申请发明专利，他不光在中国没有拿到专利费，一不留神还传到了日本、朝鲜、越南等国家。欧洲到15世纪中叶才创制出活字版，比毕昇的发明晚了整整四个世纪，但还是受到了毕昇的影响。可毕昇后人要是找欧洲人要专利费，照样没人说YES，一律给你来个NO。

宋代农业生产的不断发展，也促进了天文学的进步。11世纪后半期的著名科学家苏颂和韩公廉等人，吸取前人在天文学方面的知识和齿轮的应用技术，创制出了人类有史以来第一台"天文钟"也就是水运仪象台，并写成《新仪象法要》一书，把"天文钟"的全部结构，用图和文字都记载了下来。

我国远在西汉时代，人们就已知道石油可以作为燃料使用，但是到了宋代，不但被开发出了新用途，而且石油也有了一个确切的名称。在沈括的《梦溪笔谈》卷二十四里，就有关于石油的记载。您别因为沈括当年曾在延州戍边，抵御西夏，就忘了他曾是个全能的发明家，要不是那时候大宋总是打仗，说不定沈括还能靠发明致富呢！致富后的沈括，说不定也会设立个中国版的沈括大奖，让诺贝尔老先生不远万里来火药的发明地中国，领回同样是中国发明的纸币。不过钱拿得回去拿不回去就不敢保证了，因为沈大人是历史上有名的惧内高手。

话说回来，沈括不打仗时，就发挥余热，在延安附近搞起了科研

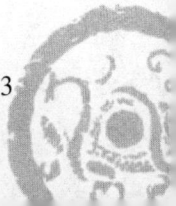

工作，至于申请没申请国家级科研项目和博士点及经费来源如何就不大清楚了。说起来，沈括可是第一个确定了"石油"这个科学名称的人。因为延安周边自古就盛产石油，现在陕北不是还有大型油气田吗？那时候人们主要是把这玩意儿当作烤火燃料，但因为它燃烧后烟又黑又浓，所以陕北人并不大爱用它。可沈括却从石油的燃烧里开发出了可观的经济效益，他试用以石油烟代替松木烟制墨，获得了成功。他形容这种墨："黑光如漆，松墨不及也。"于是他就大量制作，并刻上"延川石液"的品牌标志销往全国各地。从此，石油就不光作为燃料来用了，而是以石油墨代替了松烟墨，不光节约了大量的木材，还为炭黑工业奠定了早期的试验基础。炭黑作为一种重要的工业原料，在橡胶、油漆和制墨工业中都得到了广泛的应用。

当年沈括命名石油时，说过，"此物后必大行于世"，不过他老人家说的"大行于世"，可不是把它当作汽车、飞机的动力燃油。要真是那样，他老人家那时发明几辆以燃油为动力的坦克车、装甲车不就完了吗？这样，游牧民族再来多少骑兵也甭怕他了。让他再吹牛说是十万铁骑，横扫江南试试；让他跟坦克车碰碰，就知道自己那铁骑是肉做的，还是铁打的了。

说起来，苏颂和韩公廉都是宋代精通律算和天文学的专家，他们创造的"水运仪象台"也就是利用水轮为原动力的自动运转天文钟，在工艺上非常精妙。这个有着类似于钟表擒纵器装置的天文钟，很可能就是百年后才在欧洲出现的天文钟的直接祖先。苏颂和韩公廉所创制的"水运仪象台"和他们编写的《新仪象法要》，在11世纪世界天文学和工艺技术方面都处于领先地位。

由于有先进的科学技术作为基础，从宋太祖开宝年间起，政府和私人都编辑和刊印了一些医药学或医方的书籍，这对于宋代医学的发展与交流当然起到了很大的促进作用。这些医书中属于医药学方面的有几次增订的《本草》等；属于医方的有《太平圣惠方》《苏沈良方》和《太平惠民和剂局方》等。由于在宋代,中国与之通商的国家和地区已经达到了几十个,这样,外国的香药如乳香、龙脑、蔷薇水等都先后传入了中国,因而在宋代官家、私家编刻的医药学书籍当中,新药品种得以不断增加。宋太祖时所编刻的《开宝本草》较《唐本草》已增新药一百三十三种,仁宗时所修《嘉祐补著本草》又新增了药品六百二十八种。《政和经史证类本草》还汇录了北宋一代的医方数十种,是一部科学价值很高的医药书,被以后的医药学界沿用了五百年。医药学书籍以及医方刊行的越来越多,医药学的知识便得以普及于多数人,这对于后来医学发展和进步具有重大意义。

在临床医学方面,北宋一代所取得的进步也是很多的。其中尤以儿科的进步最大:在诊察疾病方面,不但已能把麻疹与其他热病区别开来,而且还能区别天花、麻疹和水痘等三种不同的病症,得出了病原各有不同的结论。

另外宋代在针灸学方面也取得了突出的成就。北宋初年的医书都是辗转传抄的,其中所载经络穴位比较混乱。仁宗初年,太医兼针灸学家王惟一,总结历代针灸医家的经验,设计并制造出了铜铸成人人体模型,同时还写成了《铜人俞穴针灸图经》三卷,并且石印流传,极大便利了针灸的实际操作。当时湖南的医家更为针灸特制了一种精巧刺针,减轻了针刺的痛苦。铜人模型的铸造是北宋针灸学家在医学上的一大贡献。

最后特别值得一提的是宋代的几位数学家。北宋时期农业的快速发展,对数学研究提出了更高的要求。因为宋代人也明白,要提高田里的粮食产量,光靠写诗填词吹不出来,还得靠科学呀!贾宪就是那个时代应运而生的杰出数学家之一。大约在 1050 年,他最早创立了开任意高次幂的"增乘开方法",而在西方关于高次方程的数值解法始于公元 19 世纪。1804 年意大利数学家罗斐尼创立了一种近似求解高次方程的无理数根的计算方法;1819 年英国数学家霍纳发表

论文提出了与贾宪设计演算步骤近似的算法，但比小贾同志整整晚了七百七十年。贾宪还提出了二项式高次幂的展开式各项系数的规律，制成了二项定理系数表，称作"开方做法本源图"，也在世界遥遥领先了几百年。

南宋最杰出的数学家是秦九韶，他出生于南宋中期的宋宁宗时代。幼年曾跟随当太守的父亲住在四川巴州，后来又来到都城临安。他勤奋好学，不但向朝廷的天文历法家、建筑学家和能工巧匠学习，"并尝从隐君子受数学"，从而获得了丰富的科学知识，成为南宋时期不可多得的科技通才。他后来也在四川、湖北、广东等地方做官，四处漂泊。1244 年，因母亲去世到湖州守孝。守孝三年，他不像宋代那些只会做官的人那样把老娘的死讯当隐私隐瞒，不肯丁忧，继续出来做官捞钱。丁忧期间，他正好有了闲暇时光，集中精力从事数学研究，三年内完成了《数书九章》一书。

《数书九章》，集秦汉以来中国算学家"开方术"的大成，运用前人的"增乘开方法"，最终解决了数学高次方程有理数根和无理数根的近似计算问题。他所设计的演算程序，被称为"秦九韶方法"，比贾宪的方法有了更大的进步。

在"一次同余"问题上，秦九韶创立了"大衍求一术"，成功地解决了这一难题，被西方数学界誉为"中国剩余定理"。西方最早接触一次同余问题是意大利数学家列奥纳多·斐波，但他只给出了一次同余问题，没有一般的算法。直到十八、十九世纪才由大数学家欧拉和高斯各自重新获得与"大衍求一术"相同的结论。

《数书九章》在数学所取得的创新精神和创新成果，还不仅这些。特别值得一提的是，秦九韶的"三斜求积公式"，也就是用三角形不等三边计算三角形面积公式。他不同于西方的海伦公式，而是循着中国传统数学的道路，达到了西方同样的结果。

"0"在数学中，看似简单其实非常重要，因为完整的位置计数制，必须创造一种符号来表示空位，否则就无法表示像 707、990 这样的数字。大约在公元 1240 年左右，秦九韶还和中国的另一位数学家李治，在各自的数学专著中几乎同时使用了"0"这个特殊的数字概念，而它的外形也近似阿拉伯数字"0"，从此它代替了中国历代用空位表示 0 的做法。

说到宋代的科技，值得一提的还有宋代的建筑水平。北宋人李诫所写的《营造法式》，是我们今天所能见到的最完整的中国古代建筑典籍。它是"上可以溯秦汉，下可以视近代"各类建筑营造工艺的一个总结。这样的书出现在北宋绝对不是偶然的，说明宋代已成为中国古代建筑发展的巅峰期。

啥叫"营造法式"？翻译成现代汉语，就是"建筑工艺学"，或是"建筑制造模式大全"。梁启超先生称赞此书"一千年前有此杰作，可为吾族文化之光宠也"。他儿子梁思成，更把自己的儿子取名叫"梁从诫"，意思是"师从李诫"的意思。这里面既有梁思成对儿子的嘉许，同时也影响和奠定了自己和妻子林徽因的终身事业。说白了，梁思成自己才是"师从李诫"，并勇于探索实践，不但写出了不朽的《中国建筑史》，对中国文物建筑的奋力保护，更是令人肃然起敬。但让人叹息的是，眼下两位建筑大师的故居却在"维修性拆除"和"保护性拆除"的绕口令中被毁灭了。您要问这叫啥"营造法式"？那我就告诉您，这叫"无法无天毁灭性营造法"，不过这一章李诫的书里没写，还得靠当代庸官、贪官和开发商们一块来填补空白，可谓"吾族文化之辱也"。

这样多的科学家和科学成果，发生在宋代绝不是偶然的。宋代的"佑文政策"为学人们提供了较好的研究环境和生存空间，这在中国封建社会里是极为少见的，所以才产生了像沈括、苏颂、贾宪、李诫和秦九韶这样的世界级科学家和创新成果；所以才发明了印刷术，并让指南针、火药和造纸术得以广泛地应用。可惜的是这些科学成果，在走向没落的封建社会里，没有发挥更大的作用，没有更多地造福百

姓,没有更多地影响后代,这是非常令人遗憾的。李约瑟在他的《中国科学技术史》一书中,曾盛赞古代中国辉煌的科学成就,却又提出这样的质疑:"为什么近代自然科学只能起源于西欧,而不是中国……"更有人提出了这样一个悖论:为啥古代中国人发明了指南针、火药、造纸术和印刷术,工业革命却没有发端于中国?而哥伦布、麦哲伦正是依靠指南针发现了新大陆,列强用火药打开了中国的大门,用造纸术和印刷术传播了西方的蓝色文明!这确是一个十分诡异的问题,但却不是吾辈能够说清说透的。

追成不怕丹梯峻
體實常欺石榻寒
永戀世間名與貴
長生自得一元丹

第二十一回　理学大师的正负极

第二十一回 理学大师的正负极

在介绍程朱理学之前，我们先介绍创造程朱理学的三个人：程颢、程颐和朱熹。

说起程颢、程颐兄弟，大家可能会想到一个成语，那就是"程门立雪"。这个故事出自《宋史·杨时传》。进士杨时为了成为文化达人，毅然放弃了高官厚禄，想重新考取国学高级研修班。于是，他就跑到河南颍昌拜程颢为师，虚心求教。后来程颢死了，他自己也四十多岁了，但仍一心向学，于是又和他的朋友游酢，一块儿到洛阳想去拜程颢的弟弟程颐为师，继续深造。偏偏赶上程二先生正闭目养神，坐着假睡。这时候，外面开始下雪，两人求师心切，便恭恭敬敬地站在门口等候。等了大半天，老先生才慢慢睁开眼睛，见杨时、游酢还站在门口，非常感动。这时，门外的雪已经积了一尺多厚了，杨时、游酢身上自然也是一片洁白，几乎成了圣诞老人了，于是程二先生赶快让人给两位办理了入学手续。

当然这从一个侧面说明，程颢、程颐兄弟都是宋代极有学问的人。程颢、程颐兄弟，是河南洛阳人，生于北宋中期。他们都是北宋时期著名理学家和教育家。两人小时候，在姥姥家——湖北孝感董湖读书。二程在孝感学习、生活了十八年之久，平时即读书于其台之楼上，故这地界儿被称为程子读书台，又名"凤凰台"——因相传在晋穆帝永和四年有凤集于东岗，产九子于其上而得名。台上有座楼叫夜月楼："虚窗晃明，美景澄清，无屋舍烟火之凑密，儿童鸡犬之声杂，其澄心悟道，深究理学，伊洛学派亦肇基于孝感。"程颐十八岁后，游伊洛、进太学，受业于周敦颐，著《颜子好学论》等书，逐步创立了北宋著名

的理学流派,形成独树一帜的"程朱理学"。他们的学说受到当时许多大儒的推崇。后来,孝感百姓为了纪念二程,在程子港建起了二程祠,明末祠堂被毁。清顺治十八年(1661),孝感知县张擢士重建之于东岳庙侧,形成著名的孝感古八景之一:"程台夜月"。可惜这座名楼毁于"文革"时期,现在仅存遗址。

说起二程兄弟,还有一个高深莫测的大忽悠故事。说是有一天,哥俩应邀参加一个宴会。酒席上,有几个漂亮的名妓在陪吃陪喝陪唱,三陪之外还另加跟客人零距离接触。刚出道的程颐被她们闹了个大红脸,本来程二哥的豪言壮语是:"人心贵乎光明洁净。"可眼前的景象在他看来既不光明也不洁净。本来在别人眼里秀色可餐,可此刻他却连桌子上的美食都难以下咽。程二哥越想越气,一甩袖子就走了。可他哥程颢却若无其事,还在那儿大碗喝酒大块儿吃肉,至于醉酒之后的行为他就不负责了。

第二天,程颐气哼哼地跑到程颢的书房,埋怨哥哥昨天的行为不但有辱斯文,甚至还有点儿下作。没想到程颢却一本正经地对他兄弟说:昨天,我虽是喝了花酒,但却是座中有妓,心中无妓。昨天你是因为没有定力,怕被人拉下水才落荒而逃的,到今天还想着这事儿,说明你是家中无妓,心中有妓。你在治学方面的功力跟你哥差远了,坐怀不乱方面的定力差得就更远了。傻兄弟,修行尚未成功,同志还需努力呀!

说到朱熹,他是徽州婺源人,婺源现在属于江西省。因为父亲曾在福建做官多年,所以朱熹就出生在那儿。少年时代的朱熹,学术上就有所创建。十九岁登进士第,开始踏上仕途,任泉州同安县主簿,管理一个县的文书簿籍。后来,又在浙江、江西、福建等地做地方官。当时东南是农业和工商业比较发达的地区。由于国家的分裂、土地兼并的加剧、赋税的沉重、生产力的衰退,不利于经济的发展。针对这些问题,他提出了富国强兵的主张,反对对金人屈辱求和。

朱熹的父亲朱松就是一位抗金派。他敢于上奏章，反对秦桧的求和主张，后来遭到排斥和打击。朱熹认为南宋王朝必须励精图治，抵抗金兵南下，收复北方失地。他说："金人于我，有不共戴天之仇，则不可和也明矣！"又说："今日所当为者，非战无以复仇，非守无以制胜。"他的政治态度是明朗的，主张抗战、坚守阵地，反对割地赔款。他甚至主张断绝和谈，任用贤能，振兴纲纪，整改风俗。如此数年之后，才能达到"国富兵强"的目的。当时，汤思退、洪适等主和派先后任宰相，他们对朱熹的抗金主张根本不买账。因此，朱熹不愿在朝廷任职斗气，多次辞去官职。他同爱国诗人辛弃疾、进步学者陈亮等人都很有交情，因为他们在政治上都是主张抗金的。朱熹称赞辛弃疾"今日如此人物，其可易得"！辛弃疾对朱熹在学术上的成就更是非常敬佩，他说："历数唐尧千载下，如公仅有两三人。"1200年，朱熹病死在武夷山，辛弃疾亲往吊唁，祭文中写道："所不朽者，垂万世名。孰谓公死，凛凛犹生。"这意思是说，朱熹的学术思想，在当时就被学者所承认了。

陈亮和朱熹的交情也是很深的，因为两人都是著名哲学家，所以免不了在学术上有争论。陈亮的观点是"王、霸可以杂用，则天理、人欲可以并行"，也就是"义利双行，王霸并用"，不同意朱熹把王道和霸道、天理和人欲根本对立起来。不过在抗金北伐这个大是大非面前，陈亮和朱熹倒是完全一致的，没为姓王姓霸的理论问题，耽误正事。

朱熹还发展了孟子的民本思想，明确提出："天下之物，莫大于恤民。"用现在的话说，就是以人为本。他在《井田类说》中，揭露了"官家之惠，优于三代；豪强之暴，酷于亡秦"的残酷现实，提出："宜以口数为立科限，民得耕种，不得买卖，以赡贫弱，以防兼并，且为制度张本。"为了防止土地兼并，他极力主张重新丈量土地，按人口数给予田地。他在福建做地方官时，曾率先践行自己平均地权的设想，但遭到了当地官僚和豪绅的强烈反对，没能实现。在封建经济体制下，朱熹的主张只是一种不可能实现的空想，但不能否认作为一个哲学家，朱

熹的思想中还有平均地权、实现平等的亮点。

朱熹在担任地方官时，极力发展当地的农业生产。淳熙五年，也就是1178年，他在江西南康军任职时，"兴利除害，值岁不雨，讲究荒政，多所生活"。每遇早稻田地久旱，他就劝导农民改种荞麦和大小麦，防止饥荒。过了一年，他根据南康地区农民的生产经验，发布了《劝农文》，推广一整套先进的农业生产技术，其中包括耕作、施肥、锄草、水利、蚕桑副业等诸多方面。

朱熹还提出了"劝业"（即奖励农业生产）的政策，认为只有"用力勤"，才能克服水旱灾害和农民流亡。他想维持农民最低限度的物质生活，防止农民聚众闹事、破坏和谐。

他还主张推行"社仓"制度，为农民办理救济，防止受豪强地主高利贷的盘剥。朱熹在《建宁府崇安县五夫社仓记》中，讲了建立"社仓"制度的好处。山地贫苦农民，终年没有余粮，在青黄不接之时，要出加倍的利息，向豪强地主借贷粮食，但是官府仓库里的粮食，甚至"红腐不可食"。因此他主张凡是要求借贷粮食的农民，政府都要借给，农民出十分之二的利息。不愿借贷的，绝不勉强。如遇饥荒，要减轻利息，甚至全免。朱熹在《婺州金华县社仓记》中说，这种社仓制度跟王安石的青苗法相比，有更加合理的地方：一是贷谷而不是贷钱；二是借贷出于农民自愿，而不是强迫；三是由乡村社仓办理而不是由官府办理。

以上这些政治主张和具体措施，说明朱熹还是能够体恤百姓，也是主张进行必要的经济改革的。

由于他具有广博的知识，又有较精细的哲学眼光，所以在注释古书，整理文献方面确实取得了一定的成就。他把《论语》《孟子》《大学》《中庸》编在一起，称为"四书"，并重新做了注释。朱熹的《四书章句集注》，成为古代知识分子的教科书。朱熹对儒家经典的解释，被奉为后来各代科举考试的标准答案。这个标准答案几乎使用了七百多年，若是据此去申请吉尼斯纪录，他老人家肯定会发大财。

朱熹不但重视理论建设,也同样重视生产实践。比如南宋罗大经在《鹤林玉露》一书中,记载了这样一件事儿:沿江安抚使刘子羽对朱熹有养育之恩,所以,朱熹经常出入刘家,辅导刘家公子刘玶的功课。绍兴十一年,刘子羽的老婆卓夫人想为儿子谋一个叫"干官"的职位,这是负责采办朝廷所需物资的肥差,只管花钱,没人监督,油水甭提有多大了。套一句文明话这叫贪污腐败的重灾区,跟眼下管工程、管高铁、管政府采购、管干部提拔的一样,如果对自身要求不严,很容易犯大错误。朱熹知道了这件事后,立刻给卓夫人写信表示强烈反对。他说,官宦人家的孩子从小就生活在福窝子里,长到老大了也不知道锅是铁打的,"无不傲慢纵恣,触事懵然"。假如一进入官场,就混上这样一个肥缺,没人劝阻,没人监督,同时仗着手里有大项目审批权让各州县官吏举着敬着,您说他有多少钱不敢往家搂,有多少二奶不敢在外面包?我的意思是,这个傻兄弟就是想做官,也得先找一个"稍在人下"的位置。作为官二代应立足于基层,自觉接受阶级斗争和生产斗争的考验,起码应该先习惯接受别人的领导,以便经常有人敲打他,保持清醒的头脑,"乃所以成就之"。如果一定要为他谋取这个官职,"乃是置之有过之地,误其终身"。啥意思?翻译成百姓的话来说,就是您这样做就等于是把他往陷阱里推,摔下去不落个终身残疾,也得闹个一辈子生活不能自理。

　　不过朱熹作为百代敬仰的大圣人,似乎也有不太光明的一面。说是他当浙东常平使出巡台州时,因为跟太守唐仲友在学术上产生了严重分歧,致使两人关系非常紧张。于是,他就想从扫黄打非入手,整垮老唐。

　　朱熹从京城一到台州,就把跟老唐有暧昧关系的官妓严蕊抓了起来。严蕊是台州的著名官妓,"色艺冠一时",琴棋书画、诗词歌赋样样精通。朱熹派人探听到严蕊跟唐仲友的关系后,于是就想从严蕊身上打开缺口,对老唐同志进行残酷斗争、无情打击。

朱熹派人将严蕊刑事拘留后,立马要她交代跟唐太守鬼混、利用诗词唱和攻击朝廷的"犯罪事实"。朱圣人平常总爱高呼"存天理,灭人欲"的理学口号,这一回唐仲友让他抓了个现案。好家伙,政治问题加上生活作风,又赶上扫黄打非,朱圣人心说,不死我也得让你掉层皮。

朱熹还想:大家都说婊子无情戏子无义,所以只要一动刑,严蕊肯定来个竹筒倒豆子,彻底坦白。可没承想小女子严蕊还挺拧,任凭毒刑用尽也不肯诬陷老唐。朱熹一看,来硬的不行,可使美人计对严蕊又不适用,于是就派专案人员向严蕊反复交代政策:说是这个案子性质虽然非常严重,但我们历来实行的是"首恶必办,胁从不问,受蒙蔽为无罪,反戈一击有功"的政策,只要你主动揭发唐仲友的罪行,朱大人念你是个弱女子,又年轻无知,一定会替你开脱,从轻处理。你陪唐仲友喝过花酒,有过诗词唱和总是事实吧,啥都不交代是肯定过不了关的。

可严蕊却说,陪唐太守喝过花酒是事实,但我是卖艺不卖身;我们确实有过诗词往来,但从没攻击过朝廷。官妓参加官家的宴会是政策允许的,所以,没有的事儿,我不能昧着良心瞎说,打死也不说,打不死更不说。朱熹一听恼羞成怒,连白公馆、渣滓洞的刑法都用上了——让人用竹签钉进了她的十指。尽管十指连心,可严蕊仍然宁死不屈,坚决不肯诬陷老唐。

这下子朱熹这个道德警察,没法收场了。一时间朝野震动,舆论哗然。这件事,很快就惊动了最高当局,很会玩平衡的宋孝宗,为了平息纠纷,只说了一句"此秀才闲斗气耳"。秀才闲斗气,就拿老百姓的孩子开涮呀,哪说理去?

再说人家严蕊也没有犯罪呀,因为宋代法律规定,官妓也叫营妓,可以合法地坐台对官员搞三陪,只要光卖酒卖唱,不卖身就行。当然这样的禁令,官员们往往搂不住,所以尽管宋代的官员嫖娼成风,有关部门也只好睁一只眼闭一只眼了。况且,没有真凭实据,您也不能在严蕊这样一个弱女子身上找辙呀!打不了老虎,拍苍蝇呀?

宋孝宗在宋代是个比较开明的皇帝,对眼前的事儿明镜似的。他心说,大哥,您别用"保初节易,保晚节难"那套来要求一个妓女呀,人家那是爱岗敬业善待客户呀!于是他就决定将道德警察朱熹调离,让岳飞之子岳霖接替他的职务,并利用岳家的巨大声望来为朱圣人擦屁股。

宋孝宗这样做,也是为了迅速平息这起南宋历史上最大的桃色事件,以保护唐仲友等政府官员的名声。同时,借给严蕊女士平反昭雪,来迅速平息社会舆论。严蕊在临出狱前,写了首《卜算子》词。词中写道:"不是爱风尘,似被前身误,花落花开自有时,总是东君主。去也终须去,住也如何住。若得山花插满头,莫问奴归处。"官员们互相倾轧,严蕊当然只好到尼姑庵或道观里去归隐了,至于具体地点,千万"莫问奴归处"了。

可也有人说,朱熹真的是一位反腐斗士。他查办老唐,并不是挟私报复。有人甚至说,在朱熹短短的九年从政生涯中,最令人难忘的,就是曾六次弹劾当朝宰相王淮的亲家——台州知府唐仲友贪赃枉法。但王淮却指使吏部尚书郑丙反诬朱熹的道学是"欺世盗名,不宜信用"的伪学。宋孝宗轻信此言,从此九年多的时间里,道学被定性为一种政治罪状,直到宋理宗时代朱熹和道学才得以恢复名誉。

宋理宗还尊朱熹为太师、信国公,提倡学习他的《四书集注》,此后朱熹的理论正式成为官方学说。

没想到七百多年后的"五四运动",致使朱圣人再次受到世人的鞭挞。他的学说被说成是吃人的礼教,在"十年浩劫"中更是被批倒斗臭。可最近一些年来,朱熹却再度走红,在他诞辰八百八十周年纪念日之际,引得两省四地——福建的尤溪县、建阳市、武夷山市和江西婺源市,都来争"朱熹故里"之名。各自倾注地区和省域之力,汇聚总量超过四十亿元的资本,来给朱圣人做"寿礼"。朱熹要是活着的话对后人这种一会儿掘坟鞭尸,一会儿顶礼膜拜的评价也会晕菜的。

说起来,朱熹的著述确实非常丰富,教学水平也不低,他的主要著作有《周易本义》《晦庵先生文集》《朱子语类》等。他在江西白鹿书院的讲学也非常成功。在他和其他理学家的共同努力下,书院成为研究和传播理学的基地。

私人书院最早出现于五代时期。北宋立国,朝廷致力于全国统一,恢复千疮百孔的封建经济,虽然赵普曾吹牛"以半部《论语》治天下",可那时还顾不上补上国家的文化建设,于是私人书院就乘势而起。当时有名的四大书院是:庐山的白鹿书院、衡州(也就是今天湖南衡阳)的石鼓书院,长沙的岳麓书院和河南商丘的应天府书院。这其中最为著名的是岳麓书院。它创建于公元976年,据称是湖南大学的前身,至今已有一千多年历史了。笔者曾到岳麓书院的旧址参观学习过,以我的观察,它跟现代意义上的大学好像沾不上边儿,所以有关方面没必要把它吹成世界第一所大学。有这工夫提升一下教学科研多好,也好让我们的孩子毕业找个好事由,对得起家长交的高额学费。办大学不比拍韩剧,不见得越是"大长今"(规模大、历史长、建筑现代化)越好,您说是不是这个理儿?

范仲淹主持"庆历新政"以后,政府大力兴办官学,所以北宋的书院就慢慢地萧条了。到了南宋,由于官学已逐渐腐败和形式化,所以书院又开始兴盛起来,当时已发展到三百多所,连一些边远地区都有了书院。书院的建立,对传播文化、普及文化知识都发挥了重要作用,并且波及以后近千年的中国历史。清代末年,提倡"废书院,办学堂",书院渐趋衰落,乃至被彻底否定。

到20世纪二三十年代,一些学术界的有识之士,对书院有了重新的认识。比如胡适就说过:"书院是中国一千年来逐渐演化出来的一种高等教育制度。"章太炎先生更认为,用学校代替书院很容易导致民间学术的萎缩,进而剥夺人们著书立说、标新立异的欲望和权利。舒新城更进一步认为"中国现行的学校制度,完全是工商社会的产物"，其中的班级教育，就像工厂车间的班组在"批量生产人才"，这种做法很容易"把人当作机械"。看看眼下中国教育的现状，以及学生的就业状况，就可以知道这样的"批量生产人才"，不但缺乏创新精神，试销也不对路，而且还压制了许多特殊人才的冒尖儿和成长。值得庆幸的是，书院的传统却在中国香港保留了下来，这还要归功于国学大师钱穆先生，是他把中国书院自由讲学的做法与欧美的导师制度有机融合，催化了人文主义教育制度的诞生。

话题扯远了。话说在宋代经济、文化都比较发达的福建，大多数乡村里都设有学校。当然这里所说的学校，并不是现代意义的学校。南宋孝宗乾道元年，也就是 1165 年，福建报名参加乡试的已高达一万七千人，进京考试的书生占了全国的一半，其中不少考生就是由书院培养起来的。至今福建的高考成绩，依然多年在全国名列前茅，不能不说跟这种文化传统有关。

南宋的书院主持人，不叫院长，却叫山长或是洞主，让人听了好像不是来念书的，倒像是来求仙学道的。比如庐山的白鹿洞书院，其实根本没有洞，眼下韩国的住宅也都叫什么洞什么洞的，大概都是受宋代书院的影响。书院的洞主，既是行政领导又是主讲人，用眼下的话说就是学术带头人。挂名教授或是著作中的第一挂名作者，绝不敢到书院去做洞主，因为那时候的书院，气氛活跃，提倡教学相长，同时把学生的道德修养培育放在很重要的位置，假如真让一个南郭先生去当洞主，不是自找寒碜吗？

这么多的书院，书院又有这么多的学生，学生还大多是寄宿生，很少有走读的，那书院靠啥生存呢？主要的经费来源于政府下拨的"学田"和富商的捐献，这一点很像眼下西方的一些私立大学。捐献，一听就明白，啥叫"学田"呢？就是政府下拨给书院的土地。土地归谁种？书院的书生？不是，他们成天"之乎者也已言哉"的，真到种庄稼时非栽跟头儿不可！书院是把土地租给农民种，把田租当作办学的经费。

介绍完了程颢、程颐、朱熹和宋代的书院，下面我们该说程朱理学了。

在太祖、太宗时代，北宋王朝致力于全国统一，千方百计地恢复残破的封建经济，所以还没有精力来宣扬和普及儒学。

北宋统治仅仅过去三十多年，四川地区就发生王小波、李顺领导的农民起义，提出了"均贫富"的平等观念，使北宋统治者受到很大震动。此后，北宋王朝逐步加强了思想统治。998年宋真宗继位，封孔子的第四十五代孙孔延世为文宣王。1008年，宋真宗又亲自到曲阜孔庙行礼，表示最高统治者对儒学的推崇。宋真宗还大肆提倡佛教和道教，命宰相王钦若主持续修道藏，搜罗了四千三百多卷道家著作，公开鼓吹"三教（儒、道、佛）之设，其旨一也"。从此逐步地树立以儒学为主，儒、道、佛相结合的统治思想，终于形成了"理学"。

理学又叫道学。其中，一种是客观唯心主义的，以二程、朱熹为代表；另一种是主观唯心主义的，以陆九渊为代表。宋代的理学家，表面上不谈鬼神和仙佛，也不像董仲舒那样鼓吹"天人感应"，而是提出一些新的命题：如"理""天理""心""性""人欲"等等。理学在对儒家学说重新做了一番修补与阐释后，更加哲理化，也更加玄虚，形成了以儒家为核心的儒、道、佛相互渗透的思想体系，因而也更加适应封建社会趋向衰落期的统治需要。

程颢、程颐兄弟，提出了一个"理"的哲学范畴，认为"理"是宇宙的本源，先事物而存在，创造天地万物，凌驾于物质之上。理是第一性的，万物万事都由"理"派生出来，事物是第二性的。他们还认为"理"是永恒不变的，这就是"天理"。程颢说："我学虽有所授受，'天理'二字却是自家体认出来。"

理学把封建伦理道德统统说成是符合"天理"的东西。程颢说："父子君臣，天下之定理，无所逃于天地之间。"他们把"三纲五常"看作是永恒不变的东西，目的就是要维护封建统治和秩序。

到了南宋，又出现了陆九渊的主观唯心主义。陆九渊是江西抚州（今临川）人，出生于豪门，对此起彼伏的农民暴动充满恐惧。他的哲学被称为"心学"，就是把"心"当作世界的本体，认为"宇宙便是我心，我心便是宇宙"。他不承认人心之外有物质世界，客观世界只不过是人心的产物。陆九渊说"心即理"，心就是仁义。他把封建伦理道德和哲学联在一起，希望用"仁义"来克制人的物欲，求得社会的太平与和谐。

南宋时期，朱熹对理学又有了新的发展，因为他的思想体系渊源于二程，所以后人将他们称为"程朱学派"。

朱熹是南宋时期的著名学者，提出了一整套客观唯心主义的哲学思想体系。从学术渊源上看，他继承了二程和佛教、道教的思想，提出了"理"和"气"的关系的理论。他说："天地之间，有理有气。"理是"生物之本"，气是"生物之具"。这就是说天地万物的生成，要有理，也要有气。理是产生万物的本源，气是构成万物的材料。

"理"究竟是个啥呢？朱熹说：理是"超然于万有之上，广大无边"；理充塞于宇宙，无处不在。他把"理"和封建伦理道德联系起来，认为"理"就是"仁、义、理、知"，"未有臣君，已先有臣君之理"。三纲五常是先天就有的。朱熹认为理是永恒不变的，"万一山河大地都陷了，毕竟理却是在这里"。所以他说："纲常万年，磨灭不得。"可见朱熹的理，就是指绝对的精神，就是"道"。这套关于"理"的理论，归根到底就是为了维护封建秩序。

"气"指的又是啥呢？朱熹说："气则为金、木、水、火，是构成万物的材料，五行阴阳七者滚合，便是生物底材料，也就是'器'。"

"理"和"气"的关系，也就是指精神和物质的关系。朱熹虽然也说理和气"此本无先后之可言"，但是他又接着说："必欲推其所欲来，则须说先有是理。""有理便有气流行，发育万物。"这就很明确地表达了他的哲学观点，就是：理在先，气在后，理生气。这是唯心主义理论。但值得注意的是，他承认宇宙是客观存在着的，是由阴阳二气演化而成的。他认为宇宙形成的过程，由气体而凝聚，由流质体慢慢地冷却，"便结成了地在中央。气之清者便为天，为日月，为星辰，只在外常周环运转，地便在中央不动，不是在下"。朱熹认为地球是圆形的，地球在宇宙之中；又认为："月之黑晕——其光者，乃日加之光耳，他本无光也。"他判断月光是日光的反射，这些认识都有它正确的部分。这是朱熹当时在南方社会生产力的发展和科学技术进步的基础上，对天文学做出的贡献。

朱熹认为地球自身是生与灭相互循环的。这种循环论，是错误的。他认为未有天地万物之前，就有"理"的存在，也是荒诞的。唯心论的实质，就是把心理的东西当作最初的起点。

在认识论方面，朱熹论述了知和行的关系。他提出三点：知先于行，行重于知，知行为一。他讲的"知"，偏重于对封建伦理道德的认识；"行"就是按照封建伦理道德去做。他注重"行"就是教人遵循封建伦理道德（即"仁、义、理、知"）那一套去做。朱熹说："知之愈明，则行之愈笃；行之愈笃，则知之益明"，以达到知行"为一"的目的。他的知行观，并不是教人通过实践去认识客观事物，而是叫人去追求"天理"，抑制物欲，这种说法对于人性的教化还是有益的。

朱熹还认为人性中有"天理"和"人欲"的对立。"天理"是至善的，"人欲"是万恶的，因此要"存天理，灭人欲"。程朱理学成为官方的御用哲学后，逐渐成为封建统治的精神支柱。朱熹的哲学在我国封建社会后期的几百年里居于统治地位，这不是偶然的，但它却在 20 世纪初爆发的五四运动中受到了严厉批判。德国哲学家黑格尔从宋明理学的"灭人欲"中，看到了中国文化和社会对个性的忽视和摧残，这恐怕也是"五四"先贤们批判它的一个主要原因。理学强调忠君、以集体性压制个性的观点与民主、自由、平等的现代理念是格格不入的，因此可以说，理学思想不会产生现代意识，也很难促进社会政治经济进步。这是现代中国人必须清醒认识的。

第二十二回　最后的悲剧英雄

第二十二回 最后的悲剧英雄

　　说到文天祥与宋王朝的灭亡,其实在此之前,南宋的君臣们也进行过多次挽救国家危亡的努力,不过他们的目的却各有不同。宋宁宗时,权相韩侂胄于开禧二年,也就是公元 1205 年发动的对金人的北伐战争,刚一出阵就惨败而归,这样韩侂胄就成了妄启兵端的祸首。

　　说起来这个韩侂胄,虽是名臣韩琦之后,可他当宰相却是靠走后门成功的。虽然有位名人说,走后门的不见得都是坏人,不走后门的不见得都是好人,可是这位宋代的官二代,算不上是啥好人。他当朝时,朝廷和社会风气都被他搞得一塌糊涂。比如有一回,因为一点儿小过失,韩侂胄把自己的一个小三赶出了家门。钱塘知县程松听说后,马上把这个女人请到家里,不但让她住在正厅,知县夫妻还亲自轮流伺候她的饮食起居,态度非常谦恭。过了几天,韩侂胄的气消了,又到处寻找这个小三,后来发现在知县程松家里。他以为程知县是趁火打劫,把宰相府的秀色拿回家消受去了,所以非常愤怒。

　　程知县怕韩侂胄误会,自己受累不讨好,立马就去拜见宰相,并道出了自己的一番良苦用心:说这样做,是怕您的如夫人误入都城红灯区,损害大人您的脸面,所以才把她用特殊办法保护起来。不过,您的秀色我可绝对不敢饮用。等这小三回到韩府,说起程松夫妇像孝敬祖奶奶一样孝敬她,韩侂胄非常高兴,当天就把程知县提拔为了太府寺丞。过了二十天,又升任监察御史。接着每一两个月升一次,不到半年,程松就当上了谏议大夫。您说,有程松这样的超级马屁精做谏议大夫,韩侂胄再找多少小蜜还有人敢议论吗?

　　话说,韩侂胄北伐战败之后,礼部侍郎史弥远向当权派杨皇后献

计，借老韩的项上人头向金人乞和，同时还建议为秦桧同志平反昭雪。有了抗金派老韩的人头和秦桧的卖国贼品牌，南宋很快就与金人订立了屈辱的《嘉定和议》，史弥远也因卖国有功当上了宰相，成功地获得了秦桧二世的光荣称号。

从开禧三年，到绍定六年也就是公元1233年，史弥远比秦桧独揽大权的时间还要长六七年。他把北伐复国的事全都扔脖子后头了，全部精力都转移到了掠夺老百姓财富上来了。在史弥远执政时期，土地兼并更加严重，社会风气更加败坏，官府贿赂横行，当时所任用的州县官吏，都得经史弥远过道手儿，公开进行买官卖官现场交易：不花钱想当官？没门儿！史书上说，当时各州县官吏到任后，"争自为盗"，金银珠宝、田园宅邸、软件硬件一块儿抢，为啥呢，人家买官时花大钱了，得快出效益，收回成本呀！

史弥远当政前，南宋政府发行的钞票会子，数目虽已超过三千贯，但政府还不时地动用库存的金、银、铜钱进行兑换，所以当时的会子虽已贬值，可通货膨胀得还不算太厉害。史弥远上台后，大量地发行新会子，而且不再以金、银、铜钱兑换，而是以新会子兑换旧会子。旧会子两贯钱才能换新会子一贯，无形中老百姓的钱先让他刮去了一半儿。会子发行得这么滥，越来越没信用。官府里买粮买菜，买茶买盐，甚至给官吏支薪水，给士兵发饷银，官府的办公费用都一律用会子支付，至于到你手里还顶多大用，老百姓敢跟州县衙门去理论吗？去了，会子没有，耳刮子倒是大大的有。

会子在社会泛滥，又无法兑换金、银、铜钱，造成了会子币值连续跌落，物价不断上涨，老百姓的日子苦不堪言。这样，到了史弥远执政晚期，被逼得走投无路的农民，便在福建、江西等地相继爆发了反对盐政垄断的起义。

特别是宋理宗贾妃之弟贾似道当权后，南宋社会更加暗无天日了。贾似道在理宗时任右丞相，到度宗时拜为太师，这以后朝政就更没别人的事了。有重要文书,大臣在朝廷上见不到贾丞相,有事儿得到他家去请示,任何事不经过他点头就不能实行。丞相如此,皇帝当然也不是啥好鸟。据史料记载:南宋度宗赵禥刚当上皇帝,就创造了一个前无古人、后无来者的纪录。据清代乾隆时代的历史学家毕沅主编的《续资治通鉴》记载:赵禥"自为太子,以好内闻;既立耽于酒色。故事,嫔妾进御,臣于合门谢恩,主者书其月日。及帝之初,一日谢恩者三十余人"。啥意思?就是说这位宋度宗刚登基,就一夜临幸了三十个嫔妃。早上起来,这三十多人又一块儿跑到皇宫门口来请愿,不,是谢恩! 这些嫔妃二奶说是来谢恩,其实是让有关部门来验证一下,免得将来生个龙子当野种给处理了。不过宋度宗要是学学现代官员,建立起写性生活日记的习惯,就不会出这样的岔头儿了。

皇上如此荒淫无道,强势的贾丞相自然也当仁不让。贾似道除了在杭州西湖边上大建楼堂馆所,跟妻妾们一块儿骄奢淫逸外,还外加上以斗蛐蛐为乐。不光如此,这小子还比前面的小混混儿朱勔进了一步,撬开人家的祖坟搜罗珍宝,抢回家去欣赏。当然他盗宝的规模,跟后来的土匪将军孙殿英比还差一点儿,因为那时候的爆破技术远远没有后来先进,这不能不让贾似道贾丞相感到遗憾了。

"文革"前,曾受到红色大主教康生严厉批判的昆曲《李惠娘》和各个曲种都演出过的《红梅阁》,说的都是贾似道霸占李惠娘的故事。贾似道这小子不光霸占李惠娘, 还设计杀害了惠娘心仪的恋人裴舜卿。但是被杀成鬼的惠娘,不畏强暴,终于打破阴阳界限解救了裴舜卿。特别值得一提的是骆玉笙大师演唱的京韵大鼓《红梅阁》,可谓鼓声款款,声情并茂,给我们讲述了一个纯情女鬼,至死也不屈服的悲剧形象。

但是对于贾似道,史书上似乎也不是只有一种定论。说他并非只是成天地抢男霸女、搜刮民财养蛐蛐,也未必如《红梅阁》里描绘的那样荒淫无道、执政无力。有一个史料说,忽必烈南下伐宋,兵围鄂州,

问起南朝有个能干的宰相贾似道时，曾感叹道："吾安得似道者而用之？"看来贾似道，不是一个平庸无能之辈。不过，说不定这是忽必烈使用的反间计，以便帮助南宋政权尽快瓦解。

话说，由于经济困难，贾似道发行的会子更多更滥，同时政府"言论断绝，威福肆行"，"田里荒寂，州县萧条"，南宋王朝，离灭亡之期已经不远了。

在南宋行将灭亡的时刻，北方的金代也加速了自己的灭亡过程。金代晚年，女真统治者也向南宋小朝廷学习，大肆发行纸币。公元1210年前后，由于财政极度困难，金政府竟然只靠发行纸币，来维持国家政治和军事的巨大开支。此外，女真贵族，还疯狂地掠夺汉人的肥田沃土，将之划归屯田军户。这些游牧出身的屯田军户，只会跑马占地，根本无心组织农业生产，所以过不了多少年，霸去的土地就撂荒了。可女真族统治者偏偏不怕这个，地荒了就再去抢，抢完了再撂荒，给你来个恶性循环。当时的淮河以北地区到处"草莽弥望，狐兔出没"，荒地相连竟有一百多里。失去土地的农民，纷纷举行起义，金王朝处于风雨飘摇之中。其中义军中最大的一股，彭义斌已拥有几十万人。他写信给南宋王朝，相约你北伐我策应，互相配合，中原地区就会光复。可当时的南宋小朝廷成天地歌舞升平，让西湖的暖风吹得骨头都软了，每天上朝点点卯都嫌烦，更甭说北伐恢复中原了，所以压根就没理彭义斌的这个茬儿。这样，南宋王朝难得的一次光复中原的机会又丧失了。

对金国完成最后一击的是来自茫茫草原、更加彪悍的蒙古铁骑。蒙古族的祖先，属于东胡语系的室韦德一支。在《旧唐书》和《新唐书》里被称为"蒙兀室韦"。它最早游牧于黑龙江上游的额尔古纳河，8世纪以后，西迁到外蒙古的鄂嫩河和克鲁伦河流域驻牧，属于唐代的燕然都护府管辖。后来，他们又先后臣服于契丹人和女真人。

蒙古族的真正崛起，是在铁木真经过十八年的征讨和怀柔，于

1206 年统一了蒙古各部落之后。铁木真作为各部的共主,被尊称为成吉思汗,并建立了蒙古汗国。"成吉思"是强大的意思,"汗"是少数民族对首领、君主的尊称。蒙古汗国建立以后,成吉思汗和他的子孙们发动了一系列战争,他们的主要征战路线,就是西进和南征。成吉思汗及其继承者们发动的三次西征,横跨欧亚大陆,建立了四个大汗国,这些我们就不多说了。我们主要说的是蒙古铁骑的南征,也就是对南宋政权的征讨。

1214 年,也就是金宣宗即位的第二年,由于蒙古军的威胁越来越大, 与南宋政权一样衰弱不堪的金国居然把都城从燕京南迁到了北宋的旧都汴京开封。由于蒙古军的战线过长,且蒙古军正开始西征,还没有足够的精力来对金国实行最后一击,所以才让金政府苟延残喘了二十年。

1227 年,蒙古军的西征军东返,一代天骄成吉思汗死在宁夏西南部的六盘山下,他的三儿子窝阔台继位为大汗,开始由南北两路夹击金国。北路由孟津过黄河攻下洛阳,南路则借道南宋,经邓州抵达开封城下。1233 年,金哀宗放弃开封,逃往归德,接着又逃往蔡州,也就是今天的河南汝南县。南宋君臣看到有机可乘,决定"联蒙灭金"出兵夹击金国。1234 年正月,蔡州城破,欺负大宋一百多年的金王朝也终于灭亡了。当年那些来自北方的彪悍民族,为啥一来到中原、一入主南方,就变得如此不堪一击呢? 在他之前的契丹人是这样,在他之后的蒙古人也是这样,总是拿着一张旧船票,重复昨天的故事。如此的梦魇不知谁能破解? 对此, 法国历史学家勒内·格鲁塞的解释是:"12 世纪出现的女真族,最初几乎是野人般的通古斯族,几个月内便从契丹人手中夺取了他们的大城市。然而,他们还没有来得及汉化和过上平和的日子, 便又被成吉思汗依照历史的惯例于一百年之后摧毁了。这其中有一种相反的法则,即游牧侵略者慢慢被古老的文明国家所同化的法则。这种现象包含着双重因素,首先是人口学的因素,

那些野蛮的骑士组成了分散的贵族阶级，并且淹没于这种古老的无从考证的人群中；其次是文化因素，被击败了汉族的文明把粗暴的战胜者征服、陶醉，甚至灭绝。"

可老百姓也有句话，叫"破罐熬好罐"，没想到历史上公认的"弱宋"，竟然看到了两个强敌世仇——辽国和金国的灭亡。但历史的轮回也是很可怕的：公元974年赵匡胤灭掉南唐后，曾肆意侮辱李煜的老婆小周后；公元1127年"靖康之难"时，金军又大肆奸杀北宋后妃公主及民女；现在金王朝灭亡，南宋的军人又重演了一百多年前的一幕，对金国的后妃施行了惨绝人寰的性报复。战争不仅焚毁城郭宫殿，焚烧了文化典籍，造成赤地千里，杀人无数，使文明遭到毁灭性破坏，更对女性生命和尊严进行了极大的摧残。百年以来遭受金军侵略蹂躏的宋国人，心理也被严重扭曲。公元1234年，南宋联合蒙古灭金后，南宋军人在实施了疯狂的性报复后，甚至还有人把宋军将士强奸金国皇后的情景画成了一幅春宫图，予以形象的记载。这幅春宫图，题为《尝后图》，翻译成现在的话就是"品尝金国皇后滋味图"。这个消费可是太高了，咱老百姓可不敢染指。不过，您可听明白了，南宋人画这幅《尝后图》，可不仅仅是为了迎合低俗之风，主要是为了发泄宋人的百年亡国之恨。

遗憾的是，南宋君臣的泄愤行动仅仅维持了半年，宋蒙之间的军事联盟便被打破了。因为蒙古人的灭宋计划是预谋已久的，他们只是在寻找一个合适的理由来发起进攻，没想到宋代的蛐蛐宰相贾似道却主动送上门来了。这样，蒙古铁骑征服的下一个目标，就锁定为南宋政权了。蒙古贵族太明白了，就南宋君臣那小身板儿，禁不起他们几折腾就会散了架，他们的胜利已为期不远了，他们犁庭扫穴"尝尝宋国皇后滋味"的愿望也快实现了。当然所有这些，都离不开大宋蛐蛐宰相贾似道和他卖国团队的积极配合。

从公元1235年起，蒙古军队开始进攻南宋被击退；又于转年和第三年两次南侵，其前部几乎接近了长江北岸，但由于宋军奋勇抵抗，蒙军渡江南下的企图多次被挫败了。

1258年，蒙哥当上大汗后，亲自率军攻入四川，命令忽必烈攻取湖北武昌，兀良合台攻取湖南长沙。四川的南宋军队基本不战自降，只有合州守将王坚拒不投降，并且还杀死了蒙军劝降使者。蒙古大军兵临城下，合州军民奋力抗击。1259年7月，率军攻城的蒙古大汗蒙哥，被乱箭射死，合州之围迅速破解。张珏继任合州太守后，也多次打败蒙军的进攻，直到蒙军进入北宋都城临安，俘获了宋恭帝，合州军民仍然坚守城池，不肯屈服。

就在蒙军分三路进攻四川、河南、湖北时，南宋宰相贾似道统率各路大军驰援鄂州。他屯兵汉阳派人跟蒙军统领忽必烈求和，表示愿意纳贡称臣，双方划江为界。这时蒙哥大汗被乱箭射死在四川，忽必烈眼下最急的是率军打道回府，去争夺汗位，根本没工夫跟贾宰相在这磨牙玩儿，于是就答应了他的议和条件。

贾宰相这回算是办了件真事，回到都城，向朝廷虚假报战功说是把蒙军打退了，当然私订和议这事儿就按下不说了。皇上一听，心里甭提多高兴了，心说，外边都传贾似道叫蛐蛐宰相，看来人家是玩物不丧志，把斗蛐蛐的技法用在军事上了，真是儒帅呀！于是他就连连夸奖贾宰相：古人运筹于帷幄之中，决胜于千里之外已经很了不起，我们的贾宰相，在蛐蛐罐里运筹照样能打胜仗！贾似道因此被封魏国公，赐地葛岭建了一套超豪华别墅，支持他"把养蛐蛐迅速产业化"。

话说，1260年，忽必烈在蒙汉贵族的支持下，击败了他弟弟阿里不哥，登上汗位。他当上了皇帝后，忽然想起在长江边上还认过一个干儿子，而且儿皇帝不是还答应割地赔款吗？于是就派使臣郝经去临安收占地费。贾宰相一看这事儿要穿帮，立马就把蒙古来使刑事拘留了。您说，这不整个一个猫盖屎吗！

你一个儿皇帝居然敢扣留我的来使，这回蒙军大举南征可找着

借口了。话说汉水边上的襄阳和樊城都是南宋重要的军事堡垒，两个城隔水而成掎角之势，汉水上还架有浮桥，可以互相支援。后勤供应也很方便。蒙军南下时，襄阳曾数度易手。1267年蒙军再次围困襄阳时，曾遭到了南宋军民的拼死抵抗，但因为贾宰相与敌人有约在先，不敢积极组织救援，致使襄阳和樊城很长时间不能解围。但后来襄阳军民得到了宋将李庭芝和义军首领张顺的支援，多次击退蒙古军队的进攻，从大草原来的忽必烈，在水城面前一时手足无措。

为了加强对南方的进攻，忽必烈于1271年迁都燕京建国号"元"，从此各路大军就在"元"的旗帜下四处征讨。不久，元军使用宋代降将张弘范之计，切断襄阳和樊城间的水上通道，用"回回炮"猛轰樊城，宋将范天顺等力战而死，遂使城池陷落。不久襄阳守将吕文焕开城降敌，元军进攻南宋的门户终于被打开了。

襄阳失落后转年，元军宰相伯颜以吕文焕为先锋，沿长江东下，直逼南宋都城。这时宋度宗已经驾崩了，他四岁的儿子宋恭宗即位，由太皇太后谢氏垂帘听政。贾似道迫于朝野压力，率十多万兵马和两千艘战舰迎击元军。两军在池州城下相遇。元军在水上陆上一起攻击，贾似道率领的十几万兵马一看敌军来势凶猛，真的像蛐蛐一样，没蹦跶几下就散了。

在抗元的斗争中，最值得一书的是民族英雄文天祥。1275年元军进军临安时，文天祥正在赣州知州任上，他招募了三万乡勇准备赴临安勤王。1276年初，元军逼近都城临安东郊，宰相陈宜中"位高偏敢忘忧国"，率先出逃了。南宋小朝廷让文天祥以右宰相名义，到元军去谈判。文天祥不怕元代宰相伯颜的威逼利诱，坚持先撤兵后谈判，被强行扣留。同年3月南宋都城临安被攻破，谢太后率五岁的宋恭宗及其皇族官吏开城投降，这样，南宋的主体政权就宣布灭亡了。而历史又来了次可怕的轮回，三百多年前，宋太祖从别人家孤儿寡母手中抢来了天下，今天大宋江山又从孤儿寡母手里丢失了。这一天距宋元联手灭掉金国仅仅四十二年,这同样是个可怕的轮回。

都城陷落前率先出逃的宰相陈宜中,在福州同张世杰、陆秀夫等人一起拥立益王赵昰为帝,是为宋端宗。这时被押解到镇江的文天祥,在一个船工的帮助下脱逃,辗转进入福建,被赵昰任命为右宰相。他即刻领兵攻入江西,收复宁都、零都等地,一时军心大振。但在邻省福建,宋军却节节败退,在元军的追击下,不断南逃。年底,赵昰君臣经过香港,流窜至广东。1278 年赵昰病死。张世杰、陆秀夫、文天祥等又拥立卫王赵昺为帝,史称帝昺。

1278 年底,文天祥与元军将领张弘范发生遭遇战,最后战败,被俘于广东海丰境内的五岭坡。张弘范劝他投降,被他坚决拒绝。在此,文天祥写下了著名诗篇《过零丁洋》。其中"人生自古谁无死,留取丹心照汗青"更是传之千古,表现了他舍生取义的民族气节。可人们对"惶恐滩头说惶恐,零丁洋里叹零丁"似乎不大理解。其实惶恐在宋人的口头语中是"惭愧"的意思。惶恐滩则是赣江上游十八滩之一;而零丁洋,则是指广东中山零丁山下,澳门附近的海面。文天祥描述的是自己自江西起兵到今天战败被俘,报国之志难酬,感到很惭愧,而不是像那些叛臣贼子一样,敌人来了立刻就"惶恐"地投降。

后来,坚贞不屈的文天祥被押送到元大都,1283 年英勇就义于大都菜市口,也就是今天的北京宽街附近,就义时年仅四十七岁。

说到民族英雄文天祥,咱还得介绍一下隆冬季节给北方百姓带来温暖的"九九消寒图"。

话说,文天祥战败被俘被押解到了元大都,也就是今天的北京时,多次拒绝了忽必烈部下的劝降,并在牢房门口种下了一棵枣树,以表明"臣心一片磁针石,不指南方誓不休"的坚定信念。

就在文天祥被关进牢房里的一个冬至,他在墙上画上了个九横九竖的方格图,每天早晨起来用笔涂上一个格儿,数日子盼着冬去春来,魂牵梦绕着想回到南方的故土。这就是所谓的"九九消寒图"。

文天祥在北京被囚禁了三年后，誓不降敌，从容就义，可他创造的"九九消寒图"却不经意间流入了民间，并流传给了后世子孙。当然这里面也表达了黎民百姓对民族英雄的怀念与崇敬吧？

文天祥著有《文山先生全集》。《过零丁洋》和《正气歌》等名篇为后人所称颂。他还有一首《念奴娇·水天空阔》写得也很有气魄，但像岳飞的《满江红》词一样，也被怀疑是后人的托名之作。

就在文天祥写完此诗不久，元兵对广东新会发动了最后的攻击，统帅张世杰因战船沉没，壮烈殉国。

为了不使本方的战舰落入元军手里，宋军将士也纷纷将百艘战舰自行凿沉。超过十万众的南宋军民，包括太后、宰相、官员、士兵、妇女、百姓因为不愿忍受元军的野蛮蹂躏，纷纷跳海自尽……

在元代人所编的《宋史》里，客观记述了这段悲惨的史实：七日止，海上浮尸数以十万计。这是何等的悲壮，又是何等的惨烈！

刚满八岁的宋帝赵昺，逃到新会崖山的一块巨石上，由丞相陆秀夫背着跳下了茫茫大海。虽然南宋不缺忠臣义士，但却无力回天，临安被攻破后仅仅三年，也就是公元 1279 年 3 月 19 日，南宋王朝随着崖山海战失败、陆秀夫背负小皇帝跳海而彻底灭亡。

汉朝国强，唐朝武兴，宋朝文盛，对于中国历史而言，大宋王朝实际上是一次文艺复兴期，这时候的中国传统文化是积极的、开放的，也可以说是达到了文化的巅峰状态。不过，皮之不存，毛将焉附？宋型文化随着南宋的灭亡而消亡，大宋王朝的精英阶层也因此丧失殆尽，但以儒教为代表的中国文化脉络却没有被完全切断，因为此后历朝，无论是作为文化载体的书籍、文人，还是作为文化土壤的学校以及作为文化符号的语言文字，虽然遭受到了前所未有的重创，却也艰难地延续了下来。

说起来，南宋王朝之所以迅速灭亡，也跟统治者的决策失误有关。想当年北宋与金国订立《海上之盟》，来了个联手灭辽。最后辽国是灭了,可北宋却在自己策划的"买一赠一促销活动"中,把自己捆绑销售了。到了南宋,皇帝和朝臣却根本不知道吸取这个历史教训,又来了个联蒙灭金。

的确,辽金这两匹来自北方的狼,确实让大宋王朝蒙受了奇耻大辱,但当蒙军已成为自己的主要敌人时,南宋王朝若只顾泄恨灭金,就是没有战略眼光,完全忘记了当前的主要威胁来自何方!

公元 1232 年,南宋攻下金国的郑州及唐州等地,金哀宗在汴京失守逃往归德,再逃至蔡州时,向宋理宗提议联手抗蒙,并向理宗讲明"唇齿相依,唇亡齿寒"的道理。但即位不久的宋理宗不懂得国与国之间没有永远的朋友,也没有永远的敌人。况且南宋早已停止向金国上贡"岁币",它早已成了一个羸弱的老虎。但理宗在身边大臣的鼓动下,完全不理会哀宗的要求,继续伐金。

公元 1234 年,金国的蔡州被蒙宋联军攻陷,金哀宗自缢,金国灭亡。可南宋却在蒙军灭金后,使自己失去了一个战略屏障和军事缓冲地带,提前成为蒙军的打击目标。这样,南宋政权就在第二次"买一赠一促销活动"中,把自己的锦绣河山拱手送给了元人。南宋小朝廷无论是对外割地称臣步步退让,还是为了宣泄百年灭国之恨而进行的进攻,教训都是极为惨痛的。

宋蒙联军南北夹击灭掉大金国后,宋军将士最看重的战利品,是金哀宗完颜守绪的尸体,他们把烧焦了的尸体一分为二,一半送给蒙古人,另一半运到南宋都城临安去祭祖,并以囊中物——金国宰相张天纲等人来行献俘礼,以报靖康之耻。这场战役还留下了另外一个重要战利品,那就是后人绘制的一幅叫作《孟珙尝后图》的画。画的具体内容是宋军主将孟珙率领士兵轮奸金国皇后,并题词说孟珙的这一行动,报了靖康之耻时金将完颜宗翰凌辱宋皇后之仇。那画面实在是太不堪了,此处略去数行解释文字……

孟珙是南宋的民族英雄,也是非霸道型的儒将。他饱读诗书,人格

高尚,应该不会干奸淫金国皇后的荒唐事,何况史载当时金国皇族女子早已被蒙古人掠走, 即便是秀色可餐也没给宋军留下多少残羹剩饭,所以《孟珙尝后图》应是南宋遗民的意淫之作。但是,无论是《熙陵幸小周后图》,还是《孟珙尝后图》,记载的都是胜利者以征服名义进行的性暴力,实在不该如此泄愤并大肆渲染。

不过,在南宋灭亡前,也有一些所谓的"国家栋梁"纷纷表演起了热闹的忠臣秀。这其中,最夸张的是南宋湖州守臣蹇材望。蒙古大军就要杀来的时候,他在下属面前表现出一副视死如归的样子,指天发誓要杀人成仁,为国殉节。为了表示自己的决心,他还特意让工匠给自己做了一块锡牌,上面刻着"大宋忠臣蹇材望",他还把两块银子凿上孔,用绳子挂在牌子上。上面还附一详细说明:"凡城破之后,找到下官尸首者,请用这些银两代为埋葬并予以立碑。"为了让人们坚信自己壮烈殉国的决心,他逢人便讲,元军攻破城池之日,就是他自杀殉国之时。并吁请拾到银两者不要食言,以免让烈士暴尸荒野。蹇材望的豪言壮语,使"弱宋"的广大官民油然而生悲壮之感。

到了1276年大年初一,蒙古军挥兵攻破湖州,混乱之中的人们谁也没有见到蹇材望。大家以为蹇大人早已高喊着爱国口号投水殉节了,可过了不久,人们突然发现蹇大人骑着一匹高头大马回来了,只是南国装束变成了蒙古官服,一脸的喜兴,整个一个衣锦还乡的感觉。乡亲们都以为是见着鬼了。敢情人家蹇大人没等城破,就主动投降去了,并很快被元军统帅任命为湖州同知,赶着城破之时回来上任了。只是不知道那两块儿银子——也就是蹇大人的丧葬费便宜谁了?到了这会儿,他倒是也不在乎这俩钱了。

在南宋灭亡之际,表演这类忠臣秀的,并不止蹇材望一个。元军攻陷南宋都城临安时,当朝的谢太后很快便率大批王公朝臣出降了,而且是"举朝奔窜,留者九人",有"状元宰相"之称的留梦炎和宋代宗室、一代书法宗师赵孟頫等人,立刻都成了元代的新贵。身份转变之快,那叫一个麻利。

当然这其中,最无耻的还是宋代降将张弘范了,别人投降变节了还能不事声张,为自己遮掩,可他竟然在广东新会、逼迫南宋最后一个皇帝跳海处的一块巨石上,刻了一行字进行炒作:"镇国大将军张弘范灭宋于此。"明代有一位不知名的文人很幽默,在这个石刻前头,只加了一个"宋"字,就将原来的石刻内容变成了"宋镇国大将军张弘范灭宋于此",也就是说,这位张大将军是自己把自己的国家灭了,就这还好意思在这儿刻石表功?用一句老百姓的话说就是:真不知道没羞没臊卖多少钱一斤了。

近代著名诗僧苏曼殊,曾在广东新会作过一幅《崖上奇石图》。辛亥革命先驱、国学大师章太炎先生在画上题了陈恭伊的一首诗,诗曰:"山木萧萧风更吹,两岸云雨至今悲。一声杜宇啼荒殿,十载愁人拜古祠。海水有门分上下,江山无地限华夷。停舟我亦艰难日,愧向苍台读旧碑。"后来,这诗、书、画被称为"崖山三绝"。1962年,著名戏剧家田汉在这里挥笔书写了"宋少帝与丞相陆秀夫殉国于此"。广东新会的这块巨石,成了后世子孙评论历史功罪的特殊平台。

从另一角度说,蒙古人的崛起、成吉思汗的雄才大略,促进了中国更大规模的统一;元代的建立结束了宋、辽、夏、金等多级政权并立的局面。元代作为蒙古统治者建立的多民族国家,基本奠定了中华民族的辽阔版图。从这个意义上讲,成吉思汗同样是中华民族的英雄。

说起来宋代从960年建国到1279年灭亡总共是三百一十九年,其中北宋是一百六十七年,南宋是一百五十二年。大宋王朝虽然对外总是挨打,但对内治理得还是比较成功的。宋代的经济、文化、科技之强,人才之盛,较之汉唐有过之而无不及。城市发展也达到了巅峰,唐代最盛之时人口超过十万人以上的城市也只有十七座,而北宋末年人口超过十万人以上的城市竟达到了五十二座。两宋的首都汴梁和临安,人口都超过了一百万人。

南宋中后期，人口虽仅占世界人口的百分之十五左右，经济总量却占到了全球的百分之七十五以上。用法国学者谢和耐的话说："在宋代，尤其是在 13 世纪，透出了中国的近代曙光。"但是南宋王朝的灭亡，以及游牧民族对宋代先进文化和生产关系的多次沉重打击，使一直处于上升阶段的东方先进文明，从此转向衰弱没落，并在很长一段时间，被世界主流文化远远地甩在了后边。这是非常令人可惜可叹可悲的！

写在后面的话

　　这本叫《大宋往事》的书，脱胎于大型广播史稿《大宋王朝的前尘往事》，在第一版即将出版时编辑与作者商量能否改为此名，以便与此前出版的《大汉开国》《东吴帝国》等书形成一个系列，便于推介，作者慨然应允。作者认为这样一个书名与《大宋王朝的前尘往事》所要表达的意思是完全一致的，文字缩减了阅读起来反倒更加令人回味。历史惊人的相似，历史又总是令人惊异地重演和轮回，这其中本来就有许多值得回味的东西，这一点在《大宋往事》一书中有着生动的描述。

　　这部广播史稿曾在天津人民广播电台的交通、生活、经济和滨海广播及山东广播电台多次播出，播出时为二十二集，约十一万字，自然也赢得了很多受众。首次出版，作者在进一步订正史实的基础上，增加到近二十万字。这次的修订版，作者又进行了补充，将内容增加到近二十二万字。虽然《大宋往事》在体例和语言上基本保持了广播史稿的风格，但在内容的增补方面无疑又付出了更多的心血。

　　我们之所以对宋代的历史如此感兴趣，完全因为它是一个封建时代由盛转衰的标志性王朝，一个经济高度发达却又屡遭外敌欺凌的王朝，一个被戏曲小说掩盖了历史本来面目的王朝，当然这也为史稿铺展情节提供了丰富的历史资料。在此基础上，作者还对其进行了独特的诠释和生动的描述，从而拂去了被戏曲小说掩盖的历史尘埃，向人们展示了一个真实的大宋王朝，从这一意义上讲这本书还是很有可读性的。

　　本书承蒙中国博物馆学会副会长、中国现代文学馆馆长、研究馆员、著名作家舒乙先生题词："广播史稿，悦目赏心，亦庄亦谐，鉴古知今"；天津师范大学历史文化学院教授李惠兰女士，更是在炎热的夏日，不顾自己的书稿尚未付梓，精心地为本书作序。他们都十分精到地点出了我们写作此书的目的及本书的内容特点。舒乙先生和李惠兰教授都是海内外知名学者，有许多专著问世且产生了重大影响。现在，他们能够如此热情无私地提携后进，这让两位作者十分感动和感谢。

这本书及我们发在全国诸多报刊和广播电视上的东西，还曾得到两位老人的悉心指教：他们一位是《天津日报》编委、高级记者刘金泉先生；一位是全国著名导演、表演艺术家路希先生。他们为人的坦率真诚、朴实无华与为文的深刻睿智、不断精进，总是鞭策着我们不断地克服惰性，踏踏实实地写好此书。现在两位老人先后逝去，以至于我们根本来不及呈上书稿，当面聆听他们的教诲。现在只好以此书，来表达对他们的深深缅怀并聊补遗憾。

最后我们还要特别感谢民俗文化学者盛亚萍先生，他在百忙中认真审听、审读了本书的大部分内容，并从其专业的角度提出了许多宝贵意见。同时还要感谢天津电台交通、生活、经济和滨海广播及山东广播电台的领导和同仁，在"广播史稿"播出时所给予的真诚支持。

刘明泉、刘越藩

2016 年 11 月